U0102181

台湾抗日人物传

杨毅周

主编

华艺出版社

HUA YI PUBLISHING HOUSE

图书在版编目（CIP）数据

台湾抗日人物传 / 杨毅周主编 .—华艺出版社 , 2015.6

ISBN 978-7-80252-549-8

Ⅰ.①台… Ⅱ.①杨… Ⅲ.①抗日战争—人物—生平事迹—台湾省

Ⅳ.① K820.858

中国版本图书馆 CIP 数据核字（2015）第 111140 号

台湾抗日人物传

编　　者：杨毅周　主编

出　版　人：石永奇

责任编辑：郑　实

装帧设计：梁　朔

出版发行：华艺出版社

社　　址：北京市海淀区北四环中路 229 号海泰大厦 10 层

电　　话：010-82885151

邮　　编：100083

电子信箱：huayip@vip.sina.com

印　　刷：北京天正元印务有限公司

开　　本：710mm×1000mm　1/16

字　　数：300 千字

印　　张：27.25

版　　次：2015 年 6 月第 1 版第 1 次印刷

书　　号：ISBN 978-7-80252-549-8

定　　价：80.00 元

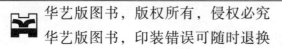

编 委 会

前　言

杨毅周

　　1895 年，清政府在甲午战争中战败，被迫与日本签订了《马关条约》，台湾沦为日本的殖民地。在日本占领台湾的半个世纪里，台湾同胞的抗日斗争风起云涌、从未停歇。在反对日本殖民侵略、维护祖国主权和领土完整的斗争中，台湾无数仁人志士流血牺牲，英勇奋斗，涌现了一大批不屈的抗日爱国英烈。日本统治台湾五十年，台胞就反抗日本五十年！

　　《马关条约》签订时，是台湾同胞汪春源、叶题雁等五人首先站出来上书朝庭，坚决反对割台，表达了"以其生为降虏，不如死为义民"的决心；邱逢甲等人组织义军保台，表达了"愿人人战死而失台，决不愿拱手而让台"的意志。日军登陆台湾后，是台湾同胞姜绍祖、徐骧、吴汤兴等率领台湾义军与刘永福的黑旗军一起，勇敢地冲出来，与日军展开殊死搏斗。当台湾被日本占领后，是台湾同胞简大狮、柯铁、林少猫、罗福星、余清芳、莫那鲁道等继续高举义旗，向日本殖民统治者发起一次又一次进攻，屡战屡败，屡败屡战，视死如归。面对残酷的日本殖民统治，是台湾同胞林献堂、蒋渭水、谢雪红、吕赫若等，组织起来，保权益、保文化、保民族，反殖民、反剥削、反皇民，英勇斗争，前仆后继，不屈不挠。台湾同胞林祖密、李友邦、林正享、谢南光等义无反顾地返回祖国，与大陆同胞并肩作战，迎来了抗日战争最后的胜利。台湾光复了，全体台湾同胞兴高采烈，焚香燃爆，张灯结彩，满心欢喜回到了祖国，庆祝台湾的重生。

　　无数次的奋斗，无数人的牺牲，换来了台湾的光复。台湾同胞抗日的史实告诉我们：台湾同胞抗日运动是发起时间最早、持续时间最长的，其条件之艰苦，牺牲之惨烈，在中华民族反抗外来侵略的斗争史上留下了可歌可泣的光辉篇章。在中国人民的抗日运动中，台湾同胞没有缺席；台湾的光复，是两岸同胞共同斗争的结果！

是什么成为支撑台湾同胞抗日运动的精神支柱？林献堂说："应知台胞在过去五十年中，不断向日本帝国主义斗争，壮烈牺牲，前仆后继，所为何来？简言之，民族主义也，明乎此一切可不辩自明矣。"蒋渭水说："台湾明白地是中华民族即汉民族的事，是无论什么人都不能否认的事实。"台湾作家吴浊流说："当时的抗日战争，是自发的，……不是受人宣传、煽动而蜂起的。台湾人在无意识中，认为台湾是自己的祖先所开拓的，我们做子孙的，有保护它的义务。……台湾人具有这样炽热的乡土爱，同时对祖国的爱也是一样的。"台湾同胞那光荣的爱国主义传统，是反抗日本殖民统治强大的精神动力。一部台湾抗日史，就是台湾同胞的爱国主义表现史。台湾同胞以他们的鲜血和生命证明了自己的光荣的爱国主义传统，证明了自己不愧为中华民族的优秀儿女！

《台湾抗日人物传》的出版就是要以历史的印迹告慰先烈们：你们反对日本殖民统治的鲜血是不会白流的，台湾先烈们抗日爱国的奋斗不是没有意义的。它让人们永远铭记台湾同胞的英勇事迹，让人们在此瞻仰那些牺牲奉献的台湾先烈，让台湾同胞的爱国主义精神能够发扬光大，光照千秋。这段历史和这个精神，是我们两岸同胞共同的精神财富。

"全国台联"高度重视台湾这段悲壮的抗日斗争史，曾先后编纂了《抗日烽火中的台湾儿女》、《台湾同胞抗日 50 年纪实》等书籍，拍摄了《台湾往事——台胞抗日 50 年》等电视专题片，举办了"纪念台湾光复 56 周年历史图片展"、"台湾少数民族抗日史实图片展"。

当前，历经磨难的海峡两岸，开始了和平发展的新阶段。

在这个新的历史时期，两岸关系的发展仍面临着许多结构性矛盾，"台独"分裂势力仍在阻碍两岸关系的发展进程，两岸同胞的认同鸿沟仍很难弥合。两岸关系面临着许多不确定的因素仍在威胁着两岸同胞的幸福与安宁。今天，为了共同增进两岸同胞的福祉，共同创造两岸美好的未来，我们更需要大力宣传台湾同胞的抗日斗争史，更需要积极弘扬台湾同胞的爱国主义精神，更需要牢牢铭记台湾先烈的光辉形象，更加珍惜先辈们留给我们的精神遗产，继承先辈们的遗志，为促进两岸关系和平发展，为实现中华民族伟大复兴的中国梦而不懈努力。

2015年即将迎来台湾光复70周年，我们专门编纂了《台湾抗日人物传》一书，力图全面、系统地搜集整理台湾同胞抗日人物的事迹，为这些渐渐被历史所淹没的台湾同胞英烈树碑立传，大力宣传台湾同胞的爱国主义传统，唤醒台湾同胞与大陆同胞共同的历史记忆，揭示两岸同胞是血肉相连、荣辱与共的命运共同体。

2015 年 5 月 10 日

目　录

contents

目　录

蔡惠如

蔡惠如（1881—1929），名江柳，号铁生，出生于台湾台中清水，有"台湾民族运动铺路人"之称，是望族之后，父亲和他自己都当过区长。蔡惠如于1913年与陈基六创立鳌西诗社。蔡惠如体格高大，相貌堂堂，出身书香门第。其先祖蔡八来创设商号"蔡源顺号"，曾往来大陆各省经商，更被清廷封为二品资政大夫。

振兴教育：创设第一份汉文杂志

日据时期，蔡惠如是同时具有国际化与本土化思想的先贤，为中国大陆、台湾地区及日本培育了无数的知识青年，创设了第一份汉文杂志。

1896年至1910年期间，蔡惠如在台中经营米谷公司，被选为社长。其间，1908年创立协和制糖会社，担任社长。1908年11月，创立牛骂头（清水）轻铁株式会社，职衔为董事。1913年为员林轻铁会社董事。蔡惠如是第一代的实业家，力图从地主阶级转型为资产阶级，将农业资本转换为工业资本。在扩大营业版图的同时，1912年至1914年也担任台中市区长，具有政治与经济的实务经验。

除了追求事业上的成功外，蔡惠如始终不忘其汉文化之本。1902年台湾栎社成立。1906年12月，蔡惠如即加盟为栎社社员。1905年至1914年之间，蔡惠如和栎社之间的互动频繁，也曾在台中米谷公司举行"大墩小集击钵吟"活动。

1912年栎社成立10周年,以《追怀刘壮肃》为题向全台各界公开征诗。蔡惠如也参加此次征诗活动并赋诗:"起舞闻鸡绍祖风,挥戈落日可回东。早知塞把卢龙卖,应悔城增百雉雄。今日黍宫行路恨,当年铜柱伏波功。鹊巢无奈鸠居久,胜国旌旗在眼中。"此诗,谈及台湾虽被割让,但台湾的英勇志士辈出。国家衰亡,如西周之命运,沦为殖民统治,但当年伏波将军的功业永留心中。以此诗来纪念刘铭传在台湾的功业。

1918年9月20日,鳌西诗社与栎社在伯仲楼召开联合大会,蔡惠如进一步呼吁成立"文社"以维系汉文,10月19日"文社"于台中成立。

1919年1月1日,文社以"维持汉文"为宗旨,发行日据时期第一份汉文杂志《台湾文艺丛志》,刊登连雅堂的《台湾通史》自序。蔡家厅堂更留有"还读我书"牌匾四字,无声抗议台湾日本殖民当局禁止台湾人学汉字。

"文化生命"的推手:培育海内外台湾知识青年

蔡惠如在台湾的发展并不如意,1914年受"同化会事件"之影响,了解到在日本殖民当局统治下的结构限制。同化会一事,也让蔡惠如想起担任台中区长期间,台中厅警务课长荒卷铁之助的责难,兴起另外向海外发展之念头。

于是蔡惠如变卖祖产,将事业移转至中国大陆,并携子到东京。换言之,原本以台湾为长久基地的想法,转而将重心移至中国大陆与日本。移至两地原因在于中国大陆为祖国情怀,日本当时在政治、经济环境下皆比台湾自由。所以蔡惠如被誉为抗日运动中初期"祖国派"的人物。

1919年,台湾青年先后在东京成立了"声应会"与"启发会"。"声应会"是由中华青年会干事马伯援、吴有容、刘木琳,台湾方面有林呈禄、蔡培火、彭华英及蔡惠如等人以亲睦为号召。声应乃取同声相应之义。蔡惠如等人的思想，深刻地影响青年学生的意识，如研究中国语，或在年号上用中国年号，称中国为"祖国"。可见，蔡惠如当时即认知两岸友好交流的重要性。叶荣钟回忆，曾经在"声应会"时期，亦即1919年、1920年在东京神田中国基督教青年会馆听过蔡惠如的演讲，他的表情非常沉痛，深切感人。1919年底，蔡惠如、林献堂说服了东京青年学生，成立"启发会"。

1920年1月，蔡惠如到神田访问林呈禄，林呈禄谈及"启发会"解散的缘由，蔡惠如即招待旧"启发会"的11名会员，在神田中华第一楼举办磋商会，并于1月11日在东京涩谷蔡惠如的旅寓，召开新民会，取自《大学》篇名"作新民"。"新民会"积极推展要求台湾议会设置请愿运动，决议发行《台湾青年》。蔡惠如就成为联署第一回台湾议会设置请愿运动的参与者。1920年3月6日，蔡惠如尽管在中国大陆生意失败，但是仍执意捐出1500元，交付林呈禄，嘱咐他一定要让《台湾青年》杂志创刊，积极出资协办《台湾青年》杂志。1920年7月16日发行的第1卷第1号《台湾青年》，蔡惠如就发表《我之所望于青年：平等与自觉心》，强调："欲平结今日之不平等，必先有自觉心；欲享来日之平等，必先有自励心。"蔡惠如此时希望延续留日台湾人的结社组织，并主张以此股年轻力量，提升台湾的知识水平。

争取台湾政治社会权利

1920年，蔡惠如在《台湾青年》第1卷第5号中，发表《台湾青年之大责任》。究竟台湾青年的使命为何？方向为何？蔡惠如指引出一条道路："夫吾人所谓振兴教育之职责者，无他，一精神教育，一儿童教育是也。"换言之，一个民族想要振兴，非得发展精神教育不可，树立自己的文化人格特色。

1921年10月17日台湾文化协会成立。蔡惠如开始担任台湾文化协会理事。1924年他续任理事职务，目的就是要在精神上、经济上支持台湾文化协会。此外，蔡惠如在《东风齐着力——送献堂总理东上》一文中，也描述当时林献堂为文化协会总理，为台湾争取权利的理想："春水微波，东风着力，放棹汪洋。翩翩俊侣，携手帝王乡。十上才名鼎沸，羡和靖鲲海人龙，国家事百年大计，恳费商量。"蔡惠如的人生哲学与人生的蓝图规划，并非仅是十年、二十年，而是百年。

蔡惠如从1921年1月30日起，热心于请愿运动，向日本议会提出第一次请愿书。其后，1922年1月，蔡惠如从上海又赴日本，再投入请愿运动，2月提出请愿书。1923年1月，蔡惠如再由上海赴日本，2月提出请愿书，月底设宴招待日本政界人士。当时蒋渭水、蔡惠如、蔡培火、陈逢源联袂请愿。蒋渭水称赞蔡惠如有不妥协的精神。可见其坚毅的个性。1月30日，台湾青年为设置"台湾议会"的请愿运动，成立"台湾议会期成同盟会"，推林献堂为总理，蔡惠如副之。可见蔡惠如在当时台湾青年心中的领袖地位。

在1923年底发生"治警事件"。也就是蔡惠如在被逮捕之前，他似有预感，留下令人动容的话语："风灯上头的种子，永久不灭，就是保存我们的固有文化，振兴我们汉民族的观念。"此思想，至今九十年仍屹立不摇。此外，蔡惠如也认为办《台湾民报》的终极目标为："民报达民情，民权任你评，民心真未死，民族自增荣。"在困顿的环境中，始终坚持汉民族固有文化思想，砥砺永不低头的意志。1923年6月24日，台湾杂志社在台中召开株式会社成立大会。蔡惠如与黄呈聪、蔡培火、蒋渭水等人一起当选为董事。该社以林幼春为董事兼社长，林呈禄为专务取缔役。

1923年12月16日，由各地警察机构搜查，逮捕蒋渭水、蔡惠如等29人，蔡惠如因台湾议会期成同盟会，在预审监房约五十日。1923年"治警事件"发生，随后两年间历经三审，最后仍被判刑 3 个月入狱，惟蔡惠如坚忍不拔的个性不受动摇。1924 年 7 月 2 日，蔡惠如抱民族大义，满腔热血地参加无力者大会，以反对御用绅士一派因反对台湾议会请愿运动所召开的有力者大会。奔走途中，不幸跌落人力车，折断大腿。此后家道不振，贫困之中，其后又患中风。1925 年 1 月，蔡惠如与蔡培火、林幼春等开会商量，遴选请愿委员。但因"治警事件"，被判决惩役三个月。1925 年 2 月 20 日入台中监狱，5 月 10 日假释出狱。日本殖民当局可以说有三层的考虑。第一、降低每年参加台湾议会请愿同盟人员的声势。第二、盼能减低《台湾民报》创立的影响。第三、给台湾青年警示作用。但是此举反而促使台湾民众对于蔡惠如的敬仰。蔡惠如在入狱当天，从清水火车站出发到台中监狱，受到乡亲的爱戴，特别以铁生为名写了一篇狱中词《意难忘》。

蔡惠如重视朋友之义，即使已经自身难保，他还在台中车站下车步行至台中病院探视住院中的林幼春，沿途市民汇聚，可见蔡惠如在百姓心目中的地位。蔡惠如写下的《金缕曲·幼春入院养病故迟我十日下狱闻被当道催促不容宽缓赋此解慰》，就是描写当日的情景，也显示出对于林幼春的爱顾之情，以及自我调适积极的个性。

1925 年 5 月 10 日，蔡惠如入狱期满，杨肇嘉等人热烈欢迎蔡惠如的出狱。8 月 26 日，蔡惠如、蔡炳曜、蔡敦曜均发表感言，以纪念《台湾民报》创立五周年，发行 1 万份。蔡惠如强调"文化生命"的观念，他说到："这就是我说文化上的粮食，能够得到像《台湾杂志》《台湾民报》那样滋养丰富，才可从病弱的身体恢复到健康的希望。"蔡惠如有志提升台湾政治社会运动的精神，令人感佩。

振兴汉文化，致力于两岸合作交流

蔡惠如时常穿中国式的服装，具有强烈的民族意识，能文能诗。蔡惠如对中国的发展持乐观的看法。在其《论中国将来之兴亡》一文中，主要是盼望中国的强盛。"抑观乎迩来孙文之通电，注重民生自治为趋向，适合时世潮流，则不特响应国民之自决，且可得列强之同感。此诚可谓大医国手，而对症下药之道是也。"此外，也坚信中国国际地位必将提升，认为："然以国际联盟开会观之，中国代表，亦得称列于优遇之地位。而被选为该理事会之委员，或要职之资格。"

蔡惠如早于1917年即在中国山东创立高密制糖会社，为专务取缔役。商业经营的触角伸展至中国大陆。1919年在中国北京发起五国合办股份有限公司，担任常务理事，如今之期货事业。又在中国福州开办渔获事业。

1920年欧洲大战之后，民族自决主义思想盛行。当时，中国国民党在上海与大韩民国临时政府的领袖，共组中韩互助社。1920年8月，广东大理院长徐谦来上海之际，蔡惠如曾出席互助社的欢迎茶会，显示其对于中国大陆情势的关心。在杨肇嘉的回忆录中也谈到，蔡惠如1920年由东京赴大陆，颇受三民主义革命思想的影响。蔡惠如也在此会中提出"台湾问题"的报告。当时韩国人，在上海设韩国临时政府及中韩互助社，图谋朝鲜独立，台湾很多革命志士加入，蔡惠如也不落人后。

1922年蔡惠如参加北京台湾青年会，担任会员。1923年他发起上海台湾青年会。蔡惠如此时将目标放在中国国民党的援助之下，由中国收回台湾。1923年10月12日，他集合了旅沪台湾青年学生十余名，在上海南方大学会合，成立上海台湾青年会。此会后来进行声援台湾议会期成同盟会、推动5月9日为国耻纪念日、反对台湾"六·一七始政纪念日"、散发反对有力者大会檄文等活动。其后，1924年5月，蔡孝乾坚守该会，后改组"旅沪台湾同乡会"，以接纳更多社会人士。

1923年前后的四五年间，蔡惠如不仅参加了要求设立"议会"的请愿运动，并多次参加上海、北平、天津、广州各地的台湾人同乡会及学生青年会。他以中国国民党干部的身份，与朝鲜民族主义者和东南亚各殖民地的民族代表经常接触，促成共同战线。换言之，蔡惠如不仅在台湾培养青年人才，也在中国大陆各地培养台湾青年。此外，蔡惠如的长子蔡炳曜则参加上海台湾青年会，以及上海青年所组织的另一个团体——平社。

忠肝义胆，浩气长存

蔡惠如的历史贡献与其说是改变大时代的雄心，不如说是维系中华传统文化的爱国热情。1929 年 5 月，蔡惠如因脑溢血病倒于福州，送回台湾。24 日病逝于台北，享年 49 岁。26 日《台湾民报》报道了蔡惠如去世的消息。6 月 1 日，告别式于清水紫云岩庙前举行。

在 1925 年《台湾民报》第 61 号的文章中，蔡惠如写下："百年大计有谁知……螳臂当车嗟力薄，中流砥柱望诸贤"之句，令人动容。

赖和也著《席上赋赠蔡惠如先生》诗一首：

"马牛鞭策去来身，也解嘶风奋绝尘。怀慎空为唐宰相，放翁乃作宋诗人。千年草泽思兴楚，一棹桃源耻避秦。已不要生何畏死，输君肝胆自轮囷。"道尽蔡惠如先生一生不畏生死、忠肝义胆的爱国情操。

蔡惠如去世，引发各界追思。蒋渭水以台湾民众党名义所敬悼的挽联称赞其"彻底的性格，不妥协的精神"。林献堂则评价铁生为热血的男子。此外，在台湾民众党写给蔡惠如挽联中题为："二十年奋斗无非为我同胞谋幸福，精神不死。百余日投牢乃是凭君侪辈作牺牲，浩气犹存。"杨肇嘉则尤为推崇蔡惠如在各种政治社会运动中所作的贡献。

蔡惠如尊重中华传统文化，尊崇刘铭传，熟悉许多中国历史的爱国英雄人物。其爱国思想表现在实际的政治社会运动中。

1946年台湾有关部门明令褒扬，并发给抚恤金5万元。蔡惠如的百年大计，果真实现，在中国大陆、台湾地区及日本培育无数优秀的台湾青年。其浩气长存，不仅成为日据时期台湾人追求政治、经济地位平等的先贤，并为维系汉文事业，做出具体的贡献。

（黄颂显）

蔡买生

蔡买生（生卒年不详），原籍广东南澳，自幼聪慧，家学渊源，9岁能文，少有大志，有感于清廷腐败，内忧外患，孕育了革命思想。

1906年赴台谋生，因为日本人控制甚严，始终壮志难酬。蔡买生见日本人觊觎国内河山，存心侵略，深感痛心，遂与陈达昌等一起首先倡导组织恒春中华会馆，同为岛内反日之核心，藉以团结华侨力量，向日本政府争取华侨权益，并联络全岛爱国志士直接或间接与日寇作战。

蔡买生才学甚高，经常往返于港、粤、台之间，对祖国政治及三民主义认识颇深，故常利用庄奕球住宅大厅说书场报告回国观感，华侨青年深受感动，因此而向往祖国而回国求学者甚多。

1926年6月6日恒春中华会馆成立，蔡买生被选为执行委员兼宣传组长，与张振安共同秘密编印宣传资料，鼓励华侨忠诚爱国、奋发图强。"西安事变"和平解决后，蒋介石回京，蔡买生召集华侨准备庆祝，被日本殖民当局制止，群情激愤，抗日救国会也随之产生，由蔡买生兼任秘书，撰写抗日文稿及宣扬三民主义，针对日军之暴行做猛烈的攻击，最终被日本殖民当局所逮捕。

最初日警认为蔡买生文弱，采取怀柔方法，诱其招认，不见效，于是改用严刑，无所不用其极，拘禁长达三年之久，1940年才准许其保外就医。

光复后，蔡买生旧伤复发而逝世。其事迹经由台湾有关部门通令予以褒扬，以彰忠贞。

（台湾省文献委员会编印《台湾抗日忠烈录》第一辑）

蔡培火

蔡培火（1889—1983），号峰山，台湾云林北港人。1906年进入"日本台湾总督府"国语学校师范部就读，1910年毕业后任阿公店学校训导，两年后于台南市第二公学校任教。1914年加入台湾同化会，1915年同化会遭解散，蔡培火也被迫离开教职，之后他在亲友与林献堂的资助下前往日本留学，并考上了东京高等师范学校理科二部。1920年毕业后担任《台湾民报》编辑兼发行人，1923年加入文化协会，协助推动"台湾议会设置请愿运动"。之后在"治警事件"中与蒋渭水一同被判刑4个月。1927年文化协会分裂，蔡培火脱离文化协会并与蒋渭水共组台湾民众党，但之后因蒋渭水大力支持工农运动，蔡培火即对蒋渭水产生不满。1930年8月蔡培火因不满党内同志主张社会主义和工农运动，于是联合杨肇嘉等人另组台湾地方自治联盟，12月遭台湾民众党开除党籍。蔡培火于1945年日本投降后立即加入中国国民党。他曾任"立法委员"、"政务委员"、台湾红十字总会副会长等职，1983年逝世。

（赵国辉）

蔡清琳

蔡清琳（1881—1907），广东陆丰县人，祖父自广东渡台后即落籍新竹。1907 年 10 月底，蔡清琳联络、鼓动新竹厅北埔（新竹县北埔乡）支厅隘勇班长何麦贤反日举事。

1907 年 11 月 14 日夜半，何麦贤、何麦荣兄弟及巫新炳率隘勇 40 余人，袭击鹅公髻、一百端、长坪头及大窝等隘勇线分遣所，旋与袭击加礼山分遣所的隘勇彭阿石及原住民等会合，连同赛夏族大隘社等原住民，续袭击大坪隘勇监督所，杀死德永荣松警部补等日本人共 32 人，旋即抢夺枪械弹药，纠合大坪庄附近民众共约百余人，于 15 日黎明由大坪庄出发指向北埔（新竹县北埔乡）。

斯时，何麦贤兄弟与巫新炳等人，手持书写"安民"、"复中兴联合队"等旗帜，于 15 日上午 9 时前后乘势续袭北埔支厅及邮

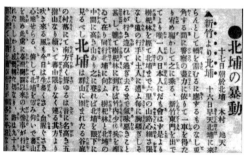

当时日本在"台湾总督府"官营的《台湾日日新报》关于北埔事件的报道

局，杀死支厅长渡边龟作等日人共24人。上午10时许，巫新炳等人由北埔出发进向新竹，行至草山（宝山）时获悉新竹安然无事，军心大为动摇，及至水仙仑遇警察队即四散逃走。因当时参与起事者，认为此次举事不仅在该地，中国为夺回台湾也已派军队前来，台湾必定重回中国，彼等乃系奉清廷官宪之命举事（甚至出示清廷的派令书给庄民看），新竹、树杞林、南庄等地亦然。15日薄暮，蔡清琳竟穿着盛装前来大坪庄，慰抚失望归来的起事众人，起事众人方知全系蔡清琳所策划而为其所欺，愤怒无以压抑，乃于当夜枪杀蔡清琳。至于另一首要人物巫新炳，则于第二天16日被捕，旋于两天后18日深夜，遭日人处决。

"日本台湾总督府"获悉北埔支厅日人几乎全灭的消息时，非常震骇。当时台湾总督佐久间左马太在日本东京，民政长官祝辰已获悉后，即派台北守备队一中队及警察官练习生120名，于15日连夜赶赴现场镇压。警视总长大岛久满次旋率队于17日亲临北埔，下令庄民于三日内自行负责缉捕暴徒归案，否则日军将血洗北埔，于是军警、保正、甲长等均出动搜山劝降。在日本殖民当局的恫吓下及乡民之恳求下，参与北埔事件者大多自行投案。当时日人大肆报复，逮捕并处决100余人（或云200人左右），彼等先遭惨绝人寰的刑罚，甚至以铅线穿掌捆绑，然后于猪灶下（即屠宰场，约今北埔乡南兴街1号台兴罐头公司后墙外）地方处决，为首的何麦贤亦于12月17日遭处决；本案参与起事的24名赛夏族大隘社原住民，日人为理蕃计，未问罪，仅于次年（1908）令其谢罪。至于趁事件掠夺公物或日人家物的37名赛夏族原住民，日人亦仅向彼等征收过怠金（罚金）而已。

本案在模范隘线（即样板隘线）会有如此多汉族客家人与蕃人，秘密联系，共同发动大规模的袭击日人事件，日人居然事先未侦知，而起事者对56名日人厅长警员及其家属，毫不留情地悉予杀害，但却完全不伤害与其同族的汉人与原住民，此亦反映起事者对日人极度痛恨的民族与社会背景。

（戚嘉林）

蔡式榖

蔡式榖（1884—1951），祖籍福建同安，生于台湾新竹；台湾日治时期律师，政治家。成年之前乳名蔡乞，之后自取式榖为名字，晚年则号"春圃"。

1897年，蔡式榖入新竹国语传习所，1903年毕业后任教于新竹公学校，1909年于桃园公学校担任教谕，之后前往日本求学，主攻法律。1923年，蔡式榖取得律师资格，是台籍人士第一位通过日本律师考试者。后他因从事台湾民权活动踏入政治，参与"治警事件"被判刑。1945年台湾光复后，又受聘担任台湾省文献委员会委员。1951年文献会工作任内病逝。

（赵国辉）

新民会的主要成员，后排左一为蔡式榖

蔡 啸

蔡 啸（1919—1991），抗日战争全过程的参加者，并经历过解放战争。由于英勇善战、屡建战功，在1955年曾荣获二级独立自由勋章、二级解放勋章；1955年获上校军衔，后晋升大校；1988年被授予中国人民解放军独立功勋荣誉章。蔡啸是中国共产党第十、第十一和第十二次全国代表大会代表，并曾当选为中国共产党第十和第十一届中央委员会委员、第五和第六届全国政协常委，并任全国政协第一副秘书长，任台盟中央理事会主席，为祖国统一大业做出了重要贡献。

1919年10月8日，蔡啸出生在台湾省台南市郊外一个贫苦渔民的家庭。由于家境贫穷，5岁就被卖给蔡家为养子，立有卖身契。开始虽然没有真正的父母之情，但生活还算过得去，被培养到初中。两年后，因养母有了亲子，从此挨打受骂的非人生活伴随他到14岁。由于倔强的个性，他和养父母的关系越来越坏，经常被捆绑，挨打挨饿。他下决心找到亲生父母。一次，他在保甲联合办事处偶然看到了自己的户籍本和亲生父母的住址，兴奋极了，在一个星期日，他不顾一切偷着回到了小渔村。虽然他和父母兄妹只欢聚了6个小时，但那是他一生中最珍贵的6个小时。但无奈有卖身契，使他父母不敢让他留下。在以后的几年里，他经常思念着亲生父母，却再也没有机会见到他们。通过自己"卖身"的遭遇、在学校所受的奴化教育、台湾同胞"二等公民"的地位以及经常被日本人打骂的事实，他体会到做亡国奴的悲惨处境，非常憎恨日本人，做出了离开蔡家、离开台湾，回到祖国的抉择。

1934年春，蔡啸来到了厦门。在台湾的奴化教育下，他不会中文，不懂普通话，只得花钱学国语，一学期钱就花完了。生活艰苦，但他不低头，也不向叔叔求助，从此开始了流浪生涯。为了糊口，他先后在照相馆、镶牙店、西药房、鱼行、渔船上当学徒帮工，只有饭吃，没有薪金。有一天，他看到国民党激动人心的征兵标语口号："国家兴亡，匹夫有责。"为了救中国，为了反对日本人的侵略，他决心参军。当得知国民党中央军征兵的消息后，他立即去应征站报了名。谁知国民党对爱国的台湾青年极端不信任，竟然把他当成日本特务，捆绑起来投入监狱。他在监狱里经过数次严刑拷打，被关押了77天后释放时，已经是遍体伤痕。

养好伤以后，蔡啸去了"新中华印刷所"当学徒，学习排字。经他在流浪生活中结识的挚友廖青的介绍，1937年8月，他俩一起奔波到福建省龙岩县白沙，找到了共产党的部队。从此开始了他长达半个世纪之久的戎马生活和革命生涯。

蔡啸参加的是由张鼎丞、谭震林领导的闽西南抗日游击第二支队。在战斗生活中，他提高了文化，学会了国语，学会了打仗，逐渐胜任了文书、支队政治部宣传干事等工作，并参加了南京附近的水阳战斗。战斗结束后，组织上调他到新四军教导总队军事队学习，结业后留在教员室工作。

1940年以后，国民党发动了第二次反共高潮，妄想一举消灭新四军军部和主力部队，强令新四军撤到长江以北。组织命令蔡啸带领两名排长留在茅山地区，组建茅山四县总队第二连并担任连长，主要负责掩护地方党政机关、接送渡江人员、维护地方治安的任务。当时蔡啸只有 21 岁，参军也才 3 年。1941 年初，皖南事变后，日伪军协同国民党军队向茅山游击区反复"围剿"、"扫荡"，形势日益险恶。面对这种形势，中共特委决定改变武装斗争形式，解散独立营，将排以上干部集中起来，成立便衣短枪队，委派蔡啸担任队长，周峰担任指导员。经过半年左右的斗争，短枪队配合主力部队（新四军六师十六旅四十六团）拔掉日伪军的几个据点，打了几次胜仗，较好地完成了便衣短枪队的任务。

1941 年 6 月，蔡啸奉命调回新四军六师十八旅教导营任营长。教导营的任务主要是培训连排干部。由于部队发展迅速，连排军政干部缺乏，而学员的来源又主要是文化水平参差不齐、参军不久的农民、工人、店员、归国华侨。他们都是满腔热情投身抗日洪流的青年，要在短时间里把他们培养成具有一定军政知识的连排级干部，而且还没有现成适用的教材，一切都要思考、摸索。在一年多的时间里，蔡啸克服困难，完成了培训任务，将一批批适应战时需要的连排骨干输送到连队，为提高部队素质、增强部队的战斗力做出了应有的贡献。

新四军六师十八旅的前身是 1939 年冬由新四军东进时留下的 36 名伤病员为基础组建的一支小部队。到 1943 年，它已发展成为一支能征善战、不断地打击日寇、肃清顽匪、建立抗日民主政权、扩大根据地的战斗力强的部队。十八旅的战斗区域西沿运河、南临长江，扼交通运输要冲，使敌人日夜不得安宁。日军不断调集重兵，增设据点，发动进攻，妄图分割包围，一举消灭这支劲旅。1943 年，是苏中敌后抗日斗争最艰苦的时期，也是十八旅处境最艰难的时期。在这种形势下，旅首长调蔡啸到旅部任参谋处作战教育科长，编制仅 4 人。作战教育科执掌军机，负责管理旅司令部的图册、印信，掌握部队的人员、武器、弹药情况和部队的分布、调度、训练，还要不断观察敌人的动态。凡是部队行军、作战计划、战报、军事工作总结，都由作战教育科草拟、整理、上报、下达。工作繁重，任务具体，必须一丝不苟，不能稍有差错。由于指挥正确，计划周密，战士勇猛，部队不断地打了多场胜仗。蔡啸在作战教育科长任内工作严肃认真，发挥了他的军事教育工作的才能。

蔡啸在台湾出生，盼望台湾与祖国大陆早日实现统一，并一直为实现这一目标而努力奋斗。1950年，为了解放台湾做准备，培养台湾省解放后所需的工作干部，组织上决定由九兵团负责领导组建"台湾干部训练团"，蔡啸任团长。台湾干部训练团成立后，在大陆台胞青年踊跃报名，达数百人。蔡啸认真组织大家学习对台工作有关政策和了解祖国统一的重要性，热情地传授经验，加速提高他们的工作能力和领导水平，他为培养这批干部倾注了全部精力。后因抗美援朝战争爆发，解放台湾时机不成熟，这批学员便被分配到全国各地。

1975年，在党中央的亲切关怀下，专门成立了中华人民共和国体育协会台湾省体育工作联络处，任命蔡啸为主任。在全国第四届运动会上，首次组建台湾省体育代表团参加比赛，蔡啸任团长。在开幕式上，"台湾省体育代表团"以整齐有力的步伐，一出场就受到全场观众的热烈欢迎，掌声雷动，欢呼声不断。

1979年12月蔡啸出任台盟总部理事会主席，他和大家一起，恢复台盟总部的机构、工作程序，充实人员，先于其他兄弟党派盖起了新的办公大楼。他尤其把台胞的落实政策工作时刻挂在心上，协助政府平反冤假错案，为安排台胞青年、老兵的学习、生活、工作等，做了大量的工作。他为了深入了解情况，到全国各省市走访台胞，进行慰问。他的足迹几乎遍及所有有台盟组织的地方，因此受到广大台胞的拥护和赞扬。即使在病危时，蔡啸仍时刻怀念自己的家乡台湾。1991年蔡啸因病逝世，时年72岁。

（蔡铭熹）

蔡智堪

　　蔡智堪（1888—1955），台湾苗栗后龙人。蔡智堪的父亲蔡祖珍，生于1862年。斯时，蔡家历累世经营，家业繁盛，遂为地方大户。1895年台湾割让予日本，蔡祖珍异常悲愤，筹款输饷，支持义军抗日，惟回天乏力，乃专意从商。

　　蔡智堪，学诗习文，国学基础深厚，善于作诗属文，幼承庭训，富民族意识，12岁时随父至日本求学（父亲因病于1904年去世）。1905年7月，蔡智堪经陈少白引介见到孙中山先生，欣喜若狂，旋加入甫成立的"中国同盟会"。1909年娶后龙大家族之女卢氏为妻。1910年4月，蔡智堪入东京早稻田大学政治经济科就读，1912年毕业后，继承父亲事业，在日本经商，业务蒸蒸日上。蔡智堪虽侨居日本东京数十年，事业有成，但甘愿为祖国效力，其中尤以智取日本首相的《田中奏折》，密呈祖国政府公诸于世，贡献为最。

　　1927年夏，日本首相田中义一见中国

"北伐军"一路势如破竹，唯恐中国统一，乃于6月27日至7月7日在东京赤青山通霞关"外相官邸"召开"东方会议"（亦称"东外交使领馆人员会议"）。田中义一将"东方会议"决定案的结论书面奏呈，日皇裕仁旋于7月30日召命田中义一进宫，奏陈侵华之策，此即《田中奏折》，原名为《帝国对满蒙积极根本政策》，其要旨为"惟欲征服支那，必先征服满蒙；如欲征服世界，必先征服支那"。

1928年4月14日，中国驻日本公使汪荣宝自东京电告北京政府，称日本内阁正在研议《田中奏折》之具体实现方式步骤与阶段，视其为日本帝国百年大计，希望我政府特别注意并搜集。为此，东北大元帅张作霖特别训令驻日工作人员，积极探求此项情报。

斯时，蔡智堪在日经商有成，富有资产，贸易行行名"蔡丰源"，拥有轮船往来日本至爪哇和新加坡一带，且在东京办有《日华杂志》，故交游颇广，与日本政要熟识，亦与常来东京办理外交的"东北保安司令长官公署"外交委员会委员王家桢熟识。是时，蔡智堪奉王家桢函嘱寻觅搜集；蔡智堪乃商诸老友"民政党"党魁床次竹二郎及总务长永井柳太郎，床次、永井复转商"民政党"顾问之内务大臣牧野伸显伯爵。当时，"民政党"亟欲扳倒田中内阁，床次与牧野等均认为田中若辈飞扬跋扈，上欺皇室，下压群僚，尤其好战成性，其高唱武力吞并满蒙之举，终必惹起国内革命，危及天皇体制，动摇国本，乃图以英、美舆论抨击，从而倒阁。

牧野遂命其妾弟山下勇引线，诱日皇室书库管理官密将相关材料供蔡君抄出。蔡智堪乃乔装成一修补图书的裱糊匠人模样，随身带着牧野伸显伯爵所送的金盾圆形的"皇居临时通行牌"（第72号），山下勇夜导蔡智堪入皇室书库，尽两夜之力抄写原稿五六十纸。事毕，蔡智堪购一手提皮箱，将之藏布底夹箱中，第二天专程飞往奉天（沈阳市），亲自交予王家桢；王家桢立即命其外交秘书办公室将之翻译，并定名为《田中奏折》后，面呈东北边防军司令官张学良，张旋前往南京将奏折转陈国民政府外交部。

1929年10月28日至11月9日在日本京都召开第三届"国际太平洋会议"，中方东北代表阎宝航（辽宁人），因与张学良、王家桢熟识，得获《田中奏折》抄件，十分震惊，遂商得筹备会的同意，将之英译并于会议中公开，各国与会代表哗然；同年12月，中文版《田中奏折》发表于南京的《时事月报》杂志（第1卷第2期）"特件"栏。斯时，张学良亦托由纪清漪女士投稿于北平（北京）、上海各地，详加报道《田中奏折》吞并中国与世界的野心。

当时王家桢曾与蔡智堪约定，事竣后将由中国政府致赠山下勇等3万美金，后该款久久不至，蔡智堪无以应，乃以私产初赠山下辈日币15000元，再赠10000元。但山下辈需索无厌，不久事败，蔡智堪入狱，籍亦没，山下辈20余员亦遭撤职，遂强占蔡智堪上野私宅。

1945年8月15日，日本无条件投降，台湾光复，蒋介石得黄郛夫人之报，即电陈仪释放蔡智堪，但蔡君已经孑然一身。1945年11月19日，中国国民党台湾省党部主任委员李翼中崇其功在国家，特致函蔡君召其归队，蔡智堪乃于1946年4月在台北市中山南路国民党中央党部组织部宣誓入党，5月8日获聘为"中国国民党台湾省执行委员会文化运动委员会"委员，11月20日复获聘为"国父史迹纪念馆"管理委员会委员。

1955年春，蔡智堪因生活困难，致身体更加虚弱，年迈患病，1955年9月9日去世。

蔡智堪深受祖国文化熏陶，民族意识浓厚，故能毁家输产，不计生死，甘为无名英雄。其所智取《田中奏折》内"欲征服支那，必先征服满蒙"之语，八年抗战时自小学生以及贩夫走卒，皆能道之，鼓舞民心士气至巨，当为蔡智堪之功，功当不朽。蔡智堪晚年归隐田园，淡泊生活，布衣乡居，无愠色怨言，寄情诗词，著有《斯石堂诗集》及遗稿《南船北马》《传书鸠》两册。

（戚嘉林）

陈阿荣

陈阿荣（1884—1914），台湾台中厅拣东上堡水底寮庄人，客家人，受罗福星之感召，赞同当时盛行于台湾的革命主义，募集同志组织革命党，拟伺机在台湾中部起义，进而与各地同志相互呼应，以脱离日本统治，被称为"南投事件"。惟本案于 1913 年 10 月至 1914 年 1 月间"苗栗事件"的大检举中，在起义前即遭破获。1914 年 2 月 28 日，新竹厅苗栗"日本台湾总督府"临时法院，

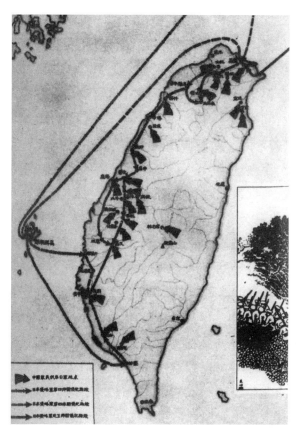

台湾同胞抗日斗争形势图（1896-1901）

判决陈阿荣死刑，余 28 人分处 5 至 15 年不等的有期徒刑。

（戚嘉林）

陈春树

陈春树（1897—1941），原籍福建惠安，21岁时到台湾，在屏东经营雕花铺。陈春树对于祖国的历史地理及"三民主义"颇有研究，富有民族思想，处事精明，颇有谋略。1931年，陈春树被选为国民党屏东中华会馆执行委员会主席委员兼青年团顾问委员会赞助委员，其任内成绩卓越，为广大侨胞所称颂。1935年，陈春树当选为台北总会馆代表，对会务改革贡献良多。次年当选为救济委员，不仅协助大陆同胞解决困难，并且捐赠输送大批款项秘密支援祖国。

"七七事变"爆发后，陈春树等积极展开抗日救国会工作，组织大陆同胞团结力量协力抗日，1937年12月7日在会馆内被捕。日警知道陈春树的号召力极强，起初还对其以礼相待，请其设法消除大陆同胞对日的敌意，并且许诺给陈春树以专利商业为交换条件。但陈春树不为所动，反而对日警晓以大义。日警见其心声坚决，利诱无效，于是转而逼迫其供出抗日组织的内部情况。陈春树自知难免一死，破口大骂日军军阀的暴政及台湾警察的无耻，于是日警对其施以电刑、火刑、老虎凳、抽筋等重刑，其状惨不忍睹。陈春树如此受刑达7个月之久，辗转监禁于高雄台北等地的监狱，轮流拷审。1941年10月28日，陈春树被召返屏东监狱。1941年11月24日，陈春树受折磨而死。

1953年6月，陈春树的事迹经由台湾有关部门褒扬并入祀其原籍忠烈祠，以彰忠贞。

（台湾省文献委员会编印《台湾抗日忠烈录》第一辑）

陈德金

陈德金(1896—1952),福建龙岩人,毕业于龙岩第九中学,素怀壮志,富有冒险精神,因念闽台一家,常思在台有所建树,于是毅然冒险渡海赴台。起初陈德金与其兄共同在嘉义经商,参加了当地的中华会馆,从事大陆同胞的反日工作。

1928年,陈德金当选为中华会馆理事,号召大陆同胞要团结,并组织大陆同胞"青年团",1927年至1937年间,先后历任执委、常委、宣传科长等职,并被选为全台大陆同胞代表大会嘉义地方代表,实为当时在台祖国大陆同胞反日工作中坚干部之一。

陈德金热心联络祖国大陆同胞从事爱国反日活动,渐渐被日本人所疑忌,遭到监视,时常找他的麻烦。祖国大陆抗日战争爆发后,陈德金更加以大无畏的精神策动大陆同胞响应祖国的抗战工作,并协助侨胞撤退。遂被日方视为抗日分子,1937年12月3日被日警逮捕,先后被刑拘下狱达3年9个月之久,备受酷刑,伤势严重,命在垂危。日方终于在1943年12月将其释放。所幸得以医治康复。台湾光复后获得台湾有关部门褒奖。1952年冬,陈德金因旧伤复发,溘然长逝。

(台湾省文献委员会编印《台湾抗日忠烈录》第一辑)

陈德兴

　　陈德兴（1906—1932），出生于台湾高雄州潮州郡四林。早年毕业于潮州公学校，以优秀成绩入台南师范学校。该校于1914年成立，是日本帝国主义为了培养小学教员以公费形式开办的。二十年代在全球民族主义的高潮下，台湾的本土文化启蒙运动也随之抬头。在校内由于日本教师歧视台籍学生，常引起台籍学生反抗教师的事件。此外，日籍教师的薪水较台籍教师多。日本学生的生活津贴9元，台籍学生只有6元。在目睹日本的殖民教育及种种差别待遇之后，台籍学生的民族及阶级意识油然而生，因而常和学校发生纠纷。1923年，陈德兴三年级时，由于一个台湾学生对日本教师有不礼貌的行为，竟遭日本教师殴打，引起全班学生的罢课，最后开除了十多名学生。日后台湾社会运动的健将——陈德兴、苏清江、苏新等都在被开除之列，这可以说是他们民族意识产生的萌芽。

　　二十年代，随着俄国革命成功，世界性的社会主义形成高潮，也正是日本社会主义运动蓬勃发展的时候，1924年陈德兴前往日本正则英语学校留学。他亲眼目睹了日本的农民运动、劳动运动。当时日本的中等以上学校大多有"社会科学研究会"，研读《无产者经济学》《共产主义ABC》等书籍，陈德兴逐渐认识了日本帝国主义的本质，并开始寻找解救台湾的道路。

　　1926年前后，台湾的社会主义运动也蓬勃发展起来。许多留学日本的台湾学生纷纷放弃学业返台投入社会主义运动的阵营。陈德兴从《台湾民报》上了解台湾的情况后毅然返台参加了当时热闹非凡的文化协会。许多留日学生也利用暑假期间返台参加"文协"的演讲会。不久，陈德兴发觉文化协会只是开会、演讲而没有组织、行动，他认为这样下去是没有前途的，遂加入了"台湾农民组合"。由于陈德兴系潮州人，就和他的小学同窗旧识陈崑仑一起负责"农组"潮东支部的工作。当时潮州东港街大潭新的农民因租佃纠纷而与土地所有者——"日本爱国妇女会"发生矛盾。农民听说参加"农民组合"可抵抗地主的无理开租修约，遂纷纷提议成立了"潮东支部"。

陈德兴曾在师范读书，不仅文笔好，善于言词，又系留日归来，见多识广。1927年7月"农民组合"扩大中央组织时，遂将他调至"农组"本部担任教育部长。当时台湾的农民大多没有受过教育，"农民组合"就利用农民的农闲及晚上时间组织读书会。首先是从《三字经》开始，学习汉字。传统的教育是老师念，学生跟着念，并不加以说明。像《人之初》这样的文章内容与自己毫不相关，是不容易记得住的。为了启蒙农村的孩子，激发农民无产阶级意识，陈德兴将便于背诵的文章和农民的苦难结合起来。于是他将农民的生活改编成新的三字经："无产者、散乡人、劳动者、日做工、作不休、负担重、住破厝、坏门窗、四面壁、全是穴、无电灯、番油点、三顿饭、番薯签……"深刻道出了农民生活的艰辛。农民一读就懂，说这就是我们的生活，同时也激发了劳动者的反抗意识。

随着台湾农民的觉醒与土地纠纷的日益扩大，在"台湾农民组合"的指导下各地纷纷建立"农组"支部。1927年底，"台湾农民组合"召开第一次全岛大会，"农民组合"从5个支部扩大到23个支部及4个联络处，会员多达24000多人。台湾的农民运动从自然的经济抗争迈向政治抗争。如何教育与组织群众成为农民运动中攸关紧要的工作。陈德兴先后担任了教育部、青年部、妇女部的工作，培养和提高了台湾农民的觉悟。

1929年2月12日，日本帝国主义对"台湾农民组合"大镇压，日本军警大肆拘捕了"农民组合"在各地的勇敢斗士。陈德兴被以违反出版法的罪名判处罚9个月拘禁，缓刑期间他隐匿行

踪，潜入地下活动。"二·一二"事件并没有使他退缩，陈德兴
仍坚定地走在革命的道路上。

1930 年，陈德兴代表台湾的工农大众拟赴海参崴参加国际
劳动者大会。唯在日本帝国主义的控制下，出境非常困难而拖延
时日，俟陈德兴到上海之时大会已结束，遂逗留在上海并向第三
国际东方局报告台湾的工农运动的现状。

1931 年初，日本帝国主义因对外不断扩张的需要加紧对内
高压统治，同年 3 月 24 日，台北警察署施行全面搜查之际，在
台北大稻埕逮捕了"农民组合"的领袖赵港。从此在日本警察天
罗地网密布下，台湾的社会主义团体遭到全面的破坏。赵港被捕
之时，同屋尚有一名年轻人就寝，趁双方格斗中乘夜逃亡。此年
轻人即为陈德兴。4 月 9 日他在高雄被捕。警方使用各种方法逼
供，他丝毫未透露任何消息。1931 年底，"日本台湾总督府"对
被捕的反日志士进行大规模审判，陈德兴被判处 10 年刑期，最
后病死狱中。

（韩嘉玲）

陈登元

当时日本杂志所描绘的台湾义军偷袭日军的情形

陈登元（生卒年不详），字君聘，生于台湾宜兰，先祖于清乾隆间渡台。清光绪年间其以进士任山东知县。1892年，参加光绪壬辰科殿试，登进士三甲50名。同年5月，著交吏部掣签分发各省，以知县即用。甲午战后，在台湾参加抗日。台湾民主国成立前后，当地进士们直接参与招募、统领义军及护卫乡里，唐景崧被推举为民主国总统后命令总兵綦高会率五营兵力分扎沪尾各炮台，记名总兵廖得胜率两营把守海岸险阻之处，进士陈登元率领所编团练三个营，驻防八里坌，以为犄角，互相呼应。

台湾民主国抗击日本侵略军失败后，他不得不回到厦门。晚年回赤湖东城设馆教书。后迁居厦门，临终遗嘱儿子河熊、河贵运棺回梓，葬于赤湖丹山岩兜，其"不做亡国奴，甘为故乡魂"的爱国爱乡精神为世人所称颂。

（赵国辉）

陈逢源

陈逢源（1893—1982），字南都，台湾台南市人。台湾企业家、诗人。曾任《自立晚报》常务董事，台北市中小企业银行、台湾炼铁公司董事长，台湾省合会储蓄事业协会理事长。

陈逢源于台北国语学校毕业。1923 年任台湾文化协会理事。1924 年与黄朝琴等人创办《台湾民报》周刊，同年赴日，发起设立台湾议会，被日军逮捕，判刑三个月。1929年起投入台湾信托公司，从事金融事业。1932 年《台湾民报》周刊改为《台湾新民报》

月刊，陈氏出任报社经济部长。后曾任台湾信托公司经理，常务董事。1945 年任华南银行常务董事。1948 年起任台北区合会储蓄公司（即今台北区中小企业银行）董事长。1951 年及 1954 年当选台湾省临时议会议员。此后，历任台湾自行车公司董事长，台湾中日文化经济协会理事，中国文化学院诗学研究所研究员，台湾区钢铁工业同业公会理事长。著作有《赤嵌集》《淡江集》《光复集》等诗册，《新台湾经济论》《台湾农业经济论》《溪山烟雨楼诗存》和《南都诗存》等书。

（赵国辉）

陈崑仑

陈崑仑（1905—1991），出生于台湾屏东县崁顶乡力社村旧店街。陈家原系以制酒为业，但自日本占领台湾后，民间的制酒权被日本夺走专卖。陈崑仑自小就从父辈处得知日本殖民统治者对台湾的种种经济掠夺。此外，日本借修路筑桥之名又强占了陈家不少的土地，更令他切身感到日本殖民统治的蛮横。生活中的点点滴滴的感受，种下了他日后反抗的种子。

陈崑仑自潮州公学校毕业后，考入台北工业学校（今台北工专）建筑科。在学校期间曾发生台湾人与日本人的冲突。他组织同学一起与日本人斗争，当时同班同学中有三四人是从大陆泉州、厦门赴台湾留学的，大家常在一起聊天、讨论，大陆来的学生常向他们说起中国革命的事，当时大家对民族主义及国内的革命都颇为关心和向往，所以他自求学期间就对民族主义运动产生兴趣。

在台北工业学校读书时，陈崑仑住在建成区，当时他与同学常去参加蒋渭水在台北大稻埕办的文化讲座，1926年他还参加了"文化协会"第三回雾峰夏季学校。但年轻的他不满于温和的改革运动，不久他加入无产青年的行列。1926年他与无产青年王万得一起以"扰乱治安"的罪名，被关在东港派出所，这是他生平第一次坐牢，那年他才21岁。

1925年，他在台北工业学校毕业后，因父丧回潮州故乡。当时刚好文化协会在潮州办演讲活动，他与刚从日本归来的同乡好友陈德兴一起主持在潮州的文化协会演讲，然而他与陈德兴感到只是办演讲，无益于日渐贫困的台湾农村，后来大潭新农民与业主发生争议，陈崑仑与陈德兴终于找到了自己的战场，他们走向农村，走进农家，献身于台湾的农民运动。

1927年3月，大潭新的农民听说参加"农民组合"可抵抗业主之无理开租改约，于是当地农民便找到陈崑仑与陈德兴，寻求解决之道。他们首先邀请了"台湾农民组合"的简吉、侯朝宗、陈培初到潮州演讲，农民们学习了解了其他"农民组合"的经验，在陈崑仑与陈德兴的组织和帮助下，1927年大潭新的农民成立了"台湾农民组合"潮州支部。"农组"潮州支部的成立大会就是在陈崑仑家举行的，从此他列身于"台湾农民组合"的阵营，与台湾贫困的农民一起打拼，抵抗日本帝国主义的压迫与剥削。

在陈崑仑等"农组"干部的努力经营下，"农组"潮州支部的阵营不断得到扩大。不久潮州、新圆等地陆续发生与制糖会社及私人的土地租约事件。这些农民纷纷加入潮州支部。

在日本帝国主义的经济掠夺之下，全岛的抗争不断爆发。于是陈崑仑遂移师高雄内围的"农组"，此后他一直待在高雄一带，为台湾的农民运动而打拼。随着台湾农民运动的发展及扩大，陈崑仑入选为"台湾农民组合"的中央委员。1928年2月3日，他出席台中"农组"本部召集的中央委员会，被任命为高雄州的地方斗士，加入特别活动队，成为台湾农民运动走向无产阶级政治斗争的先锋队的一员。

1928年底，"台湾农民组合"第二次全岛代表大会召开，"台湾农民组合"已明确地站在反抗日本帝国主义的最前线，陈崑仑在代表大会上作了有关本部的形势报告，全岛大会的第二天议程被警察命令解散，与会人员高呼"农组万岁"，手牵手地在台中街头游行。

"台湾农民组合"第二次全岛代表大会鲜明的反资反帝的立场令"日本台湾总督府"如芒在背。1929年旧历年，大肆逮捕"农组"支部2000余人，是为"二·一二"事件。陈崑仑与"农组"支部13人，以"违反出版法"为由被起诉，二审终结他被判处 10 个月刑期，缓刑 5 年。"二·一二"事件后，"农民组合"成为非法团体，然而陈崑仑仍然继续坚持着。1930 年他代替颜锦华驻守"农组"本部，发行秘密指令，继续领导各地"农组"反抗日本帝国主义的活动。

1931 年，日本帝国主义积极发动对外扩张，对内则加紧控制，从 3 月起，开始对台共的大检举，台湾党组织几乎被破坏殆尽，于是陈崑仑与简吉、王敏川等人组织了"赤色救援会"。1931 年底，他再次被逮捕，判处 6 年徒刑。1937 年，陈崑仑出狱后与"农民组合"的女斗士张玉兰结为夫妇，婚后育有六子二女。

台湾光复后，陈崑仑担任了屏东三民主义青年团书记，1946 年"二·二八"事件时，他参加屏东市处理委员会，因劝军警放下武器而以"意图窃据国土"之罪名被判处 1 年有期徒刑，1950 年，他参加高雄州参议员选举，成为光复后第一任民选市议长。白色恐怖时期，他因为资助昔日同志，而以"资匪"的罪名被判处 6 年徒刑，就这样，陈崑仑一而再、再而三地遭遇牢狱之灾，1960 年他刑满出狱后，便远离政治圈，转向金融界，先后任高雄区合会（中小企银）潮州分公司经理、屏东分公司经理、总公司协理等职。不愿再参与任何政治及社会活动。1991 年他因心脏病突发，逝世于屏东。

（韩嘉玲）

陈岚峰

陈岚峰（1904—1969年），原名岸浦，号南光，台湾宜兰人。1919年赴祖国大陆，在上海考入暨南大学附属中学，毕业后考入上海暨南大学政治经济系。

当时祖国大陆军阀割据，陈岚峰感慨："欲拯救中华民族，非革新军队不可"，遂弃文就武，于1924年10月考入日本陆军士官学校，为第十七期学员。在日本陆军士官学校读书

期间，陈岚峰与第十六期学员、台湾同乡黄南鹏交情颇深，他们与来自祖国大陆的学员建立了友谊。陈岚峰在日本军校研习军事理论，对阵地、攻城等战术研究有较深造诣。

1926年7月从日本陆军士官学校毕业后，陈岚峰满怀报国之志进入黄埔军校，任军事教官（官阶相当于少校）。陈岚峰以黄埔教官身份参加北伐战争。1927年6月，陈岚峰奉调任国民革命军东路军总指挥部参谋，随总指挥何应钦，由广东经福建、浙江至徐州，一举荡平军阀孙传芳部队。1928年，陈岚峰调任南京中央军官学校大队长。随后任中央军官训练团第一连连长，该连学员均为黄埔军校第一至第五期学员。后任第四师参谋处长、第四十九师少将团长等职。抗日战争爆发后，陈岚峰随汤恩

伯部转战南北，参加抗日战斗。关于陈岚峰之抗战经历，台湾《传记文学》第四十九卷第三期《民国人物小传》记载如下：

"二十五年，日军侵入热河、察哈尔等华北诸省，岚峰奉命北上，率军前往内蒙百灵庙，防守边塞重镇。二十六年卢沟桥事变爆发，时岚峰任第八十九师少将旅长，隶属于汤恩伯部，得偿抗日夙愿，转战南北，参与大小会战数十次。"

陈岚峰在抗日战场上骁勇善战，立下显赫战功。1945 年 8 月抗战胜利后，陈岚峰奉命接收徐州，参与在徐州的受降工作。其后部队整编，调任国防部少将部员。

不久，陈岚峰退役回家乡台湾。他是一名颇具影响的台湾政治人物，具有较强的号召力和凝聚力。1948 年以后，陈岚峰先后担任国民政府监察院监察委员、闽台区监委行署委员、台湾省党部委员、台湾农林公司董事长、"监察院"国防委员会召集人、国民党第十届中央评议委员等职。1969 年 6 月，陈岚峰在台北病逝。

（徐康）

陈其昌

陈其昌（1904—？），日据时代台湾民众党主干（秘书长）兼组织部长，祖籍福建泉州，为台北汐止之世家。

1922年陈其昌赴大陆就读杭州第一中学。"五卅惨案"时他作为第一中学学生代表参加救国反日运动，后曾就读上海大学，毕业于日本东京的日本大学。陈其昌在日大就读时亦参加中国学生的救国反日运动，后被日人发现为台湾学生，而于1929年被遣返台湾。他又投身于由蒋渭水先生领导的台胞反日爱国运动。民众党遭取缔后，蒋渭水先生也英年早逝。1931，陈其昌又来到大陆，期间屡屡往来于海峡两岸。抗战胜利后，1946年再返回台湾，1947年与李万居先生共同创办《公论报》，并任总经理。1953年，因资助一离职同事，而以"资匪"涉案，被处无期徒刑，22年后，即1975年出狱。

陈其昌在日据时代的台湾与日本帝国主义斗争，最值得称颂的有：一、反对日本治台的鸦片政策。二、揭发日军在"雾社事件"中使用毒瓦斯屠杀山胞。三、与蒋渭水、谢春木共同提案修改民众党党章，明文反对日本侵华政策。

（节选自《薪火周刊》，1987年3月31日）

陈秋菊

陈秋菊（1855—1922），字尚志，台湾台北文山人，祖籍泉州，出身茶农。清朝时为栋军（林朝栋）的主要将领，领导栋字隘勇左营。中法战争期间受命守基隆，被朝廷授予四品军功。日本占领台湾后，率众在深坑一带领导抗日。1895 年台湾民主国成立，日军进逼台湾，北台各地相继陷日。陈秋菊兼领其军，率领栋字隘勇左营及前营约六千多人，与其他北部义军联合抗日，两次围攻台北城，其后曾占领大

稻埕，并袭击日人警察所。陈氏经此数役，声名大噪，因其骑白马领导攻城，因此又被称为"白马将军"。但是随着日本统治台湾日趋稳固，却更将讨伐政策由"围剿"改为"招抚"，陈氏迫于形势，最后投降。

（赵国辉）

陈　藤

　　陈藤（？—1945），号剑窗，台湾台北人，1913 年开课授徒，藉以宣传祖国的文化。1919 年，陈藤兼任师范学校教师，因其教材多为伤时感事之言，得罪了日本人校长志保田氏，因而去职。1921 年，陈藤组织文化剧社，也为日本人所忌惮，该社也被解散，陈藤也因此遭拘押多日。此后，陈藤往来于厦门、福州、番禺、上海、吴县间，与祖国爱国人士通音信，归来后都有日本人的探子尾随他。

　　1943 年 11 月 5 日，陈藤被日方拘捕，下狱拷打，遍体鳞伤。1945 年 2 月 24 日，不幸牺牲于狱中。

　　陈藤的事迹经由台湾有关部门予以褒扬，并将其生前忠烈事迹刊入其原籍市志，以彰忠烈。

（台湾省文献委员会编印《台湾抗日忠烈录》第一辑）

陈文彬

陈文彬（1904—1982），本名陈清金，出生于台湾高雄冈山区的燕巢乡。祖先是郑成功的部下，几代以来都卜居于半屏山下。父亲是当地的一个开明地主，1915年台南玉井的"噍吧哖抗日事件"爆发时，他因为同情、支持余清芳等的义举而被日警通缉，并且四处躲避达三年之久，后被拘。

1921年，从燕巢公学校毕业后，陈文彬即进入台中第一中学就学，并且与宋斐如、谢东闵等同学。1924年，他因为用脚拨起放在地上的步枪而遭到日本教官的一顿毒打，于是号召全班同学起来罢课，抗议日本军国主义教育。为此，陈文彬被学校勒令退学。

不久之后，陈文彬只身渡海到上海法政学院学习。1925年，上海发生"五卅"惨案后，他又转到日本东京法政大学社会系，攻读社会学。1929年，他与正在东京女子医学院药科求学的嘉义女子何灼华结婚；第二年，生下长女陈惠娟。1931年，大学毕业，陈文彬利用暑期带着妻女回台度假，却因为在船上向其他留学生介绍孙中山先生的革命事迹及其"联俄、联共、扶助农工"的三大政策，而引起日本特高课的注意。他们人还没到家，日本特高课就已经跑到他家里搜查了一通。一方面是因为被特高课监视，另一方面因为一直找不到适当的职业，陈文彬于是与妻子抱着还不满周岁的长女离开故乡，奔赴上海，寻找一片新天地。

一、上海的《流火》

陈文彬一家到上海投奔一位亲友——李剑华先生。李剑华是劳工问题专家，同时也是中共的秘密党员。通过他的介绍，陈文彬先后在中国公学、复旦大学任教。在李剑华家，他又认识了李夫人的姐姐——关露，她是中共地下党员。从此以后，陈文彬对马列主义的革命理论有了比较深刻的认识。因此，即使二十世纪三十年代初期的上海是在国民党的白色恐怖统治下，他仍然与李剑华创办了一份名为《流火》的月刊，介绍马克思主义的革命学说，鼓励青年读一些进步的书刊。《流火》大概只出到第三期就被查禁了，李剑华因此被捕入狱，陈文彬也险遭不测。他实在无法再在上海待下去了，只得带着一家人再次东渡日本。

二、心驰中原四百州

在日本，陈文彬先后在东京法政大学及立教大学任教。在东京期间，陈文彬经常和一些朋友在一家叫"不二茶寮"的咖啡馆会晤，交流思想、谈论形势。他认为，日本帝国主义的侵略将会加紧，中日免不了一场大战。

1937年7月7日，卢沟桥打响了全民族抗日战争的第一枪，全面抗战爆发。陈文彬担心的日子终于来了。整个抗日战争期间，陈文彬仍然遭到日本特务的监视，但他却无所畏惧，把在日本的台湾留学生团结起来，组织了"省民会"，由蔡清波负责工作的推动。通过"省民会"的活动，陈文彬对那些留日的台湾学生进行爱国主义教育，动员他们回祖国参加抗战，要他们去延安。因为工作过度劳累，他病倒了。可他在患病住院时期，依然时时刻刻记挂着灾难深重的祖国。在病床上，他写了一首题为《旅日住院》的诗以抒怀："流落他乡几度秋，西风医馆动新愁。病床日夜心驰处，唯是中原四百州。"

三、不做日本的臣民

1940年3月30日，汪精卫的"国民政府"在南京成立。之后，汪精卫曾经几次派人来请陈文彬去当"教育部长"，被陈文彬断然拒绝了，并且骂道："汪精卫这个卖国贼还敢要我去给他当部长……"

每逢日本节庆时，陈文彬绝对禁止两个小女儿悬挂日本国旗。他告诉她们："那是他们日本人的节日，不是我们的；我们是中国人。"另外，每当有日本军队出征，学校动员学生到车站欢送时，陈文彬也不让他的两个女儿加入送行的队伍。他告诉她们："那些兵是要去打我们中国人的！"因此，战后台湾文化界重要的旗手李纯青，对陈文彬的印象是："在殖民统治者的土地上，来自殖民地台湾的陈文彬总是向人自称他是福建海澄人。"李纯青并且感佩地说："在祖国灾难深重的漫漫夜，陈文彬先生拍着胸膛说：'我是中国人。'"

（蓝博洲）

陈小埤

　　陈小埤（？—1896），台湾台北三角涌公馆后陈公厝人。有胆识，习武术，略通诗书。清光绪年间，刘铭传任台湾巡抚，开山抚番，陈小埤也参与其中，因为立功而被刘铭传器重。

　　1895年5月，日本人攻陷台北，陈小埤与表亲苏力同时抗战，招募义民近千人，占据鸢山，以阻挠日军南下的路线。5月21日，苏力与日军交战于分水岭，而陈小埤转战于隆恩埔、二甲九及大安寮之间，牵制日军，致日军死伤众多。

　　11月16日，新竹胡河锦、台北简大狮、陈秋菊等会攻台北城，陈小埤肩负各军的粮草重任，并率领部属夜攻台北城东门，焚烧日军厩舍，以骁勇善战著称。

　　当年除夕，日军袭击陈小埤的住宅，当时陈小埤正在家中，猝不及防，与义士陈新园死于敌人的乱刀之下，牺牲时陈小埤只有三十多岁。

（《台北县人物志二十七第一章忠义列传》）

陈义顺

陈义顺（1906—1942），号哲生，台湾云林县人，日本早稻田大学文科毕业，生性沉默，资质聪颖，富有民族意识，素为邻里所器重。

陈义顺目睹日军的暴政，义愤填膺，在早稻田大学毕业后，即潜往上海参加革命组织，在中国国民党台湾党部任组织科长，筹划如何光复台湾。1937年上海沦陷，陈义顺仍然坚持执行任务，以台湾人的身份混入日本人在香港所办的《珠江日报》，以记者身份为掩护，从事地下工作。不久，香港也被日本人占领，因机密泄漏，1941年1月9日，陈义顺被日方拘捕，押解到台湾，备受酷刑，1942年2月16日被处以死刑，年仅36岁。1946年6月，陈义顺入祀新竹忠烈祠。

（台湾省文献委员会编印《台湾抗日忠烈录》第一辑）

陈银生

　　陈银生（生卒年不详），台湾宜兰大陆同胞主要领导人，为兰阳中华会馆主席。其热心侨务，抗日战争打响，极力协助大陆同胞撤退。当时的国民政府迁都重庆后，日本人对居住台湾的大陆同胞行动进行了严密的监视，全岛各地中华会馆职员，以总检举法被捕入狱者不可胜数。1943 年，台南地方法院以抗日的罪名，将陈银生起诉入狱，备受酷刑，并被判监禁 15 年，台湾光复后才被释放。

（台湾省文献委员会编印《台湾抗日忠烈录》第一辑）

陈子镛

陈子镛（生卒年不详），号鸣锵，人称博舍。台湾安平县善化北仔店人，居住在台南县善化镇，是台湾巨富，拥有田产2000多甲。

1895年之役，被推举为"粮台"，独自捐款白银40万两，用于义勇军抗日。日军大举南下后，义军无法抵抗之时，只好内渡厦门。后来再次返台，但家中住宅已被日本人占据，无奈只好迁往北仔店居住。

（赵国辉）

陈子镛是善化富商，在台湾民众抗日时，将自己的财富全部献出

范本梁

范本梁（1897—1945），字牛，又号铁牛，笔名一洗、能鸣者等，台湾嘉义市人。台湾的无政府主义提倡者与社会运动家。

范本梁早年留学日本，1919 年进入东京的青山学院就读，之后转入茨城县的土浦中学，最后毕业于上智大学。范本梁在就读上智大学期间因受到日本无政府主义者大杉荣的影响，而对无政府主义产生兴趣。1922 年 8 月范本梁前赴北京大学哲学系旁听，并且组织北京安社。1924 年与许地山成立新台湾安社，创办《新台湾》杂志，范本梁出任主编，鼓吹台湾人应以暴力革命手段暗杀台湾总督、官吏、走狗、资本家，成为往后台湾无政府主义者的先驱。

1926 年，范本梁由于触犯日本殖民政府的"治安维持法"被逮捕，获刑 5 年；1931 年"九·一八"事变时，再度以触犯"治安维持法"被捕判刑 15 年，于 1945 年病死狱中。

（赵国辉）

高亨长

高亨长（1882—1938），原籍福建林森。幼入私塾，因不满背诵教学法经常逃学。清末革命潮流传入福建，高亨长有志于革命事业，但因只是一介莽夫无缘加入其中。高亨长身高体壮，满身漆黑，声音洪亮，生性耿直豪爽，遇见不平之事，必定大吼挺身而出，有"黑使"之称，远近闻名。

1910年，高亨长到乡下经商，见一满清旗人霸占村民田舍，遂出面交涉，一言不合即殴打旗人致伤，只好赴台避难。高亨长居住在屏东县里港乡太平村28号，开设宝美楼食堂，经常见居台大陆同胞被日本人欺凌剥削，义愤填膺，于是与当地大陆同胞联络，以图共同对抗日本人。

1925年，中华会馆成立，高亨长被选为常务委员，担任组织及宣传工作，而且慷慨捐赠，为会馆的得力干部。1936年，高亨长参加筹组抗日救国会，任宣传委员，积极展开反日活动。因其个性耿直，对日本人的暴行时出愤言，以至引起日本警察的猜疑及监视，于1937年12月7日被捕入狱。在狱中高亨长备受酷刑仍不屈不挠，破口大骂，致使受刑更重，昏厥7次之多。为求速死，免用苦刑，于3月14日受审之时，高亨长乘日警不备，大呼中华民国万岁，以头猛击案桌，血流如注，日医急救后，为掩饰其虐待犯人的罪行，准其保外就医。但因高亨长伤及右脑，加之旧伤并发，医治无效，于1938年7月15日不治身亡，时年56岁。

其事迹经由台湾有关部门于1953年6月13日明令褒扬并入祀其原籍忠烈祠。

（台湾省文献委员会编印《台湾抗日忠烈录》第一辑）

郭秋贵

郭秋贵（1907—1939），原籍福建，年少赴台，长大后参加台北地方中华会馆为会员。"七七事变"爆发后，加入抗日救国组织，协助大陆同胞撤退，并从事救亡工作。1939 年 8 月，被日本台北州特务发现并逮捕。在狱中惨遭刑虐，牺牲在狱中，年仅 32 岁。

郭秋贵事迹经由台湾省有关部门明令褒扬。

（台湾省文献委员会编印《台湾抗日忠烈录》第一辑）

哈鹿那威

哈鹿那威（？—1915），台湾花莲县秀林乡人，为原住民泰雅族太鲁阁97部落之总头目。其族分布在今花莲木瓜溪上游及立雾溪一带，人口近1万人。哈鹿那威骁勇善战，并极具领导才能。1895年日本据台后，他常仗着熟悉地形，对日本人发起突然袭击。1914年5月，佐久间左马太在"五年理蕃计划"的最后一役即为对太鲁阁的进攻。佐久间左马太调动3108名士兵，3127名警察，以及4840名军夫，配合山炮机枪，大举进攻只有1万人口，而壮丁仅有3000人之"太鲁阁蕃"。自5月31日起，兵分二路，其东路循得其黎、三栈、木瓜诸溪，西路则循合欢、奇莱诸山，分进合击。民政长官内田嘉吉任总指挥，警察总长龟山理平太为副总指挥。时佐久间已逾70高龄，仍亲临合欢山前线，督导作战。哈鹿那威亦集合族人据险抵抗，奋战3个月，终因寡不敌众及武器优劣相差悬殊而溃败，佐久间总督亦因于6月26日坠崖受伤，至翌年八月伤势复发去世。战后日本人把太鲁阁族据守的山峰改名为哈鹿台，以纪念此战役。哈鹿那威于1915年2月20日因战败而抑郁病逝。

（傅琪贻）

日军将俘获的台湾少数民族同胞全部杀害

何非光

何非光（1913—1997），电影导演。在二十世纪三十年代，从日本殖民统治下的台湾冒险来到祖国大陆，投身于电影事业。并在八年抗战期间编导了《保家乡》《东亚之光》等多部抗战影片。

一、殖民统治下备受屈辱的少年时代

何非光原名何德旺，出生于台湾省台中市。父亲何日新在务农的同时开了一间碾米作坊，母亲王氏是一位典型的旧式妇女，带髻裹足，十分贤惠善良。幼年时的何非光接受的是中国传统的家庭教育。5 岁那年，他被送入私塾学习汉文，从读《三字经》《千家诗》伊始，幼小的心灵就被注入了强烈的中国人意识。

刚刚步入少年，发生了一件对何非光影响极深的事情：他崇敬的四哥在医专毕业后，想独立开设诊所，竟为日本统治者所不容。身为医生的四哥在新婚后不久患了一场普通的感冒，却硬被日本医生诊断为"恶性传染病"，强迫接受"治疗"，结果竟被活活地"治"死了，死时年仅 20 岁。四哥死于非命，严酷的现实，使何非光看清了殖民主义的丑恶本质，胸中燃起了对殖民者的仇恨。

12岁那年，何非光考入台中市立第一中学（台中一中）。但仅仅读了一年，就被学校勒令"自动退学"，理由是何非光用石块击打一个日本学生，致其头破血流。何非光回忆当时的情景仍无比愤怒：那日本小鬼子平日横行霸道，总爱欺侮中国学生，动辄辱骂中国学生是"清国奴"、"鸦片鬼生的"。何非光受不了如此羞辱，那次事件就是在忍无可忍的情况下发生的。

由于从小备尝"二等公民"的苦楚，何非光青少年时代便萌发了爱国意识，并积极参加一些反抗殖民统治的社会活动。1927年台湾文化协会倡办台湾演剧会，何非光便参加了由著名社会活动家张深切编导的闽南语话剧《乌天暗地》的演出。此剧只演了一场便被日本殖民当局指涉有"煽动台民反叛"之嫌，而被禁演，台湾演剧会也被强迫解散。

二、赴大陆谋生，走上曲折艰辛的从影之路

二十世纪三十年代初，日本军国主义分子为发动全面侵华战争做准备，设法稳住"后方"，于是加紧对作为战争基地的台湾进行控制，解散了各种社团组织，限制台湾人民的各种活动。在这种情

何非光与阮玲玉

况下，有许多渴求自由、向往祖国大陆的青年人，冒着受到"惩治"的危险，不辞千辛万苦奔向祖国大陆。何非光也加入到这一行列中，瞒着家人，只身赴大陆谋生。1931年，何非光来到上海，以后进联华影业公司作基本演员。他与大明星阮玲玉共同演

了《再会吧！上海》《母性之光》等多部默片。

何非光的表演以反派著称，有独到之处。如在一部影射日本侵略我国东三省的影片《恶邻》中，他把象征侵略者帮凶的白济这一角色演得入木三分。然而也正是这部影片引起了日本领事馆对他的注意。经多方侦探，日本人了解到他是台湾人，于是便于1935年12月13日以未经"签证"为借口，将他绑架并遣送回台湾。他母亲为此事在台湾竟被活活吓死。然而何非光的爱国之心并未因此被扼杀。1936年他在赴日勤工俭学期间，参加了由中国留学生组成的"中国留东学生演剧会"，他是导演团成员之一。当时，正值日本军国主义穷兵黩武向我国东三省进行侵略，留日学生排演了《复活》，此剧遭到了日本警视厅的严密监视。"学生演剧会"导演团在此时期还曾发起举办了"东京鲁迅先生追悼会"，并散发了赞颂鲁迅先生一生奋斗业绩的悼词纪念卡。

全国抗战爆发前夕，何非光由日本再次回到祖国大陆。当时正遇西北影业公司来上海招演员，何非光便与著名摄影师吴印咸及著名演员蓝马一起报了名。不久，经八路军办事处的介绍，他们又一起从太原到了汉口，加入了中国电影制片厂。

1937年"七七事变"爆发，日本开始全面侵华，中华民族全面抗战的序幕也由此拉开。何非光从此积极投身于拍摄抗日题材影片的工作。他在重庆拍摄了多部非常杰出的抗日影片。当时拍电影的条件相当艰苦，因为日机不断空袭骚扰，胶片来源也不时断绝。何非光克服重重困难，坚守这块影坛阵地。

三、银幕上的"一柄正义之剑"

在何非光拍摄的《保家乡》《东亚之光》《气壮山河》及《血溅樱花》四部抗战影片中，《东亚之光》是其中的杰出之作。它以独特的题材选择和表现方式获得了巨大的成功，被誉为银幕上的"一柄正义之剑"。

该片记述的是这样一个故事：一些日本战俘通过学习与改造，逐渐认识到自己参加的是一场非正义的侵略战争，因而思想上发生一些改变，最终在良心与正义感的驱使下，毅然走上了反战宣传的道路。

从题材选择上来看，这部影片较之当时的其他抗战影片具有独到之处。事实上，这确实是一部带有较强纪实色彩的影片，其中大部分素材来自真人真事。1940年初，中国电影制片厂与反战同盟举行了一个茶话会。茶话会结束后，中国电影制片厂的一位工作人员说的一席话使何非光颇受启发："倘若可能，将那一群俘虏口里所吐出的故事，合拢编制成一部电影，同时又请这些俘虏本人现身说法，来扮演本人的角色，这对抗日战争定会有所贡献。"何非光下定决心要把这部片子搞出来。他进入了一种异常兴奋的创作状态中，仅仅用了八天八夜便把剧本初稿创作出来，经过一个多月的细致工作，正式成立了《东亚之光》摄制组，开始了正式投拍。在影片具体拍摄过程中，曾遇到了许多意想不到的困难：如扮演主要角色的一个俘虏演员突然暴死，便临时更换演员；敌机的空袭常常骚扰摄制工作，有一次竟炸毁了摄影棚，一度使拍摄进度大大受阻。但这一切都难不倒何非光，对日帝的仇恨及对祖国的热爱皆融于这部片子的制作中，驱使着他把片子拍摄完成。

除了题材选择不一般外，《东亚之光》与一般的故事片相比，在拍摄的许多方面均有独到之处。首先，何非光从收容所里挑选了10名俘虏亲自扮演角色，以增强影片的真实感和说服力。他亲自来到重庆附近的一所战俘收容所，深入生活40天，以便能更好地体验生活，完善剧本；同时他也利用这一机会对俘虏的品行加以考查。

此外，在拍摄手法上，何非光采用平实的纪实手法，选择了许多实际生活场景进行拍摄，以增强真实感；服装和道具也未做任何加工；人物语言大量保留了日语对白。何非光本人亦亲自扮演了一位日本新兵，他那一口流利的日语，使他的表演颇能以假乱真。

《东亚之光》经过一番周折，终于拍摄完成，并获得了巨大成功。隆重的首映仪式于1941年元旦的前一夜，在重庆当时最大的影剧院"国泰大戏院"里举行。多家新闻媒体于次日争相报道了这一盛况，其中，《新华日报》的报道称该片为"中外战争影片中空前之奇迹"。当时的评论界均将其誉为银幕上的"一柄正义之剑"。正是这柄特殊的"正义之剑"深深地刺中了日本侵略者的胸膛，在相当程度上有力地支援了当时的抗战。以一事实来证之：在太平洋战争爆发前夕的香港，有一次正当《东亚之光》上映时，突然闯入了一伙穷凶极恶的日本兵，他们举刀劈裂了银幕。可见，这柄"正义之剑"确实有很大的威力，敌人对它是如此的害怕与恐惧。

何非光，这位来自台湾的青年影人，当年积极投身到全民抗战的烽火中，同祖国人民一道并肩作战，以银幕为战场，以摄影机为刀剑，在文化战场上与敌人作战，他拍摄的多部抗战影片在相当程度上起到了打击敌人、团结人民、鼓舞士气的作用，为伟大的抗日战争做出了自己特有的贡献。

（郑晓昱）

何云灯

毒打刑逼，是日本警察对付台湾同胞的惯用手段

何云灯（1875—1930），福建人，小学毕业。1927年何云灯赴台，加入中华会馆，领导大陆同胞的反日运动，贡献良多。抗日战争爆发后，何云灯抱着一腔爱国热忱秘密参加抗日工作，于1930年11月27日被捕，饱受酷刑而不屈服，终于因伤重而死于狱中。

其事迹经由台湾有关部门予以明令褒扬。

（台湾省文献委员会编印《台湾抗日忠烈录》第一辑）

何再来

何再来（1899—1937），福建晋江人，国民党党员，毕业于晋江高小。很小便赴台经商，1930 年加入中华会馆，后又加入国民党海外部，1933 年被选为中华总会馆常务委员。何再来对会馆的发展贡献颇多。抗战开始，何再来参加组织抗日救国会，从事地下工作，支援祖国。1937 年 12 月，何再来不幸被日本台北州外事课逮捕下狱，在狱中饱受酷刑而殉难。

其事迹经由台湾有关部门予以褒扬。

（台湾省文献委员会编印《台湾抗日忠烈录》第一辑）

洪弃生

洪弃生（1867—1929），本名攀桂，学名一枝，字月樵。洪弃生颇富文才，1889 年台南府学头名。台湾沦日后，仿刘向"更生"之例，取《汉书·终军传》"弃繻生"之说，改名繻，字弃生。台湾彰化鹿港人，原籍福建南安。弃生少习举业，曾以案首入泮。1895 年割台之役，与丘逢甲、许肇清等同倡抗战，任中路筹饷局委员。事败后潜归鹿港，从此闭门谢客，表示不忘故国。日本人获知他的文采，屡屡向他伸出橄榄枝都被他拒绝，并常常以言辞讽喻日本人。

他坚不剪辫，拒着洋服；既而日人强去其辫，遂披散长发，着宽博大褂，手摇蒲扇，从容过市；见者目为怪诞，而不知其内心之苦痛也。他眼见人民惨罹兵燹，日本殖民者横暴残虐，心中不平，皆一一寓之于诗，托之于文。先后成《寄鹤斋诗集》《寄鹤斋古文集》《寄鹤斋骈文集》《寄鹤斋诗话》《瀛海偕亡记》《中东战记》《中西战记》《时势三字编》诸书。1922 年秋，偕次子炎秋载笔西游，遍历大江南北，西出关中，东游洛邑汴梁，更北上京津，东访齐鲁，再南下西湖、桐庐；次年复泛海至闽，观漳泉汀邵诸郡风物，于禹域之名山胜水，都邑胜迹，辄濡笔记其壮游，续成《八州游记》《八州诗草》二书。其诗文皆以干支纪元，以示不忘故国；内容多系三台掌故，自清末政治措施，以逮台亡前后战守之迹，日人横暴之状，民生疾苦之深，皆一一垂之篇章，而为考文征献者之渊薮。

某年除夕，他写出春联的上联"是何世界是何年"，征求下联，有少年应对"如此江山如此日"，文中的双关语意正合他的意思，于是他邀请少年畅饮，并赞许道："少年人有这样的气节，我们台湾人终究不会屈服的。"此事传入日本人耳中，到处搜捕此少年仍不得，气急败坏的日本人将洪弃生逮捕入狱，洪弃生抑郁悲愤，出狱后尚未及旬，遂于1929年2月9日去世。其所著书凡10余种，100余卷，在日据期间，因见忌当道，生前所刊行者，或割裂篇幅，或伪托姓名，仅《寄鹤斋诗矕》《寄鹤斋文矕》四卷等寥寥篇什，余皆未能出版。所存手稿随其哲嗣炎秋先生之踪迹，间关万里，辗转迁徙，幸得无恙，至1970年始由成文出版社影印行世，题曰《洪弃生先生遗书》，共九巨册；后台湾省文献委员会重予整编，全新排印，改题曰《洪弃生先生全集》，于1993年5月出版。

（李理）

侯朝宗

　　侯朝宗（1905—1968），又名刘启光，出生于台湾嘉义县六脚乡。侯家系历代务农的耕读之家。父侯扬在地方上颇具名望。侯朝宗自幼即表现出强烈的求知欲和突出的讲演才能。他在蒜头公学校就读期间，考入嘉义商校。在校期间目睹日本教师歧视台湾学生的各种行径，逐渐萌发反抗日本统治的思想。他常常挺身反对学校不合理的做法，有一次为了反对校方安排低年级学生参与长途徒步旅行，侯朝宗起而与日本教员争辩，并向同学发表演说，鼓励大家团结，采取一致的行动，最后促使校方取消徒步旅行。1921年他自商校毕业后，入台南师范学校，修毕一年的速成课程，于1923年结业后，返回故乡的母校——蒜头公学校担

侯朝宗在重庆

任教职。

嘉南平原系蔗园之乡，他的家乡蒜头村即设有日本"明治制糖会社"，当地的蔗农收获的甘蔗均被指定由明治会社收购，甘蔗的重量、品质、价格常受制于会社。他亲眼目睹家乡蔗农所受到的种种剥削，激发他反抗日本帝国主义对台湾的经济掠夺。二十世纪二十年代的台湾正是社会运动风起云涌之时，自 1925年凤山、大甲、曾文、嘉义等地纷纷组成农民组织，台湾的农民运动逐渐发展成全岛的农民运动。1926 年"台湾农民组合"成立，受此风潮影响，当地农民也欲有所作为。此时任教于蒜头公学校的侯朝宗，经常在校内批评日本帝国主义统治，并参与农民运动。1926 年他被解除教职，从此步入人生的另一种途径，全身心投入农民运动。

1927 年随着农民运动在全岛的扩展，侯朝宗被增选为"台湾农民组合"的中央委员，并负责庶务部门的工作。他成为台湾农民运动中的活跃分子。同年底，"农民组合"在台中市召开第一次全岛大会，侯朝宗担任了大会的书记长，并在会上报告"农组"发展的经过。因强烈批评日本帝国主义的统治，被命令中止演讲，于是引起会场内大声的抗议，纷纷指责日本警察的横暴取缔，结果第一次代表大会就在抗议声中被中止。

1928 年"台湾农民组合"召开中央委员会组织特别活动队，侯朝宗被选任为台南州的地方斗士。同年 7 月 17 日，他与"农组"的同志简吉等人前往"日本台湾总督府"抗议无理取缔"农组"的活动。

随着台湾社会运动的发展，殖民地台湾也趋向于全世界被压迫民族的解放道路。作为台湾最底层的农民反抗组织，于1928 年成为台湾共产党的外围团体，鲜明地高举马克思主义旗帜。殖民政府当然不容共产主义在广大的农村散布，于是在1929 年初，即旧历春节之际，日本殖民当局出奇不意地发动全岛总动员，共计逮捕两千多人。最后简吉、陈崑仑、侯朝宗等

"农组"干部以"违反出版法"的名义被起诉。简吉被判刑1年，侯朝宗等人被判刑10个月，缓刑5年。从此"农民组合"潜入地下活动。1930年侯朝宗在同乡李天生等人的协助下，偷渡海峡，潜往厦门。初到厦门，他得到集美中学的台籍左翼学生詹以昌、王溪森、王天强等人的帮助和支持。不久，詹以昌返台工作后，他接替了厦门的学生运动工作。

"九·一八"事变后，国民政府成立了"稽察政务委员会"，侯朝宗出于一片抗日救国的热忱，投笔从戎，在委员会中担任宣传工作。"七七事变"后他易名为刘启光，在重庆国民政府军事委员会总政治部从事专职对日宣传工作。由于他的表现优异，不久被提升为第三战区少将兼中央设计委员会专员。1940年起开始介入接收台湾的工作，先后出任中央直属台湾党部筹备处秘书、台湾工作团主任。1945年台湾光复，刘启光出任台湾行政长官公署参议，协助国民政府接收台湾的工作。

刘启光虽然身居高官，衣锦还乡，但他并没有忘记当年在"农民组合"与他并肩战斗的老同志，后来，他担任新竹县县长时，启用了不少"农民组合"的老同志，如邀请简吉担任水利会的工作。他在新竹县任内，曾为抗日牺牲的同志建立忠烈祠，并举行公开祭拜活动。此外他还领养了病死狱中的抗日志士赵港的遗孤。

1946年，日据时期的株式会社华南银行与台湾信托公司合并改组为华南商业银行，由刘启光负责筹备，翌年正式成立，他被选为董事长。从此他在台湾金融界屹立，前后达22年之久。1968年，他因心脏病发逝世。

（韩嘉玲）

侯西庚

侯西庚（1858—1904），字瑞卿，台湾嘉义县六脚乡溪墘厝人。

1895 年，清廷割让台湾，各地抗日义军风起云涌，当时 38 岁的侯西庚正经营糖业，他不愿为异族统治，乃散尽家财购买武器，号召壮丁加以训练，镇守东石、布袋两港口，以备驱逐日军。

10 月 10 日上午 6 时，日舰驶进布袋嘴，因水位低浅，大船不能进岸，日军便在距离陆地三海里处下碇。当时的总兵谭少宗坐镇盐水港街，昏庸无能，不仅不置重兵防守沿岸，且无炮台拱卫海口，于是日军无所顾忌，强行登陆。侯西庚闻讯，急督所部义民据守布袋内田庄西端，以刀枪鸟铳阻击日军前进，但因装备悬殊，义民抵挡不住而节节败退。11 日，日军全部登陆成功，直驱南下，集中火力攻击盐水港街，守军败退，盐水港遂被日军所陷，侯西庚退据东石。

12 日下午 4 时，驻扎布袋嘴的日军泷本联队长，命令里松大尉率领一中队向东石进击。13 日上午 9 时，日军耀武扬威地进入东石庄内。侯西庚早已得报，实时分散埋伏，并令一部分的庄民于胸前悬挂一片"大日本顺民"的木板诈降，以减低日军的戒心。里松大尉果然以为庄民尽皆慑服，遂命部属卸下武装，暂时休息。

哪知休息时，忽闻四面锣鼓齐鸣，义民如潮，由西、东、南三方向东石奔杀而来，把日军围困在中央，一齐开枪射击。西方海面另有三只木船载运义民陆续登岸，日军一时惊惶失措，里松大尉急令一分队向前阻止义民登陆，自率残部退至东石北端，以堆积如山的蚵壳作掩蔽，开炮迎击义民。

　　因日军武器先进，义民即刻血肉横飞，死伤遍野。义民的武器只是老旧的鸟铳或镰刀、锄头，唯有近身搏斗才能制胜，所以义民奋勇向前，一波倒下，随即一波涌上，越战越多。日军不敌，陷于苦战，自上午10时战至下午5时，未有稍歇，战况惨烈。此役即是抗日史上著名的"蚵壳城之战"。

　　下午时分，日军的枪弹及粮食殆尽，里松大尉急令一军曹带领4名兵卒逃往西方海岸，抢夺一小舟急驶出海向日舰济远号求援。驻扎于布袋嘴的日军联队本部听见枪声频响，也令人前往侦察，得知里松大尉所率全军被围，乃急派军队救援。

　　14日上午8时，义民见日军援兵已至，仍是奋勇迎战，但枪弹已渐感不继，侯西庚恐日军继续涌至，义民会反受其困，急下令解围。为免殃及人口密集的朴仔脚，侯西庚乃退往人烟稀少的云林县宜梧庄，绕远路辗转回故乡溪墘厝，朴仔脚才能免于战祸波及。

　　直至刘永福离台，侯氏知道大局已无法挽回，始解散义军，离别妻子，潜至大陆，在厦门隐居数年。嗣后台湾战火停息，日人故意怀柔，侯西庚才返回故乡，重理旧业。但当年的抗战，日人记忆犹新，日宪时时加以压迫，或搜其宅，或诬他为匪徒，所经营的糖业，也因日人设立明治制糖会社而被并吞。因此，他愤恨成疾，于1904年4月溘然而逝，葬于朴子市崁后。出葬时，朴子街民深感其恩德，沿路设香案吊祭。

（金芒）

胡嘉猷

　　胡嘉猷（1839—1920），又名阿锦，号甫臣，台湾新竹安平镇人，原籍广东梅县。父胡珠光，于道光年间从军赴台。解甲后，业铜器修理，迁居新竹城。1884年法军侵台，胡珠光为清军修炮械，以功授粮总官。胡嘉猷"幼勤学，屡试不第，援例捐监生。及父死，袭其职，赏戴五品蓝翎"。台湾民主国成立后，胡嘉猷起而响应，亦组织义军备战。及日军占领新竹，胡嘉猷以安平镇为根据地，屡率义军袭击日军兵部，使据守新竹日军的后路受到极大的威胁。由于新竹以北地区义军蜂起，粮道受阻，日军不得不暂时推迟执行"南征"的计划，以便集中兵力镇压台北新竹间的抗日义军。当时，台北新竹间的抗日义军主要有三支，其中一支即为以胡嘉猷为首。

　　胡嘉猷与黄娘盛等一起，组织起三千多人的抗日民团，在桃园龙谭坡一带阻击从台北南下的日军，随后转战杨梅镇。1897年5月8日是台湾人决定国籍的最后一天。5月7日深夜，胡嘉猷又联络陈秋菊、林李成、简大狮等各路义军，从三面包围台北市，激战至第二天黎明，后见久攻不下，退守深山。

　　之后，胡嘉猷见大势已去，不愿做倭奴臣民，不得已而潜回广东原乡，直至82岁去世。

（赵国辉）

花冈一郎

花冈一郎（？—1930），日据台湾时期日本理蕃政策下所刻意培植之样板。原名为"拉奇斯·诺敏"，"花冈一郎"为日本名。台湾中部雾社地区之原住民，属泰雅族群中的赛德克亚族，出身于雾社群荷歌社。日本人为推行笼络与教化抚育政策，将他和无任何血缘关系的"拉奇斯·那威"（日本名"花冈二郎"）送入埔里小学校（1921年）与日人子弟共学，之后再入台中师范讲习科就读。毕业后二人回到雾社担任乙种巡查，并担当原住民学童教育工作，为受日本高等教育的原住民精英，也是"日本总督府"理蕃成果的"样板"。

花冈一郎（下）与花冈二郎

1929年8月，日本人命令娥萍·塔达（日本名"高山初子"）和娥宾那·威欧（日本名"川野花子"）自埔里小学校高等科辍学，并于同年 10 月 27 日，令花冈一郎与川野花子、花冈二郎与高山初子结为夫妇，结婚典礼以日式仪式在雾社分室之武德殿举行。而高山初子系荷歌社头目塔达欧诺康之女，川野花子则系塔达欧诺康妹妹之女，亦即是塔达欧诺康之外甥女。因妻子之故，花冈一郎与二郎遂结为义兄弟，此两桩婚姻与兄弟结义，皆日本殖民当局所一手策划，制造抚蕃之样板，藉以宣扬"理蕃"政策之成功。

川野花子（右）与高山初子

尽管他们比起一般原住民所处的地位要高，但是他们在接受了近代教育后，更加感到日本殖民统治对于台湾民众的压迫和歧视。所以，当周围诸社决定起义时，他们毫不犹豫地与自己同胞站在一起。1930 年"雾社事件"发生时，由于他们熟悉雾社警察分布的情况，对于雾社起义迅速取得战绩起了重要的作用。雾社起义失败后，花冈一郎留下遗书，将家中老弱带往斯库列丹山，先枪杀妻儿，再以番刀切腹自杀。

（李理）

黄阿烈

　　黄阿烈（生卒年不详），台湾台北市（原台北厅大加呐下崁庄）人，幼读孔孟之书，深明忠孝之义。成年后，从事茶叶生意，因为目睹台胞在日本人占据下所受奴役之苦，义愤填膺。1911 年 10 月，罗福星冒险再度赴台，秘密组织革命党，从事革命活动，黄阿烈时年 30 岁，由挚友简金生推荐给罗福星，二人相见恨晚，黄阿烈对于罗福星的革命见解及孙中山先生的三民主义主张极为赞佩，深信三民主义必能救中国，于是决心加入国民党，献身革命。黄阿烈担任党部秘书，负责台北区重要党务，凡是意志坚强的爱国分子，无不尽力吸收，并且密访地方贤达，募捐充军费，以发展革命事业。

　　1913 年冬，孙中山先生经台赴日，住在台北市梅屋敷旅馆，黄阿烈曾与周齐仔随同罗福星一起前往报告台湾党务发展情形，得到了孙中山先生的嘉许。同年 12 月 20 日，苗栗抗日事发，革命党被捕 220 余人，18 日罗福星又被捕，第二年 3 月 3 日罗福星遭绞刑，黄阿烈逃亡。黄阿烈夫人陈氏倾尽家产接济其暗中进行革命工作，在外活动 3 年，饱尝艰辛，最后还是不幸被捕入狱，忍受酷刑长达 7 载，一直坚强不屈，最终在狱中被害。后经由台湾有关部门明令褒扬。

　　　　　　（台湾省文献委员会编印《台湾抗日忠烈录》第一辑）

黄　朝

　　黄朝（？—1912），因受辛亥革命及当时"林杞埔事件"的影响，黄朝等台湾义士利用民间宗教信仰，以祭拜玄天上帝为号召，召集信徒，建立秘密组织，准备发动抗日暴动，后被叛徒告密，1912 年 6 月 27 日，被日本警察逮捕，死于狱中。

（赵国辉）

黄国书

黄国书（1907—1989），原名叶焱生，台湾新竹人。因曾在日本编写的教科书上写了"宁愿站着死，不愿跪着生"，而被日本殖民统治者列为"危险分子"，上了黑名单。年仅13岁的叶焱生改名换姓逃到广东海南岛定居。早年曾在广州暨南大学就业，继而东渡日本，入士官学校及炮兵学校学军事。1928年回国后先任中央军官学校教官，后任国民革命军军官团及炮兵学校教官、战术主任，以后又调任炮九团团长、突击军参谋长。"七七事变"后，先后任独立十四旅旅长、新编四十三师师长、九十军中将副军长。

黄国书中等身材，戴近视眼镜，神采奕奕，温文尔雅，颇有儒将风度，平易近人，讲一口道地的客家话。他对工作认真负责，丁是丁，卯是卯，一点也不含糊。黄国书的日语说得非常流利，而且是道地的东京音，这对翻译敌情资料和审讯战俘提供了方便。1941年，在大洪山战斗中，他本着"不入虎穴，焉得虎子"的想法，曾深入敌占区，获取情报。他化装巧妙，几乎可以乱真；加之他的日本话说得比较好，遇到敌兵盘问时，

黄国书（右）与蒋介石

能对答如流。"鬼子"甚至以为他是什么"高级首长"。黄国书获得了准确情报，击溃了敌人的进犯。五战区司令长官李宗仁将军在一次全战区高级将领会议上夸赞黄国书为"大胆将军"，号召大家向他学习。黄国书也因功在大洪山会战结束后调升独立第十四旅旅长。

1943 年秋，以赖汝雄将军为军长的七十八军在河南方城成立，下辖新编四十二、四十三、四十四三个师。黄国书任新四十三师中将师长。1944 年春夏之交，日军从郑州北面的花园口强渡黄河，占中牟、陷郑州，疯狂进犯中原地区。首当其冲的是三十一集团军汤恩伯的主力部队。随着战局的推移，汤集团十三、二十九、八十五等军，被优势之敌三十七、六十二、一百一十等师团及坦克第三师团包围于登封、禹县、临汝、宝丰等狭小地区并受到重创，个别部队几至溃不成军，十分狼狈。而以新四十三师为主力的七十八军与强敌初战于舞阳、襄城，再战于伏牛山区，稳扎稳打，屡挫寇锋。在鲁山战役中歼敌三千以上，敌坦克全被摧毁。

1945 年的豫西南之役（又称为"老河口"作战），黄国书大显身手打了几个漂亮仗。这年春天，敌十二军突然向一、五两战区的老河口及南阳重镇进犯，并以其号称"常胜之师"的一百一十师团（师团长木村）配属坦克第三师团（师团长山路）一部及重炮兵、骑兵等有力部队沿内乡——西峡口（今西峡县）向西疾进，企图一举攻占西坪，卡断豫陕咽喉，进而威胁西安，来势凶猛，志在必得。七十八军奉令确保西坪，阻敌西进。扼守西坪正面战场的主要守备任务，落在新四十三师身上。黄国书凭借巧妙的战略战术大胜日军。战斗结束，清扫战场，发现敌遗弃尸体一千余具，坦克残骸 9 辆。这次胜利，大大地鼓舞了士气，同时有力地打击了敌人的嚣张气焰。

敌人并不甘就此罢休，本村为了达到其进占西坪之目的，尔后还曾三次增援反扑，他采取组织突击队对四十三师阵地进行波浪式进攻，即所谓"车轮战法"或"韧性战斗"。黄国书面对顽敌，毫不示弱，官兵一致，越战越勇。有"猛虎团"之称的四百三十团（团长赵仁，副团长郝培基）为保卫丰字山高地（豆腐店东），一天中粉碎敌人八次进攻，阵地岿然不动。5月中旬，黄国书鉴于敌人已成强弩之末，即向敌军发出劝降传单。同时，擅长日语的他利用喇叭筒亲自对敌军喊话，如"中国军队优待俘虏不杀不辱、中日人民是一家、不要替日本法西斯当炮灰了！"等等，这些宣传在日军中起过瓦解和动摇军心作用。8月15日，日本无条件投降后，为了纪念七十八军抗击日军的丰功伟绩，西坪人民特在当年予敌重创的重阳店地方修建了一座抗日战争胜利纪念碑。

1946年到台湾后，黄国书历任"国大代表"，"国民大会"主席团主席，"立法院"副院长、院长及国民党中央评议委员等要职。

（郑平）

黄国镇

黄国镇（？—1902），台湾嘉义县大埔乡人。1895年日本占据台湾后，他于12月召集叶裕、李乌猫、张德福等12人结拜，称为"十二虎"，欲与日本人抗争到底。1896年7月10日，黄国镇率义军攻打嘉义，在屡攻不下的情况下，退据温水漠，控制了嘉义东堡山区49个村庄，并趁日军围攻"铁国山"柯铁之际，扩大势力，自称皇帝，建国"大靖"。1898年9月至10月间，黄国镇率义军攻击埔羌峤、嘉义东堡三层崎、店仔口各地的派出所，给日军沉重打击。日本人采取怀柔政策，以大埔庄庄长之职引诱黄国镇，并承诺发给归顺者每人每月8圆钱等条件，招降了黄国镇。1901年11月23日，黄国镇再度举事反抗，联合阮振、赖福来等进攻朴仔脚支厅。日本军于12月3日发动反攻，1902年3月黄国镇战死于后大埔。

（赵国辉）

黄猫选

黄猫选（生卒年不详），台湾抗日英雄，与柯铁及其五兄弟、柯龙波等十七位骁将被称"十七大王"。他曾在云林集合抗日台湾义民一千余人，奋勇抗击日本军队的侵犯。

黄猫选所散发的檄文中，有这么一段："罔料去年日贼来侵疆土，民俱思清官已去，唯望平治，尽皆归降。不意此贼大非人类，任意肆处，无大小之罪，无善恶之分，无黑白之辨，唯嗜杀戮，拏之即决，烧庄毁社，辱及妇女，种种匪法，难以尽拟。"

（赵国辉）

黄石顺

　　黄石顺（1887—?），为"凤山农民组合"领导人，1887年出生于台湾新竹。早年从事米、茶的买卖，因经商失败而迁到凤山。凤山地区大多数的小佃农都是由新竹迁来的，并承租了高雄第一大地主兼资本家陈中和的土地。黄石顺毕业于台北工业讲习所，后参加文化协会而在乡里从事启蒙运动。1925年5月，陈中和会社无理收回耕作权，黄石顺于23日组织当地农民53人组成"小作人（佃农）组合"，开始和陈中和会社斗争。陈中和只好暂缓原来的计划。黄石顺与佃农组合员在这一段斗争中，体会到团结的力量，他为了更加巩固佃农组合并扩大其影响力，便在11月15日，邀请简吉参加这一运动，并把佃农组合改组为"凤山农民组合"（组合员80人），并推举简吉为组合长、黄石顺担任主事，选出理事14人。

　　"凤山农民组合"成立后，黄石顺、简吉、张沧海、陈贤等组合干部从1926年1月4日起，在凤山郡仁武庄仁武庙召开"农民讲习会"，向农民讲课，启蒙农民并鼓励大家团结起来和地主进行斗争。

　　另一方面，凤山郡大寮庄也因新兴制糖会社同样宣布拟收回该地270甲的租耕权，而与佃农发生纠纷。大寮庄的农民看到"凤山农民组合"团结有力，乃邀请简吉、黄石顺等干部来指导。他们采取了凤山组合的办法，终于获得了胜利，到了新兴制糖会社所指定交租耕权期限时，330户佃农中，竟有269户拒绝交出土地。

　　由于凤山"农组"的成绩斐然，因而鼓舞了各地的农民大众，当各地发生农民争议时，都期望能取得凤山的抗争经验，

"凤山农民组合"的简吉与黄石顺也四处奔波，指导各地的农民运动，为日后成立全岛的农民团体——"台湾农民组合"奠定了基础。1926年2月28日，由凤山、大甲、曾文、嘉义的"农组"代表组成的"各地方农民组合干部合同协议会"正式宣告"台湾农民组合"的成立，黄石顺担任中央常任委员兼争议部长。

1926年9月20日晚，黄石顺、简吉等人在大寮庄召集当地的农民300余人开会，在会上指控"二林事件"的警察无理弹压蔗农组合，并商议进一步向新兴制糖会社要求提高收买甘蔗的价格，但两处的会议均遭到警察的阻挠。警察害怕"凤山农民组合"对于农民的影响力愈来愈大，即在同年9月23日检举黄石顺、简吉、张沧海、陈糊等干部7人，被移送检察局处罚。

1927年3月16日黄石顺等人又在中坜、桃园成立"台湾农民组合"中坜支部。"农组"以减租为议题召开演讲会，启蒙农民觉悟，编制有关农田施肥、劳力及其他支出计算书，据以写成要求书。然而日本拓植公司故意不接受"农民组合"的要求，反而到法院对未缴纳租谷的7名主要佃农提出扣押稻田里的农作物及稻谷的申请。在"农民组合"的指导下，佃农早已经将稻谷收割并藏匿起来，日本拓殖公司一无所获。

"农民组合"召开农民演讲会，公开谴责日本拓植公司，并加强团结农民，准备继续斗争。日本拓植公司遂以欺诈、妨害业务之罪名对上述农民提出起诉，7月27日日本警察拘捕6名相关者。7月30日中坜郡观音庄新坡一带的农民50名到郡公所实施示威运动，要求释放被拘捕的组合支部成员，并谴责日拓公司的横暴与警察对此事的处理。此外，中坜郡观音庄的佃农每天还派出数十人，不断向拓植公司示威，并要求减额田租七成至二成。11月7日中坜郡树林子、三座屋部落的农民执棍棒，成群拥向扣押农作物的执行现场，拔掉扣押标木以反抗执行扣押。这次抗争中，"农组"的主要干部黄石顺、谢武烈、杨春松、黄又安等八名被检举。

9日，愤怒的"农民组合"群众群集中坜，选谢进来、彭金源、李根乐3名为代表，向日本殖民当局严厉质询7日检举黄石顺、谢武烈等人的理由，同时七十余名农民群集于郡公所，以示抗议。农民团结的力量，使得日本殖民当局镇压的决心越来越疯狂，当场又逮捕了10名"农组"成员，并驱散抗议的群众。10日、11日又先后派出62名警察，强行执行扣押农作物，并以骚扰及妨害公务执行的罪名，检举了83名相关者。1928年10月11日公判，计34人被宣判徒刑。此即台湾台湾农民运动史上有名的"中坜事件"，黄石顺因此案而入狱多年。

　　待黄石顺出狱后，"农民组合"因遭"二·一二"大检举已潜入地下活动。他又积极着手"农组"的重建工作。1930年10月20—21日的中央委员会决定黄石顺负责"农组"高雄州支部联合会的工作。1931年1月1日召开的"农组"竹崎会议，决定了"农民组合"新的组织方针与战略战术。会后，黄石顺先后召开了高雄州支部联合会会议和屏东、凤山支部委员会会议，以传达竹崎会议的宗旨。同年3月他与陈结等人协议重建嘉义支部。同年，他还参加台湾党的重建运动——赤色救援会，指导凤山地区的农运活动。

　　黄石顺是个坚强的斗士，自从投入农运以后，就坚持不懈地工作，即使在日本帝国主义残酷镇压的时候，他仍为台湾的农民运动竭尽全力。1931年底，日本殖民当局发动对台湾赤色救援会的大逮捕，共捕320人。黄石顺因此案被捕，并被判处5年徒刑。

（韩嘉玲）

黄世雾

　　黄世雾（1836—1922），台湾桃园龟山乡牛角村人。家境殷实。1895 年割台，黄世雾被公推为抗日首领。当年 5 月末，日军粮食运输队经过龟山纵贯线时，被抗日义民袭击。正在激战间，黄世雾与林口马脚生、枫树坑卓伯藤等召集义勇军数百人前往支援，不料岭头抗日部队不支溃败，于是义勇军折回牛角村，实行游击战，给予日军重创。

　　6 月 8 日，日军后援兵马抵达龟山，进攻牛角坡，黄世雾所率领的游击队因人员短缺、武器装备匮乏而无法继续作战，只得撤离退守。日军攻入牛角坡，将所有房屋烧毁，居民全部杀害。黄世雾避居深山，改名为云波，6 年后才返回。1922 年黄世雾去世。

　　　　　　（台湾省文献委员会编印《台湾抗日忠烈录》第一辑）

黄文星

黄文星（1871—1960），别名赖双喜，原籍广东梅县，前清生员，居台湾台东镇中华路。1897 年 7 月，黄文星在高雄美浓结交南子仙、张旺兴、陈节、余总理等人；入八十八重溪，联络头目张添秀，相约在 8 月围攻日本军营，但终未成事。9 月 15 日，率众袭击潮州，因日军早有准备，抗日义士死伤二十余人。另外林少猫一队攻打屏东，亦失利，退到埔山。

1922 年元月，黄文星与林少猫等率领义士六百余人，退守后壁林，建土城，开水渠，深沟高垒，以图建立抗日永久基地。不料被日警宪侦骑围攻，林少猫壮烈牺牲。黄文星躲在壕沟中泅水而逃，翻山越岭，逃至东部山区。9 月逃至恒春，后转往台东，更名李阿妹。又潜往公埔、玉里各地，更名潘阿来。次年 4 月，又至台东更名赖双喜，潜居避难，直至台湾光复。

黄文星 80 大寿时，曾作抗日经过词一首，千余字。当时台湾有关部门曾赠褒忠匾额一方。黄文星于 1960 年元月去逝。地方政府为其举行公祭，其后嗣因黄文星改赖双喜之名，也都改姓赖。

（台湾省文献委员会编印《台湾抗日忠烈录》第一辑）

黄晓潭

黄晓潭（生卒年不详），台湾大科崁增贡生，1895年台湾人民抗击日本占领台湾的战争中的爱国儒生。战争中，日本占领军攻取新竹之后，即将要对台湾中南部实施军事占领。当时，苗栗的知县李烇与吴汤兴商量应对之策，他们一面派遣徐炳文赴台中告急，一面请徐骧死守头份，力图阻止日本占领军的南行进程。1895年5月5日，日本占领军分三路南下：一路由新竹大道，一路出安平镇，一路驰援三角涌。新埔人邱嘉猷扼守竹围，回环重叠，打死打伤占领军一百多人。按照抗敌计划，由黄晓潭等沿途伏击援助三角涌的军队。他们挖掘地窟陷占领军的马蹄，与日军苦战，又击毙百数十人。后来，投降日军的降将余清胜由小路进攻黄晓潭部队，义军抗击日本占领军数日，最终三角涌还是被占领军攻破。

（赵国辉）

黄源鉴

　　黄源鉴（1851—1905），字晓潭，号仪俌，原籍福建晋江。其曾祖于清乾隆年间渡台，初在淡水经商，后迁至万华，垦殖于桃园大溪，于是在此居住下来。黄源鉴幼年聪颖好学，入淡水县学，后补增贡生。

　　1895年割台，邑绅纷纷协助义军，黄源鉴当仁不让、揭竿而起，募集义民，装以甲兵，与江国辉部在福德坑一带夹击日军。双方鏖战数日，日军死伤惨重。黄源鉴左臂受创仍然裹伤冲杀、锐不可当。但终因日军援军赶到而不敌，乔装成渔夫败走鹭江。壮志未酬，黄源鉴胸怀感伤，于1905年溘然长逝，时年55岁。

（赵国辉）

黄呈聪

黄呈聪（1886—1963），出生于台中州彰化郡线西庄。10岁时，对日军刺耳的枪炮声留下深刻的印象。小学毕业于彰化第一公学校，小学五年级即考取"日本台湾总督府"立国语学校。"日本台湾总督府"立国语学校后来改制为"台北师范学校"。黄呈聪学以致用，从事菠萝罐头业、轻便铁道、蔗糖、米业等行业。惟

黄呈聪却不以在台湾获得经济的安定为满足，为追求更崇高的理想，弃商从"文"，考取日本早稻田大学政治经济科，并且在日本参加新民会。当时台湾人在日本的新民会正副会长分别为林献堂、蔡惠如，下设干事二人，由黄呈聪与蔡式穀膺任。

1921年4月15日，黄呈聪在《台湾青年》第2卷第3号发表《保甲制度论》，指出保甲制度有检讨之必要，没有必要存在，此论点最后拖累家庭，父亲黄秀两被迫移居漳州。其后，1921年10月17日，台湾文化协会成立，1923年黄呈聪成为理

事，推行文化启蒙事业。

1921 年 8 月，黄呈聪撰写《台湾教育改造论》，强调教育改造必须由根底之思想进行。日本殖民当局的教育属于灌输式教育，教一定之教科书。此外，日本教育偏重殖民地教育，与实业教育亦有提升之空间。教育重点应在于"诚意"二字。"诚意"才是教育精神。台湾教育改造的方法应从根本改造着手。

1921 年 8 月，黄呈聪在《台湾教育改造论（续）》一文中，又提出具体的建议，包括：第一、应积极培养有用人才，将公学校程度改与内地小学校相同。第二、各种费用应有先后缓急之用，学校建筑以木造即可，不一定要宏伟建筑。而教育者之一言半句，凡社会一般之仪表也，须当慎正言行。第三、应加设三年制之速成科，并置五年之本科（师范学校于各州）。台湾之初等教育应于各州设立中学校、高等女学校。第四、制糖会社之补助金应移于教育。教育者要庄重，学问者要独立，大学者要影响社会深远。第五、反对日本废止汉文。黄呈聪的教育思想就是希望藉由教育制度的改进，提升全台国民教育之水平。

当时制糖会社垄断了蔗农的利益，黄呈聪曾发动"甘蔗耕作组合"，争取农民权益，不幸失败。

1921 年黄呈聪在《台湾经济界的危机与其救济》一文中，主张应该随着经济情形的不同，调整征税，以减少农民、劳工的负担。此外，也强调救济之道的原则在于"自由、公平、竞争、效率"。1922 年，黄呈聪在《年初杂感》中，阐述人生以社会服务为荣之道理。认为，人的一生，并非是仅为了个人而生存，而是为了同胞、公益社会而生存。为政者应该了解人类的本性要求善导之，不可能全部用权力来阻止，应共同创造人类共存的社会生活。

此外，在积极振兴农业方面，从 1931 年黄呈聪担任线西信用组合长，对振兴台湾农业做出过努力。建议强化农会制度，提出从修改农会法着手，废止无实际作用的农会；进而振兴地方自

治的行政革新事业，训练人才、充足地方财源。在黄呈聪经济
政策的建言中，不难看出其满腔热血，欲改革台湾经济问题之
才略。

黄呈聪强调真正的"同化政策"是尊重彼此文化，台湾的
文化根基源自中华五千年的文化。其在 1925 年 1 月 1 日《台湾
民报》第 3 卷第 1 号，写下《应该着重创造台湾特种的文化》，
强调："台湾虽是太平洋中的孤岛，只有三百年的历史，而其文
化的根源，远自中华五千年的文化而来的。不过在台湾有多少的
改造而已。"此篇文章记述台湾当时有 380 万人，生蕃约 10 万
人、内地人（日本人）有 17 万人、其他外国人有 1 万多人，剩
余的 350 多万人，皆是中国汉民族传来的子孙，三分之二是由
福建省、三分之一是由广东省而来的。换言之，台湾文化多数承
袭于中国文化。黄呈聪也反对地名的改正、日语的强制、食衣住
行的仿效、汉文的限制、学术研究的局限；强调应符合台湾人的
特长，使精神和物质齐步发展。在《希望撤销中国渡航的旅券制
度》一文中，黄呈聪也力陈台湾与中国大陆交流的必要性。

1922 年 6 月，黄呈聪前往大陆，发现白话文运动已经于大
陆展开。1923 年 1 月 1 日，又发表《论普及白话文的新使命》，
强调台湾民众应有的世界观，学习各种的科学和一般的知识。

1923 年 4 月底，黄呈聪和王敏川共同宣传民报，举办巡回
演讲，希望借着《台湾民报》（半月刊）启发台湾文化，提倡白
话文，以恢复民族自信心。原本《台湾》杂志中日文并用的现
象，改为平易的汉文。黄呈聪期以中华文化的根基，提升台湾
文明。

黄呈聪政治哲学思想的中心议题是在探讨"以民意为依归
的政治"。当时反应民众意见的"日本台湾总督府"评议会，只
是总督的咨询机构。1923 年 5 月 10 日，黄呈聪在《台湾评议会
改造论》一文中强调：日本人"对于台湾的政策必须以兄弟之情
待之，摆脱优越感，实施以民为基础的政治。"黄呈聪希望从体

制内来改革政治。对评议会咨询方式、代表构成、会期、官员听取咨询时的态度等等都提取了具体的意见。黄呈聪希望以"公平"的原则，来提升评议会的功能。

此外，黄呈聪也于1924年11月1日《绅章制度撤废论》一文中，提出废除绅章制度的主张。

1924年10月29日，黄呈聪与林献堂联袂向台湾总督伊泽多喜男和总务长官后藤文夫提出《建议书》，力陈改革的事项。包括（一）关于地方制度改善之件，（二）关于教育之内容及改善之件，（三）关于警察改善之件，（四）关于差别撤废之件，（五）关于撤废阿片（鸦片）吸食特许制度之件，（六）关于言论自由之件，（七）关于保甲制度废止之件，（八）关于产业政策更新之件，（九）关于旅券制度撤废之件，（十）关于水利组合之件。也可看出黄呈聪希望整体提升台湾产业政策计划的魄力与决心。

1925年5月，黄呈聪请辞《台湾民报》的职务，到大陆发展。期间，成为"真耶稣教会"的虔诚教徒。回台之后，布道且择居台北，在大稻埕永乐町（今迪化街）开设益丰商事会社。

黄呈聪将民族主义与宗教内化合而为一，不仅是接受西方基督教的思想，也重视本体传统中国文化价值。

1932年4月，《台湾民报》改组《台湾新民报》，黄呈聪再度受邀服务报业，出任论说（社说）委员兼社会部长。1934年，辞去报社职位，远渡日本，在神户设立商事会社分社，专心商务。当时台湾厉行"皇民化运动"，黄呈聪因不在台湾避离争端。

1944年，美军空袭日益频繁，才从日本返回故乡。归台后不久即光复。后任大甲区署长，不久即被撤废。私立淡江英专（淡江大学前身）创办人张鸣得敦聘他担任该校董事，以及淡江文理学院名誉董事。1963年7月去世。

（黄颂显）

简大狮

简大狮（?—1900）是当时台北农民武装起义的领袖，与台湾中部的柯铁，南部的林少猫，同被誉为抗日义军的"三猛"。1895年12月31日，简大狮率义军袭击台北日军，城内台胞奋起响应，双方在八甲町展开激战，日军死伤300余人。后日方得到增援，简部友军被阻于双溪顶一带，终于弹尽粮绝，起义失败。

1897年5月8日是《马关条约》规定为台胞选定中国国籍的最后期限，当日简大狮等又率领抗日武装五六千人，再攻台北，冲进市区，一度占领奎府街、大龙峒等地。1898年2月，在台北附近坚持游击斗争的简大狮、罗绵春，领导抗日武装与日军大战于竹仔山倒照湖一带，与日军相持6天后，罗绵春战死，简大狮等化整为零退入深山。

简大狮在起义失败后，潜返福建漳州，日军杀害其妻以泄愤。但清政府却屈服于日本的淫威，将简大狮逮捕押解至厦门，并于1899年引渡台湾，后为日寇所杀害。

简大狮被押在厦门厅时，曾慷慨陈词：

"我简大狮，系台湾清国之民……日人无礼，屡次至某家寻衅，且奸淫妻女；我妻死之，我妹死之，我嫂与母死之，一家十余口，仅存子侄数人，又被杀死。因念此仇不共戴天，曾聚众万余以与日人为难。然仇者皆系日人，并未毒及清人，故日人虽目我为土匪，而清人则应目我为义民。况自台湾归日，大小官员内渡一空，无一人敢出首创义。唯我一介小民，犹能聚众万余，血战百次，自谓无负于清。去年大势既败，逃窜至漳，犹是归化清朝，愿为子民。漳州道、府即为清朝官员，理应保护清朝百姓。然今事已至此，空言无补，唯望开恩，将予杖毙。生为大清之民，死作大清之鬼，犹感大德。千万勿交日人，死亦不能瞑目。"

简大狮的这份陈词，可谓句句是泪，既是对日寇侵略台湾暴行的愤怒控诉，又是对清朝政府屈服献媚日人行径的强烈抗议。词中"大清"就是"中国"，"清人"即"中国人"，其一片赤诚的爱国之心和凛然大义，惊天地，泣鬼神！

（何标）

简　娥

简娥（1909—?），出生于台南新化，简父简忠烈是私塾的汉文教师，在"噍吧哖事件"中被日本人所屠杀。当时她尚年幼，但是兄长常常告诉她"噍吧哖事件"的经过，从此她萌发了反日的意识。

其父被日本人杀害后，全家搬至高雄。简娥自幼聪慧，顺利考上高雄高女。在殖民统治下的台湾教育和日本人之间有着明显的差别待遇，在校期间，无论台湾的学生或老师都受到明显的歧视。简娥在高雄高女的求学生涯，让她认识到日本殖民统治的本质。

学生时期她就和同窗好友张玉兰常常一起去听"农民组合"和文化协会的演讲，当时她还是一个十八九岁的年轻少女，因为

图为"台湾农民组合"之苗栗大湖支部，左三为简娥

简父被日本人所屠杀，所以这些演讲特别能打动她。

二十世纪二十年代，受全球民族主义及社会主义思潮的影响，台湾的社会运动也趋向于反对帝国主义与殖民主义的斗争。当时台湾的左派运动，无论是"农民组合"，还是"文协"、民众党，一方面进行反对殖民主义、反对日本统治台湾的斗争，一方面进行无产阶级的斗争。在这样的环境下，她自然也受到了社会主义思潮的影响。"农组"的简吉、苏清江和陈德兴在高雄组织了一个读书会，经常一起研究《共产主义 ABC》《资本主义的奥妙》等书籍，她很早就报名参加。

简娥从一个单纯的高中女学生到"农组"的女斗士，除了反日及社会主义思潮的观念等因素外，就是受同窗好友张玉兰的影响。她俩志趣相投，遂成为挚交。由于张玉兰参加"农组"被学校退学，使简娥也萌生退意，不久即积极地加入正蓬勃发展、又非常缺乏人手的农民运动中。简娥退学参加运动，遭到家里的强烈反对。她被家里抓回去，监禁起来。然而意志坚决的简娥趁清晨母亲熟睡，跳到家后面一栋房子里逃跑了。日本警察遂煽动简母，女儿逃跑名声不好。简母爱女心切遂到法院，控告"农组"的简吉"诱拐"良家妇女。简娥亲自到法院出庭作证，公开声明自己是自愿加入"农民组合"的，不是别人诱拐的。所以简吉就当场无罪开释。这件事在当时曾轰动一时。

简娥开始是在台中"农组"本部工作，后来就去屏东支部，当时刚好发生"二林争议"。简娥一到那里，就被警察无故拘留10天，她认为警方任意抓人，故提出要求申请正式判决，因为没有红戳子，她曾将手指咬破，以血书写判决书，后来果然判决无罪被释放。简娥的机警、勇敢，使她成为"农民组合"闻名的女斗士。

简娥在屏东支部时，常在傍晚时骑自行车去村里指导农民开座谈会，通常她们在村里一些较进步人家的晒谷场上，大家就围在那里座谈，以便了解民众生活中所面临的疾苦。此外还教导没有受教育的农民读书识字。"农组"里有给年轻人看的书，简娥经常找一些浅易的书来教导农民，"农组"还编撰针对农民生活的新三字经。不管儿童、青年都非常喜欢读，都来参加。简娥还分别组织了青年部、妇女部，在他们热心的教导下，成功地教育了农民，并使他们能有无产者的意识。

"二·一二"事件以后，"农组"成为非法组织，只好潜入地下活动。简娥变装潜在中坜、桃园一带，约年余。警察知道有"农组"的分子潜来当地工作，所以白天警察会来巡查，简娥就乔装成客家人，穿上客家人的衣服——长长的黑裤子服装，还戴上斗笠，有时也会戴上手套或走路时挑着空篮子。她富于机智，以神出鬼没、行动敏捷而见长。简娥在这一带的工作进行得很好，若警察来，这庄的农民就会向另一庄的农民通风报信"警察来了"，于是她就赶快离开，和农民一起下田工作。

"农民组合"也支持其他的团体，如台共领导的台北透印印刷厂罢工。1931年3月受"农组"本部的指令，简娥北上支援透印会社的罢工。访问各女工奔走组织工会，并负责募捐工作。另外，在高雄苓雅草寮草绳工厂罢工中有很多女工，简娥也代表"农组"去支持，号召"罢工要继续、工钱要提高……"。

1931年5月简娥参加了在王万得太太郑花盆家里举行的第二次台共大会即松山会议。在这次会议上她被选为台共中央委员会候补委员，会后她被任命担任中央常务委员联络员。若有信件寄达，就负责去取给潘钦信、苏新等人。

1931年赵港被捕后，日本大肆逮捕台共和"农组"成员。简娥决定和潘钦信一起转移到中国大陆。他们藏在基隆码头等船，但因日本警察的严格检查，两人在基隆被捕。

台湾光复后，简娥因为结婚、生子加上身体不好长期在家静养。七十年代初期离开台湾，移民到美国。

（韩嘉玲）

简 吉

　　简吉（1903—1950），出生于南
台湾凤山的农村。在日本帝国主义残
酷殖民统治下，当时台湾农民生活日
益穷困。其父亲简明来是一位朴实的
庄稼汉，为了生活，终日必须"像
牛马一般地劳动"，年幼的弟弟简新
发，迫于家中缺劳动力，只好从公学
校四年级退学下田劳动，甚至简吉的
长子简敬不到 6 岁也要下田耕种。所
以简吉曾感慨地说："我们家的春天，
是不暇赏花、嬉戏鸟蝶的春天，而是
需要劳动的春天。"来自这样的环境，
使他了解农村生活的清苦，他的认识是从现实生活中深刻体会来
的，不是来自书本上的知识，更不是来自道德上的同情。

　　1921 年简吉自台南师范学校毕业后，先后任教于凤山及高
雄第三公学校，身为教师的简吉发觉他的学生几乎在课后都要从
事过度的田间劳动，但生活依旧赤贫如洗，打开学生的便当盒常
常空无一物。目击此况的简吉，自觉再也无法每月坐领干薪，仿
佛是"领月俸的盗贼"一般，于是他毅然辞去了教职，专心致志
投入台湾农民的解放运动。

　　二十世纪二十年代，台湾受到世界性民族主义及社会主义
思潮的影响，文化协会在岛内也展开了启蒙运动，台湾农民逐
渐觉醒，于是一波又一波的农民运动逐渐展开了。1924 年 4 月
的"二林蔗农争议事件"，是第一次由农民发动的团体争议事

件，陆续的农民抗争事件如燎原之势在全岛引发。1925年为反对陈中和新兴会社收回土地而斗争的凤山农民，在简吉及黄石顺的带领下成立了"凤山农民组合"，并成功地赢得了与新兴会社斗争的胜利。"凤山农组"的成功经验，鼓舞了各地的农民，随着农民抗争的频起，简吉也四处奔波，提供抗争经验，指导各地的农民，于是在大甲、虎尾、竹崎等地"农民组合"相继成立。1926年，进一步成立了全岛性的农民团体——"台湾农民组合"，使全岛农民逐渐团结起来。

面对日益严重的土地及竹林争议，1927年2月担任"农组"中央委员长的简吉及争议部部长赵港，亲自前往东京帝国议会请愿，虽然并没有获得具体的结果，但却与日本左翼的劳农党和日本"农组"取得了进一步的联系。不久日本进步律师古屋贞雄赴台开设律师事务所，为台湾参与社会运动的涉案同志担任辩护工作，并提供同日本斗争的经验，为台湾农运的发展做出了重要的贡献。

"台湾农民组合"自建立全岛性的统一组织后，在简吉、赵港及"农组"干部的努力推动下，从成立时只有5个支部、1000多名会员，至1927年12月4日举行的第一次"农组"全岛大会时，已发展成为有23个支部、4个联络处、2.4万会员，是当时台湾最具影响力的社会团体。1928年12月底的第二次"农组"全岛大会，进一步从民族与阶级的双重立场提出强烈的经济及政治要求，更坚决地反对日本殖民统治。"日本台湾总督府"对于"农民组合"这样鲜明的反帝反资立场，再也无法容忍，终于采取激烈的解散"农组"的对策。1929年2月12日旧历新年中，以迅雷不及掩耳之势"检举"台共，大肆搜捕"农组"干部2000多人，是为"二·一二大逮捕事件"。"台湾农民组合"遭到了前所未有的全面镇压与破坏。

在"二·一二"大逮捕中，日本殖民当局所欲去之而后快的是"农组"灵魂人物简吉，在找不到任何"农民组合"与台湾共产党间有联系的证据的情况下，竟以"违反出版法规"的罪名，将简吉判刑 1 年。正如简吉在狱中日记所言，"官宪认为压抑我们的运动，我们就会改变，这是错误的"。牢狱生活只是增加了他的斗志。1930 年出狱后，他立刻又投入了重建"农组"及解放台湾的工作。

1931 年，"九·一八"事变的爆发，表明了日本军国主义势力的进一步发展。日本对外积极发动对华侵略，对内采取全面镇压的"非常体制"，1931 年发动又一次对台共"大检举"，乃是对岛内的进步团体、台共、"文协"及"农组"成员的大整肃行动。在大整肃中，简吉依旧锲而不舍地与少数未被捕的同志王敏川、詹以昌等人筹组了"赤色救援会"，以期再建党的组织及开展活动，但最终在日本警网的控制下，难逃厄运。

这次大逮捕中，简吉以身为台共党员的罪名被判 10 年，当时他只有 28 岁。1931 年至 1942 年，当日本帝国主义发动疯狂的对华侵略时，简吉与他年轻的同志们在监狱中度过了他们宝贵的岁月。

（韩嘉玲）

江　定

江定（1866—1916），历代居于台南厅楠梓仙溪里竹头崎庄隘寮脚。日据后因杀人获罪逃往堀仔山区，倚天险纠合甲仙埔隘勇及六甲抗日残部等数十人，深居山中十余年，人数亦越聚越众。1915年前后，余清芳经引介入山亲访江定，相约起事时以余清芳为首，以江定为副。

余清芳自会晤江定及另一同志罗俊后，乃加紧藉宗教宣传日人暴政，并分发神符咒文及举行扶乩，以巩固众人信心。是时，江定在山中聚众亦愈加多，罗俊在中部、北部也进展顺利，一时南北加盟者众。斯时，台中地方即风传台湾有真命天子出现等谣言。1915年4月中旬，台中日本殖民当局已获悉外传中国军队将要攻打台湾之说，从而暗中进行调查，侦知本案，于6月29日在嘉义东堡竹头崎庄尖山森林中捕获罗俊。

日警捕获罗俊后，即全力搜寻江定与余清芳等人的行踪。但因江、余二人藏身于跨嘉义、台南、阿猴三厅交界的后堀仔山中，该地山谷重迭，森林翁郁，无向导难以径入。6月29日当天，台南与阿缑两厅派警察 270 人入山，搜捕未果。此外，彼时连日豪雨，溪流泛滥，故日警队围山七八天，终无所获。

8 月 3 日天未亮时，余清芳率约 300 人袭击台南厅噍吧哖（台南县玉井乡）支厅辖下南庄派出所，该庄日警巡查等并眷属计二十余人全被歼灭，余清芳等随即据守虎头山，准备攻击噍吧哖支厅。日方闻讯，调动大批军警协同攻击，余清芳众人奋战不敌，率众二百余人于 8 月 12 日夜半脱出日方军警包围，后曾与江定所率脱出重围的约 300 人众伙，在四社寮溪畔相会。8 月 22 日，余清芳与战友 8 人于二会林坪被捕。

惟江定及其部下数百人则退入山区据险不屈。日警搜索队疲于奔命，徒劳无功，于是改以劝降方式，并动员地方士绅招降，江定等 272 人乃于次（1916）年 4 月下旬陆续出降。俟诱降工作完成后，日人乃出其不意地于 5 月 18 日逮捕江定等 56 人，至于其他 220 余人，检察官虽声称不予起诉，但他们被捕后均未见回家，据传全部被日警所坑杀。1916 年 6 月下旬，日人在台南地方法院对江定等展开审判，其中包括江定等 37 名被告被判死刑，此外同案遭起诉者有 12 人被判 15 年徒刑，2 人被判 9 年徒刑。江定等于 1916 年 9 月 13 日在台南监狱绞首台被执行死刑。

（戚嘉林）

江国辉

　　江国辉(1844—1895)，字耀明，号明亮，南雅厅大嵙崁人，武秀才。原籍福建平和县，先祖随郑成功从军赴台。江国辉"好武能文，性急好公义"。日军占领新竹后，由于新竹以北地区义军蜂起，粮道受阻，不得不暂时推迟执行"南征"的计划，以便集中兵力镇压台北新竹间的抗日义军。

　　日军既占台北，清总兵余清胜通书降敌，人心震恐，于是乡人共议，捐金雇勇，以保地方。当时，台北新竹间的抗日义军主要有三支，其中一支即为以江国辉为首。"初设安民局，嗣为抗日，改忠义局。募义兵1000人，以国辉为统领，吕建邦为副统领，李家允为帮带，简玉和为营官。"

（赵国辉）

江亮能

江亮能（1881—1914），广东蕉岭人。1909年赴台之前，曾遍走各省，拜求名师习医，学得一身医术。到台后，即行走江湖，悬壶济世。之后遇见了罗福星，走上革命道路。

根据《罗福星抗日革命案全文件》的记载，日人宣判江亮能死刑的理由是：

"被告江亮能：中国人。长于拳术。以卖药行商为业。本年三月间，于苗栗街自宅，与被告罗福星相识。因其劝诱，被告江亮能赞同前载（罗福星）之计划。举事时，约充司令官，指挥2000人，而入党。通福建语，故随从罗福星，专在本台湾北部，努力劝诱福建人。劝诱被告黄国琳、郑乞、江林芬及周阿枝等入党。助罗福星，参与结合之谋议。"其中说，江亮能是"以卖药行商为业"，即是说江亮能的职业是医生，在当时的医生，不但会帮病人把脉、抓药，还会推拿整骨之类的百科医生。

江亮能不但精通医术，而且体格魁梧、身手敏捷，具有一身好功夫；他又很有学问，说出来的话，句句叫人折服。罗福星到台湾领导革命时，经常和江亮能一同出入台北街头，打打拳，卖膏药，借机招募同志。

罗福星发展组织主要在苗栗，但是台北人口繁多，经济热络，且北距淡水码头、基隆港都很近，这里才是发展革命组织的重点。但是罗福星不谙闽南语，台北居民以说闽南话为主，所以认识江亮能，如虎添翼，一起为抗日革命奋斗。

江亮能和罗福星一样都是性情中人，满脑子只有众生的辛苦，置个人生死于度外，两人都有"人一世，花一春，如果只是浑浑噩噩过一生，那有何意思呢？一定要干出一番事业，才不枉过这一生"的志向。

江亮能精明能干，识人甚明，借行医卖药之便，游走四方，在他恳切而详细的解说下，招募了不少同志。一次苗栗一位邮差李盛吉在送信时，听江亮能说："日本人也神气不了多久了，你知道吗？不久中国会向日本宣战，当中国人与日本人开战时，我们就要团结起来，一起把日本人赶回去，这样，我们才能过太平的生活。"李盛吉听了，不假思索，就参加了台湾同盟会，决定加入抗日队伍。

李盛吉入会以后，吸收了吉申言、陈崇光等人入会。吉申言入会以后，常对朋友说"我是公学校毕业的，曾任巡查两年，我看不惯日本人的嘴脸，我要把他们赶出台湾。"

罗福星当年抗日计划是由大陆福建提供武器，由台湾组织革命军。一旦起义，首先要封住基隆港，阻隔日本军队由此上岸。要掌控基隆港，就要在基隆招募同志，这个艰巨的任务，就由江亮能一肩扛起。江亮能在基隆常对朋友说：只有革命，才能恢复台湾主权，才能不受日本欺侮。这番话感动了郑乞，郑乞不假思索地加入革命组织。郑乞是码头工头，识人不少，于是带着江亮能到基隆各地，拜访朋友，说明革命大义，后来，招募了卖鱼贩朱红牛，密探曹阿芬，算卦的杨宏，还有江琳芬、刘阿食等人。刘阿食又招募了萧文荣、林茂等人。江琳芬也招募了李盛育、萧文敬等人。萧家两兄弟萧文敬、萧文明都入会，参加革命工作。

曹阿芬原来是日警的密探，也看不惯日警对同胞们不讲理的行径，对于自己过去密告了不少同胞，心中愧疚，决定参加革命行列，用行动来忏悔以前的所作所为，所以他对于招募同志的工作比一般人更是积极。他招募了周阿支、陈超庚、陈耀东、刘溪海等人。

江亮能吸收了罗水旺，罗水旺招募了陈荣亮、邱锦城、刘温通。因此，罗福星对江亮能十分倚重，委以统率 2000 人之司令官职务，并发给第四号"命令状"。希望他不但积极发展组织，招募同志，而且一旦举事时，作为北部的领袖，带领台北基隆同志，切断日本的援助，配合从大陆来的军队，里应外合，一举打败日本，收复台湾。罗福星颁了一张千人长任命状给江亮能，这张任命状特别精美，据说是从大稻埕西门街刻的印章，上面盖了"中华民国共和国"的大印，还有当时从大陆到台湾的同盟会同志刘士明的签名。

苗栗革命事件案发，江亮能被捕并被判处死刑，慷慨就义。

（罗秋昭）

姜绍祖

姜绍祖（1875—1895）台湾新竹县北埔乡人。本名金韫，字绍祖，号缵堂，人称阿韫，为金广福垦户首姜秀銮之曾孙，姜荣华与其姜宋氏松妹之独子。

姜氏一族姜朝凤，于1737年由广东省惠州渡海赴台，于新竹红毛港树林子仔（今新竹县新丰乡）一带垦殖，奠定姜家发展的基础。姜绍祖之曾祖姜秀銮生于1783年，自幼习武，凭其精湛武艺与御众能力，成为九芎林庄及邻近新垦区之领导人。曾获军功七品职衔。

姜秀銮对地方最大的贡献，在于奉命筹组"金广福垦号"，

姜家祖屋"天水堂"

联合客家、福佬人，策划大规模的开垦。克服种种困难，开辟了北埔、月眉（今峨眉乡）、草山（今宝山乡）等地，总计隘口40个，隘兵200人。

姜秀銮一生勇猛，60岁那年、亦即清道光二十二年（1842），中国与英国发生鸦片战争。当时英国海军犯台，高龄的他竟仍能率领团练勇兵百余名，赴鸡笼口随官兵作战，擒获英国水手多人，经淡水厅同知曹谨详奉兵备道姚莹及台湾府熊一本，赏给军功五品职衔。他死后，天水堂后面的山就被命名为"秀銮山"，代表当地人对他的敬意。

姜绍祖之父姜荣华及祖父姜殿邦，皆承继姜秀銮在金广福的拓垦事业，对新竹地区的开拓有相当大的贡献，对地方公共事务也积极的倡议，出钱出力，造福地方，贡献卓著。

姜绍祖的父亲姜荣华早年娶胡氏为妻，仅为姜家生下一男，名叫金发，荣华鉴于人丁太少，又从妹妹那而抱来一个养子，名叫金火，未料金发在18岁就早逝，而金火也在28岁就过世了。荣华年过四十始纳妾宋氏，生下绍祖，也为唯一传承姜家血脉之人。

姜绍祖两岁，父亲见背，不久大妈胡氏亦过世，由其母亲宋氏带大。其母亲延请当地秀才彭裕谦为姜绍祖之蒙师。姜绍祖个头矮小，虽出生于富裕家庭，但启蒙后，饱读经书，勤练书法，不但能诗善文，还写得一手苍劲有力的好字，年少时，已是同侪中出类拔萃的人物。姜绍祖除依照姜家传统捐纳监生外，并曾远赴福州参加乡试，姜家对于姜绍祖的期待与重视，由此可见一斑。

姜绍祖对拓垦事业亦有相当的成就。光绪十四年（1888），在林朝栋的运作下，由姜绍基、黄南球等诸人，筹组"广泰成垦号"，由与官府关系良好的黄南球任总垦户，拓垦大湖、罩兰（今苗栗县大湖、卓兰）等地。具名入股的姜绍基因病过世，光绪十五年九月，姜家以姜绍祖为名，继续参与"广泰成垦号"的拓垦。

1894 年，姜绍祖 19 岁，在母亲的安排下结婚，新娘闺名满妹，是头份望族陈昌期先生三男四女中的幺女。就在他娶妻这年，中日甲午战争爆发。

1895 年，清日签订《马关条约》，将台湾及澎湖群岛主权割让给日本。5 月 25 日，台湾士绅丘逢甲等人组成"台湾民主国"，抵抗日本接收，在全台分守防御。新婚的姜绍祖，加入老师丘逢甲领导的义军。

义军没有任何精良的武器，更没有受过专门的军事训练，所凭恃的，仅是爱乡爱国的热忱。5 月 28 日，日军首领桦山资纪统领陆海军联合攻台，29 日在澳底登陆后，义军就屡屡受挫。桦山资纪（后来成为日本侵台首任总督）早就拟定武力接收全台的方针，以先取得台北城为目标。日军相继攻陷三貂岭、瑞芳后，台勇与广勇相残，台北城内大乱。台北绅商见此，一齐前往大稻埕买办李春生处，请求李春生赴基隆求日军镇抚。因李春生不愿前往，适时鹿港人辜显荣羁留台北，自请赴基隆求见水野公使定乱，日军遂以维护城内秩序为由，在里应外合下，派遣近卫师团进入台北城。台北遂宣告沦陷。

台北城的陷落，对台湾民主国的作战造成重大威胁，驻守桃、竹、苗、中的丘逢甲首当其冲，由于日军以巨金悬赏丘逢甲人头，为免无谓牺牲，丘逢甲只得与大哥丘先甲带着邱清海、谢颂臣等 36 名义军离台赴粤，而其妻、弟弟、弟妹等仍留在台湾。

唐景崧与各地官员陆续内渡之后，台湾各地抗日转而为义军纷起。姜绍祖毅然招募大隘地区义民，组织"敢字营"，投入反抗军之中。这些抗日的义军，虽不是编制的正规军，但是在隘垦环境下，亦习惯与枪械为伍，他们长期以来以保卫地方为责，在国家与地方受到威胁时，自然挺身而出。他们的努力，大大地拖延了日军的接收。

马关条约签订当日，新竹县城里人心惶惶，傍晚姜绍祖由竹堑城返北埔后，晚上于书斋里信手取过一张便签，写下了一首七绝：

书帏别出换戎衣，誓逐胡尘建义旗。

士子何辜奔国难，匹夫有责安乡畿。

"敢字营"除了由姜绍祖担任正营领导外，并包含其他地方头人如钟石妹、徐泰新等人所号召的民兵，分属于"敢字营"，由姜绍祖指挥。姜绍祖一呼即应，大多数皆为自动来投效。绍祖都答应送些安家费，有些给30元，贫穷的也有送50元的，外加大量购进米粮、副食等，开销极其可观。姜家累积了几代的财富万余元，几乎全部投入其中。他所属的"敢字营"，集合了北埔、竹东、峨嵋以及苗栗头份等地的义军，约七百多人，其中姜绍祖募得的有三百余人，以僻壤山村而言，这已是相当可观的数字。

日军在台北整顿军备后继续南下，而"敢字营"民军也随着义军于中坜安平镇、新竹大湖口、枋寮等地参战。凤山崎是桃园台地与新竹平原交界处的一段山坡地，为大湖口至竹堑城必经之地。铁路沿山腹而下，附近草木丛生荆棘满地，正是袭击敌军南下的最佳地点。姜绍祖不随友军撤返竹堑城而聚集在此处，期望给南下的日军迎头痛击。6月18日，日军南下至大湖口，暂时将主力安置于此，并由1名士官率领8名哨兵南下，姜绍祖在此已久候多时，当这小队来到凤山崎顶时，一声令下夹击日军，当场击毙了7名敌军。数日后，再度击杀包括一名中尉军官在内的6名日军。捷报传回故乡，整个村庄都沸腾了起来，姜绍祖也成了庄人们心目中的英雄。

6月22日，日军挟以强大军队攻占新竹，吴汤兴、姜绍祖等人乃重振旗鼓再招士勇民兵，企图夺回新竹城。义军为了光复新竹城，屡屡发动游击式攻击，日军因而受制，无法顺利南下。姜绍祖又新募"缵字营"，总共得215人，人数虽不多，但绝大多数都曾上过战场，实际作战能力也比以前更强了些。

7月9日，吴汤兴夜集各义军，由傅传生、徐骧带领七百多人占领十八尖山一带，进攻南门；姜绍祖则率200余人向东门攻击，其余二百多名士兵则在水仙仑及金山面附近留守待命。此时，日军也接收到义军聚集的消息，战事一触即发。10日，吴汤兴、徐骧等占领十八尖山以及虎头山，发炮攻击新竹城，城内日军死守，日军派助军围攻，两方不分胜负。而姜绍祖所率百余人抢攻十八尖山，将十八尖山的日军赶了下去，此时"缵字军"以为胜利在望，追击撤退的日军。姜绍祖依照命令冲向火车站，至新竹东门时，反遭日军反扑。"缵字军"被突袭的日军截断分为两部，一部溃散，其余百多人由姜绍祖带领退入枕头山附近顶竹围黄厝空屋内，日军原本不知。不料姜绍祖见十八尖山之战，自屋顶发枪以援友军，遂受到日军来围。两军相持不下，义军受到日军炮火逼近，弹尽援绝。至傍晚阪井大佐亲率大队来攻，突破竹篱，姜绍祖自知大势已去，被迫投降。

日军严查姜绍祖，因其年纪太轻又身材矮小，没被注意，而俘虏又坚不吐实，屡查不到。姜绍祖义仆杜姜，自告奋勇替死，然而日军不认为那是姜绍祖，继续盘查。姜绍祖不忍再看弟兄陆续被拉出来枪毙，于是从腰间拿出笔套抽出了笔，并从身上撕下了一块布，写下了他生平最后一首诗：

边戍孤军自一枝，九回肠断事可知；

男儿应为国家计，岂敢偷生降敌夷。

随后，姜绍祖吞食弟兄所携带之鸦片烟膏自杀而亡，年仅20岁。直到数年后，遗体始由其母于牛埔山义军遗骸中，寻出较纤细且腕骨有玉环的一副骨骸，认出为姜绍祖生前所戴，拾以葬于北埔大坪林。

姜绍祖死后，日军不相信这个事实，依然急如星火地四处搜捕，调查姜绍祖下落。最后，日军甚至将姜绍祖的母亲宋氏及妻子陈氏抓到驻屯处严刑拷打，要他们供出姜绍祖藏匿之处。坚强的宋氏，以其始终不屈的凛然正气，最后让日军慑服。而媳妇陈氏，经历了这一场欺凌迫虐，居然也保住了临月的腹中儿子。当婆媳俩从狱中出来之后，宋氏即将媳妇带至北埔东南山区的南坑地方避难，于姜绍祖殉难后一个月又两天，平安产下一子，为姜家留下了一脉相传的后代。姜绍祖之遗腹子，取名姜振骧，在祖母宋氏与母亲陈氏的用心教导下，后来亦为社会栋梁。姜振骧年29岁即被任命为新竹州议员，稍后更出任总督府评议会员。

台湾光复后，1946年8月12日，丘逢甲的儿子丘念台曾写信给姜振骧，除了感谢"台湾光复谢恩国事，蒙鼎立协助，幸得成就"，并邀请姜振骧参加庆祝抗日胜利台湾晋见团。该团于8月26日由台北直飞上海，姜振骧于8月23日到台北大正町六条通签到，并加入中国国民党。这封信迄今留存，见证了丘念台和姜振骧，延续了他们的上一代——丘逢甲与姜绍祖的情谊。

此后，姜振骧在台湾先后出任新竹县参议员、乡民代表会主席、义民中学董事长、新竹地区合会储蓄股份有限公司董事长，一直为地方的中坚，直至1977年逝世。

（符立中）

蒋渭水

蒋渭水（1891—1931），字雪谷，宜兰人，为日本据台时期著名民族民主运动倡导者，台湾文化协会与台湾民众党的创立者，是日据台湾时期最重要的反殖民运动领袖之一。

蒋渭水倡导参与多项深刻影响全台湾社会的重要社会运动。其一为史上第一个全台性的文化组织"台湾文化协会"，其二为第一份台湾人的报纸《台湾民报》，其三为第一个具有现代意义的政党"台湾民众党"，其四为第一个全台性的工会组织"台湾工友总联盟"。

1921 年 10 月 17 日成立的台湾文化协会，是蒋渭水发轫最早，并且对台湾民众最具有启蒙意义的一次社会运动。该协会创立会则明列以"助长台湾文化之发展为目的"，举办一系列扩展民众文化提升之活动，发行文化会报、办理文化义塾、举办文化讲演团、设立文化书局、开办各类知识讲习会与夏季讲习会等各类文化活动，肇始 1920 年代台湾启蒙运动之滥觞。时人称之为"文化头"，且自比为"文化钟鼓手"与"文协机关手"的蒋渭水，被人称为引领台湾文化启蒙的"台湾新文化运动之父"。

1912年蒋渭水与杜聪明、李根盛、翁俊明等人，就曾相继加入中国同盟会台湾分会，也曾经发电报至国际联盟，控诉日本妨碍中华民国之统一。1913年，与同为医学院学生的翁俊明、杜聪明密谋至北京暗杀袁世凯，但未能成功。1914年时曾鼓吹医学院学生加入"台湾同化会"，1915年以该届第二名的成绩毕业后，在宜兰医院实习一年。次年即在台北市大稻埕太平町（今延平北路）开设大安医院。1917年又取得宜兰名酒甘泉老红酒的代理权，开设春风得意楼，经常邀集医师、学生与社会人士讨论有关台湾社会弊病与兴革方法。

1921年起蒋渭水开始参与台湾议会设置请愿运动，他从日本进口《台湾青年》杂志提供给青年学子，以启蒙其自主意识。并与林献堂等人成立台湾文化协会，作为提倡民权之启蒙运动的组织，并发表文章《临床讲义》，从医师的角度针砭台湾的各种"疾病"。

"日本殖民总督府"视蒋渭水为台湾政治社会运动的"第一指导者"、"煽动民族反感"的强烈民族主义运动者。平日派有2名特务坐镇文化书局监视，到民众党被禁止后增派4名特务。

蒋渭水1921年成立文化协会后，多次参加议会请愿运动，成立台湾文化协会，"治警事件"入狱，在1927年成立台湾有史以来第一个政党——台湾民众党，组织台湾工友会总联盟等。他多次为台湾人无条件地献出自己的智力、财力。入狱后由热心的民主运动者变成了一位革命斗士，以"同胞须团结，团结真有力"的口号来消除内部的纷争。

蒋渭水一生受日本方面拘捕、囚禁达十余次之多。他曾以台湾议会期成同盟会名义，持旗向日本太子请愿，为台湾人因政治请愿被拘禁的第一人。1923年因"治警事件"被判刑4个月。1925年又因反抗总督政令被囚禁4个月，两次入狱被监禁144天。

1926年蒋渭水在大安医院旁开设文化书局，贩售当代先进思潮的书籍。1927年台湾文化协会却因为左右派的路线之争而告分裂。之后蒋渭水成立台湾民众党，出任中央常务委员兼掌财政部长。台湾民众党主张争取地方自治、提倡言论自由，是台湾第一个有现代性质的政党。成立政党之后，于1928年筹组台湾工友总联盟，并担任顾问，且与"台湾农民组合"联合进行阶级斗争。

蒋渭水领导的台湾民众党，公开反对台湾鸦片专卖制度，在其政纲《台政改革的建议》第八条"严禁鸦片"中，明确向日本殖民当局提出："在今日的文明国已有禁酒的国家，台湾改隶以来已阅三十余年，竟仍公然准许吸食比酒有几十倍毒害之阿片，实系人道上之重大问题，且为文明国之一大耻辱。是故由文明国之体面抑或由国民学保健上均应速予禁绝者也。"

1930年1月2日，民众党以400万台湾人之名义，打电报将日本政府提告到国际联盟本部，电文内容如下："日本政府此次对台湾人特许鸦片吸食，不但为人道上之问题，并且违背国际条约，对其政策之推行，希速采取阻止之法。四百万台湾人代表台湾民众党。"

由于民众党向国际联盟的提告，使台湾的鸦片问题，由台湾岛内，开始转向日本本土，并演变成为政治与国际问题，日本政府被迫也派出拓务省的栋居事务官，赴台进行实地调查，这使"日本台湾总督府"十分被动。

总督府为扭转尴尬的局面，马上组织《台湾日

蒋渭水与太太陈精文女士

日新报》《台南新报》《台湾新闻》等御用报纸，连日刊载歌颂鸦片政策成功的记事，来为总督府的鸦片政策进行辩护与赞美；同时，将台湾民众党中曾经申领鸦片吸食特许牌照的党员姓名，登载在这些御用报纸上，藉以攻击民众党没有资格代表台湾400万民众。特别卑劣的是，总督府竟然利用御用报纸，以蒋渭水蓄养小妾为由，对其进行人身攻击。甚至出现欲袭击蒋渭水之事件。尽管如此，台湾的鸦片情况还是得到国际的注意，也迫使总督府采取一定的医疗措施。

"雾社事件"爆发后，蒋渭水领导的民众党，又将总督府上告给国际联盟。所以1931年总督府强行勒令台湾民众党解散。1931年8月5日蒋渭水因伤寒病逝于台北医院，时年41岁。

蒋渭水临终前立下遗嘱如下："台湾革命社会运动，已进入第三期，无产阶级的胜利迫在眉睫。凡我青年同志须极力奋斗，而旧同志要加倍团结，积极地援助青年同志，期望为同胞解放而努力，实所至望。"

（李理）

康大川

康大川（1915—2004），本名康天顺，台湾苗栗人。日本早稻田大学商科毕业，"七七事变"后从日本回到祖国大陆参加抗日战争，曾任国民政府军事委员会政治部文化工作委员会第三组组员，协助"在华日本人民反战革命同盟会"开展反战运动，继任军政部第二俘虏收容所（贵州镇远和平村）主任管理员。抗战胜利后加入中国共产党。新中国成立后在新闻总署国际新闻局任职，创办了《人民中国》（日文版）杂志。

新中国成立后的康大川

一、台湾—日本—祖国大陆的人生选择

康大川出生在日据时期的台湾，小时候在日本殖民当局开展"全盘国语"即日语化教育的"公学校"上学。康大川的父母怕孩子们受殖民教育后忘了本民族的文化，特地让康大川在放学后再去私塾学中文。他们还经常给康大川讲家史，讲先辈们从福建到台湾的经历。这些都深深地印在了康大川的记忆中。

在康大川上三年级时，康大川的一位台湾籍同学竟用日语骂另一名同学"清国奴"，这是当时日本人骂台湾人最恶毒的语言。康大川的老师听到后，流着泪对同学们说，用日本人的语言骂自己的同胞，正是"皇民化"教育要达到的目的……听了这位陈老师的话，不少同学都哭了，包括康大川在内，大家都被深深震撼了。更让康大川刻骨铭心的是，这位陈老师后来因为"意识"问题被关进了监狱。

康大川中学时转到东京上学。在日本留学期间，他深深地感到日本帝国主义对台湾的文化侵略、压迫和歧视无处不在。他认定，"唯一的出路只有奔回大陆"。1937年"卢沟桥事变"爆发后，康大川更坚定了回祖国参加抗战的决心。

1938年3月，大学毕业前，来不及拿到毕业证书，康大川就在举行毕业典礼那一天，甩掉日本军警盯梢，从横滨搭上开往上海的加拿大轮船，回到祖国大陆，并加入了国民革命军第六十师政治工作队，开赴赣北、湘北等地抗日前线。

二、派驻"在华日本人民反战革命同盟会"重庆总部

抗日战争时期，中国共产党领导的八路军制定了军队政治工作的三个基本原则，其一便是"瓦解敌军和宽待俘虏的原则"。国民政府也提出了优待俘虏的政策。在国共两党这样的俘虏政策背景下，日本旅华反战作家鹿地亘进一步提出，改变将俘虏隔离于收容所中的消极性政策，而是将他们动员起来反对侵略战争，强调可以积极使用俘虏来反战的方针。

1939年，鹿地亘在国民政府军事委员会政治部第三厅（以下简称第三厅）厅长郭沫若、桂林行营国民党军官白崇禧等人的支持下，在桂林临时俘虏收容所发起成立了"在华日本人民反战革命同盟会"（以下简称反战同盟）西南支部。1940年，在郭沫若以及国民党将领陈诚、张治中等人的支持下，鹿地亘又在重庆成立了反战同盟总部。反战同盟总部在行政上先后由第三厅和文化工作委员会负责指导，文化工作委员会设有驻反战同盟总部的联络室。

1940年年底，经郭沫若、冯乃超、廖体仁等人的介绍，康大川从六十师调到文化工作委员会参加第三组的敌情研究和对敌宣传工作，并与廖体仁一起被派驻反战同盟总部联络室作为常驻联络员。最初由廖体仁负责，康大川辅之。"皖南事变"后廖体仁调到延安工作，改由朱喆接任，康大川进行协助。朱喆调重庆城内主持敌情收听工作后，便由康大川直接向冯乃超负责。

康大川在常驻重庆反战同盟总部时的主要工作包括：组织同盟盟员开展政治学习以及组织同盟盟员进行对日广播。

三、任职贵州镇远军政部第二俘虏收容所

1941年"皖南事变"的发生，使国民党掀起的第二次反共高潮达到了顶点。由于反战同盟是由中国共产党党员郭沫若和冯乃超直接指导的，国民政府军政部长何应钦等人下令将其解散，并将反战同盟重庆总部及桂林西南支部的盟员送到贵州镇远军政部第二俘虏收容所（和平村），加以监禁进行所谓"再教育"。

第二俘虏收容所主任管理员一职当时正处于空缺，代所长孙必亨就写信请郭沫若推荐一名合适人员。郭沫若与冯乃超等人商议后希望派康大川就任。虽然康大川担心收容所前所长邹任之的军统特务身份，并且担心自己年轻缺少经验，但经过仔细考虑后，他还是于1942年6月孤身一人赴贵州镇远就职。

康大川到任时，收容所内主要有四部分日军俘虏：一是由原反战同盟重庆总部及桂林西南支部的盟员合并组成的训练班；二是由常德、桂林等地迁移而来的日俘，其中具有反战思想并已开展支援抗战活动的俘虏组成了研究班；三是由长沙会战中的新俘虏组成的新生班；四是关押在收容所后院内思想顽固的老俘虏。

康大川着力支持作为反战同盟继承者的训练班继续开展反战活动，并通过训练班的成员争取带动新生班、研究班及后院的日俘们。在收容所内，康大川广泛接触影响日俘，特别是思想顽固的俘虏；康大川还废除了前任所长邹任之隔而治之的规定，允

1941年反战同盟总部被解散时的合影（后排左四为康大川）

许前后院日俘自由来往，使俘虏们有了互相接触的机会。一些思想顽固的老俘虏也到训练班聊天，更有人说，他们能理解训练班的战友们参加反战同盟的思想，只是自己思想上还是有些疙瘩，跟不上。康大川还推行俘虏自治，改善日俘的生活，收到了很好的效果。同时，他组织日俘开展学习讨论，搜集整理敌情材料，动员日俘开展反战宣传。日本战俘的反战宣传给予日军强烈冲击，因为其内容是根据战死日本士兵的日记、书信以及遗物所做成的，对日军的实际状况了如指掌，这些用日语所进行的呼唤可以渗透到日本士兵的心灵深处。

　　台湾同胞康大川以实际行动例证了"中国的抗日战争，台湾同胞没有缺席"。

（郭婷）

柯　铁

　　柯铁（？—1900），云林斗六人。日据初期台湾中部抗日英雄。他与北部的简大狮、南部的林少猫合称"抗日三猛"。柯铁家族世代拓垦于大坪顶一带。柯铁为人正直，好打抱不平，喜狩猎、精枪法。

　　日本占据台湾后的滥杀，激起柯铁等人的反抗意识。1896年6月14日，柯铁等人在大坪顶誓师抗日，并将大坪顶更名为"铁国山"，公推简精华为"九千岁"，为众人的领袖，柯铁以下等人自称"十七大王"，并改年号为"天运元年"，号称有部众千余人。日本宪兵闻讯后赴大坪顶进行镇压，但遭柯铁等义军之伏击。总督府改派军队扫荡铁国山，久攻不下，竟在6月18至22日其间，大肆焚烧平民村落与屠杀百姓。当地人士被激起义愤，纷纷加入铁国山抗日的阵容。抗日义军决定分成二路出击，一路由正北直攻南投街，另一路由西北直取斗六街。在大坪顶之役，柯铁以一人退敌无数，被人称为"铁虎"。

　　后总督府用怀柔政策后，派遣官员至云林进行招抚，辜显

遍布台湾社会各个角落的日本警察网络

荣、陈绍年等人居中牵线，但只有简义一人独自下山归降。后总督府又于12月12日派大军发动攻击，战事惨烈，柯铁等人最终放弃铁国山，遁入深山。1897年上半年，柯铁与所部刘德杓、陈水仙等，多次袭击铁国山的日军，冀图收复失地，但没有成功，最后义军渡过浊水溪往东北方向潜伏。1898年2月，儿玉源太郎总督就任，极力招抚柯铁。同年12月，柯铁提出十大出降条件，归纳重要者有：其一，斗六街再设一民治局，由台湾人主理。其二，将铁国山还于柯铁作为住所。其三，柯铁先前在当地征收的"九一抽"可以再持续。其四，柯铁仍能保有私军。其五，议和后，三年约满再议。总督府一方面表示全部接受柯铁的条件，一方面派军进驻铁国山。柯铁虽气愤日人食言，但当时已身罹重病，不久离世。

（赵国辉）

拉马达星星

拉马达星星（Lamata Sinsin）（？—1932），台湾布农人，在布农族人心目中是永远的抗日英雄，因为他一生对抗日本殖民主义，贯彻宁死不屈的布农族精神，为捍卫民族尊严而牺牲。

1914年，日本派往台湾的殖民总督佐久间左马太乘征服太鲁阁族之势，派大批军警涌进花莲、台东而展开没收枪支行动时，布农人反而决心发动抗日运动。枪支是布农人精神文化的象征，也是毕生最重要的财产。对生活在玉山中央山脉、过着打猎谋生的布农族人来说，枪为谋生的必需品，没有枪弹连自家野外饲养的一只猪仔都无法捕获。可是，日方为完成全台解除武装的目的，藉以"代纳金"仅以10元代价向布农人收购每一支枪，这等于无本没收其最重要的生活工具。布农人无法接受这种苛刻、严厉的处分，绝无妥协的余地。

1915年5月，莫库拉（Baungzavan，汉名大分）社拉荷阿雷（Lahu Ali）与阿里曼西肯（Aziman Siking）兄弟，在拉库拉库溪流上游发难袭击部落驻在所。当时，另在新武路溪方面由拉马达星星率领一百多名族人参加，台东方面则雾鹿（Buruburu）社也派一百余人赶来，参与者共达三百余人。该事件史称为"大分事件"。当时日警注意到主谋拉荷阿雷与阿里曼西肯兄弟的动静，但尚未注意到拉马达星星的存在，因为他随即率领家族躲藏在大仑溪上游地名叫Ikanoban的人未踏入的险谷密境。

1921年5月、6月间，日军警诱捕大分社头目阿里曼西肯失败后，藉口反抗骚动，对被囚禁集中在Tosiyo驻在所的22名布农人，施以"临时处分"的围剿屠杀。布农人头领被集体屠杀的Tosiyo事件之后，拉荷阿雷与阿里曼西肯兄弟离开拉库拉库

溪，翻山越岭搬迁到更为深山地带的屏东六龟老农溪上游、地名叫Tamaho的深山幽谷。从此日警警网与其行动，扩大到花莲、台东、屏东三处交界地带的山谷，展开漫长的诱捕战。

自从Tosiyo事件之后，布农人对日警完全丧失信任感，拒绝与日警接触。但日方为了瓦解布农人的抵抗，采用多种伎俩，如面对高海拔深山幽谷日警无法入侵地带，派出投降的布农人从事侦探内情、通报消息；另一方面，在花东山腰一带铺设电流铁丝网，企图断绝他们与汉人的交易，使其陷入缺盐、缺铁的窘境。日军方面还组织一支航空部队，针对隐秘山区展开空中轰炸，使其心生恐惧，早日投降。

拉马达（中）被捕后，一同被处死的还有他14岁的幼子（右一）

然而，隔了Tosiyo事件发生后的半年，即12月17日发生逢坂杀警事件。任新武路Sakusaku间道路开凿搜索队第二分队长原新次郎警部补，为输送而往逢坂驻在所途中，被狙击砍头，军刀被抢。日方经过调查发现，凶手为躲藏在Ikanoban的拉马达星星。拉马达星星是利用原警部补的头颅，欲交换取回被牵连Tosiyo事件而遭杀的弟弟Lahobin的头颅。拉马达星星与日警交涉几次，始终坚持要求两个头颅的交换，以强烈表达与日方平等互惠的公平立场，并藉此替布农人洗刷冤屈，彰显布农人杀警绝非滥杀无辜的杀人犯罪行为。

拉马达星星为躲避日警的追捕，躲藏地点更换过几次，但是安全性较高的 Ikanoban 地方终究是地狭寒冷、不易种植小米等，农耕条件很差，故还是得与外界交易。然而，拉马达星星的妻子在搬运粮食途中失足从悬崖掉落山谷而死，家人中也有因中寒气而得感冒死亡者。发生多起不幸事故后，拉马达星星只好另外觅寻永久安居的好居所。拉马达星星于 1923 年间再娶高雄州屏东的 Barisan 社女为妻后，发现该地隔了一条小溪流与原居地 Ikanoban 距离约 1 里路程，且适合种植粟、玉米等谷类。日警一再规劝他下山迁移到平地山腰地带，但是机警的拉马达星星始终不肯接受。

1932 年 9 月 19 日在里珑发生"大关山事件"，3 名日警外出检修电话线时遭到埋伏在附近的布农人攻击，2 人当场死亡，另一人重伤。接着 11 月 15 日又发生逢坂驻在所袭击事件，里珑 Tokoban 社与 Burakusan 社的布农人砍掉土森巡查部长的头，并抢去 5 支枪与子弹 433 发。当时日警已经知晓行凶者为抗头社 Taromu，但不敢动手逮捕其弟弟 Banitoru。这两件杀警事件与拉马达星星没直接的关系，但他坚持布农人"拥枪无罪"原则，这使日警无法挫败顽强抵抗的布农人。同年 12 月 16 日拉马达星星父子下山要拿回两把枪时，被灌醉，在毫无预警的情况下，遭受围剿逮捕。据说，拉马达星星家族中的男丁全部被捕遇害，尸体被抛到海里，遗留家属则全被迁移到里珑社。

当时布农族三大抗日英雄中，阿里曼西肯于 1930 年、拉荷阿雷于 1933 年分别被日方招抚。然而，坚持布农精神的拉马达星星，因为豪气主张民族文化的尊严，却遭到酷刑而丧命。布农后代，为纪念一代抗日英雄，在现在的高雄县桃源乡建立拉马达星星纪念公园，海端乡也设立了拉马达星星纪念碑，让子孙怀念。

（傅琪贻）

赖　冰

赖冰（1870—1915），台湾彰化人，农民，在当地为保正。赖冰与罗俊交往甚深，1914年9月间，罗俊派遣郭龙从厦门来访，秘密商议革命计划，赖冰筹集旅费交给郭龙往厦门迎接罗俊。

罗俊于12月12日偕同革命志士6人，由淡水登陆，在赖冰的寓所与赖宜、赖楚、萧大成等筹划革命抗日。

当时，抗日先烈余清芳也在台南策划革命，于是赖冰派人与其联络，并且筹款派人内渡大陆聘请人才，与余清芳、罗俊二人互相呼应，计划大规模的反日革命，可惜事情败露，于1915年6月1日被捕下狱，9月3日被日本临时法院判处死刑，6日在台南监狱壮烈牺牲，年仅45岁。

（台湾省文献委员会编印《台湾抗日忠烈录》第一辑）

赖　和

赖和（1894—1943），台湾彰化人。原名赖河，笔名有懒云、甫三、安都生、灰、走街先等。赖和生长在旧式家庭，祖父与父亲是道士。他本职是医生，但是却在文学领域留下盛名，被公认是台湾最有代表性的民族诗人之一。赖和不但是台湾日据时期重要的作家，同时也是台湾作家所公认的文坛领袖，曾经催生、主编过《台湾民报》的文艺栏。由

于他提携后进不遗余力，因此他的同辈杨守愚说他是"台湾新文艺园地的开垦者"与"台湾小说界的褓母"，并在《光复庆祝后二日》一文中赞扬他为"台湾的鲁迅"。曾经主编《新潮文库》的医生文人林衡哲，则尊称赖和为"台湾现代文学之父"。

1903 年，赖和先念私塾接受汉文教育，之后被送到彰化第一公学校就读。1907 年，赖和另外拜师学习汉文经典，奠定其汉学深厚的基础。1912 年，赖和与王草女士结婚。1914 年，赖和自"日本台湾总督府"医学校毕业，他先后到台北、嘉义实习行医。在 1918 年时，他前往福建省厦门鼓浪屿博爱医院任职，因思乡之苦，隔年返台。返台后赖和在市仔尾（今彰化市境内）开设赖和医院，由于受到中国白话文运动的激励，致力于推动台湾的新文学运动。赖和与现今的医师形象不同，他习惯穿短衣短

裤，留八字胡，行为质朴有礼，说话谦虚得体；医德很高，志不在赚钱，对贫户，经常减免医疗费，甚至赠送昂贵药材，因此彰化市民尊称"华佗再世"、"彰化妈祖"与"和仔仙"。

1918年远渡厦门行医期间，赖和受到"五·四运动"的影响，深感文学不该是知识贵族的休闲品。返台后积极参与台湾新文学运动。赖和在1921年2月参与台湾议会设置请愿运动；10月加入台湾文化协会，并且当选理事，此后陆续发表新文学作品。1923年12月16日，赖和因"治警事件"入狱，遭到羁押长达二十多天，其间写下了多首诗歌，例如《出狱归家》写道："莽莽乾坤举目非，此生拼与世相违。谁知到处人争看，反似沙场战胜归。"1924年在张我军和连雅堂新旧文学论战中，赖和是主张新文学之健将。1925年以白话文发表第一篇散文《无题》和第一首新诗《觉悟下的牺牲——寄"二林事件"的战友》。翌年元旦发表第一篇白话小说《斗闹热》，为台湾新文学"草创期"和"开展期"之代表作品，自是创作不辍。1926年，赖和义务主持《台湾民报》文艺栏，并且在此开始发表白话小说。前两篇白话文小说分别为《斗闹热》《一杆"称仔"》。此后陆续发表小说二十多篇，新、旧诗及杂文随笔多种。1927年台湾文化协会分裂，赖和既担任左倾"新文协"的临时中央委员，也担任林献堂、蒋渭水所组台湾民众党的干事。1930年1月，赖和在《台湾民报》发表了长篇小说《蛇先生》。1932年，赖和与叶荣钟、郭秋生等人创办《南音》杂志，鼓励以闽南语写作文章。1934年，张深切、张星建等多位台湾人作家所筹组的"台湾文艺联盟"成立，赖和被推举为委员长，并在刊物《台湾文艺》上发表作品。稍后杨逵创立《台湾新文学》，赖和担任这份杂志的编辑，也在上面发表作品。1941年，日本人发动的太平洋战争爆发，赖和再度被拘捕入狱，当时日本宪警违反常例，一直不告诉他被逮捕的理由。这次入狱事件对赖和的身心打击甚大，1943年1月31日因为心脏病突发在狱中过世，年仅50岁。

　　赖和是福建客家人，一直保有客家认同，曾赋诗道："我本客属人，乡语迳自忘，戚然伤抱怀，数典愧祖宗。"赖和闽南语流利，自幼接受古典汉文教育，而后接受完整日本语教育，汉语白话文则全靠看书自学，他不但创作古典汉诗，时常以汉诗言志、抒怀，用白话文学作品启发台湾人的国民性，也使用汉语白话文写作许多小说、散文、评论、新体诗，是使用汉语、白话文创作现代台湾文学小说的第一人，并尝试将台语（台湾闽南语）写入小说对话，是台湾乡土文学和用台语做文学写作的第一人。赖和在1926年发表新旧文学比较的文章，提出他对文学语言形式的看法，认为：一、新文学运动的目标是在"舌头与笔尖"的合一。二、旧文学是读书人的，不屑与民众为伍；新文学则是以民众为对象，是大众文学。赖和主张的，正是言文一致的台湾话文文学，希望以台湾话文的形式建设言文一致的台湾话文文学，并且希望以台湾话文的形式建设言文一致的大众化文学，以更直接、更有效的方式将社会运动的主张、思想传播到广大社会

赖和（后排右一）与文友合影

群众的心中。

赖和一生创作的作品，大都是殖民地的抗议文学，主题多为"旧社会习俗的败坏"、"被屈辱的人民"、"弱者的奋斗"。主要知名小说有《一杆"称仔"》《不如意的过年》《善讼的人的故事》《浪漫外纪》等，而其他出色的作品有新诗《流离曲》《觉悟下的牺牲：寄二林的同志》《南国哀歌》《种田人》《可怜的乞妇》《农民谣》《农民叹》《冬到新谷收》等作品。而《南国哀歌》则是悼念"雾社事件"起义的抗日同胞。不过他也创作许多描绘山川景致和以圣贤为职志的汉诗。他本人也深受传统儒学影响，对儒学前途十分关注。

1951年，台湾有关部门依《褒扬抗战忠烈条例》规定，将赖和入祀忠烈祠。1958年，因有人密报赖和是台共而撤出忠烈祠。1984年再次恢复入祀忠烈祠。

赖和悲天悯人的胸怀，兼具文采及内涵的优秀作品，对正在萌芽的台湾新文学无疑是一大鼓舞。赖和担任《台湾民报》文艺栏主编时，也不断对新进作家给予鼓励和建议，受他影响的后进有杨逵、王诗琅、吕赫若、吴浊流、叶石涛等人。

（赵国辉）

赖 来

赖来（？—1913），台湾苗栗三堡川寮庄人，客家人，有着为正义而奋战的精神。1911年，日本统治台湾十几年，一直不改对台政策，甚至加强密探和警察，箝制人们的思想和行为。日本人把台湾人看成是低等未开化的岛民，赖来无法接受被歧视的感觉，所以常和朋友谈起日本的种种恶行，几个志同道合的朋友，都有驱逐日人的想法，所以常一起计划抗日活动，但是现实情况不利起义抗日，如果贸然举事，无异于以卵击石，自取灭亡，所以一直隐忍在心里。

1911年孙中山先生领导辛亥革命，推翻满清政府，这个消息给赖来极大的鼓舞，他抗日的信心大增，他认为这是抗日的大好机会。赖来为了了解革命现况，以及如何领导革命，和同乡谢金石在1911年冬，一起秘密偷渡到大陆。他们从厦门登陆，游历了福建，再到十里洋场的上海，看到祖国革命成功的欣荣景象，兴奋不已。返国后，赖来说："气魄迥异昔时，如今胸怀大志，将以驱逐异族，光复台湾为己任。"

赖来回到苗栗，开始招募

赖来就义后的遗照

同志，第二年（1912年）听闻罗福星赴台领导抗日，即加入罗福星的革命组织，受到罗福星的鼓舞，积极投入抗日革命工作，并与谢金石、詹勒、李文凤、张阿兴、谢水旺和詹墩等上百人歃血为盟，将来要起义抗日革命时，由赖来任指挥，詹墩任副指挥，同心协力驱逐日人。

1913年9月，日本警局破获了罗福星的抗日组织，开始大肆搜捕革命党人。赖来看到这种情况，觉得如不早些发难，恐怕也难逃日警的搜捕，与其束手就擒，不如奋力一搏。于是计划袭击东势角支厅，夺取警察局的枪支子弹，再进攻葫芦墩，然后集中火力进攻台中，以中部作为据点，可以上接台北，下连台南，沉重打击日本殖民统治。

1913年12月1日，赖来、詹墩准备在葫芦墩起义，前一晚，赖来召集部将谢金石、詹墩、李文凤等在家设祭坛，在坛前插上五色旗，由赖来主祭，决定拂晓起义。

第二天天刚微明，赖来带领着几十名同志，向东势角支厅进攻。到达东势角，天刚拂晓，毫无防备的日警，还在睡梦之中，志士以迅雷不及掩耳之势，冲进了支厅，赖来带头冲进大办公室，将值班的佐佐木巡查砍倒，另一名荻原巡查闻声起床，也被詹墩挥刀砍死，他们破坏了6部电话，抢走了十几支枪，有几名巡查在昏暗中，或逃或躲，支厅内一片混乱。

赖来大喊："擒贼擒首，我们杀了支厅长吧！"当赖来和詹墩准备冲进支厅长寝室时，不料被一名躲在暗处的巡查连发两枪，射中领头的两个人，赖来和詹墩先后阵亡，以致群龙无首，纷纷溃散，一场抗日的战斗，就在短短一天里结束了。最后有9名义士被捕，一并送到苗栗临时法庭接受审判，所以它成为"苗栗事件"的一部分，也被称为"东势角事件"。

（罗秋昭）

赖 乾

赖乾（1861—1935），又名赖忠，祖籍福建省漳州市平和县心田乡横岗头村。第一次鸦片战争以后，因清政府腐败，民不聊生，赖乾的父亲被迫背井离乡，迁至台湾另谋生路，最后在台北地区定居下来。

赖乾长大后以渔为业，业余时间坚持练习中国传统武术。数十年的捕鱼生涯使赖乾精通水性，熟悉海情。长期的海上风浪摔打和武术锻炼造就了赖乾钢铁般的身体和意志。青年时期的赖乾极重义气、好交友，他与后来的抗日义军首领简大狮性格相近、志同道合，很早就结为异姓兄弟。他又与高扁、徐鹿等从小在风浪里摔打的伙伴结为兄弟，他们后来都成了简大狮义军的核心领导层。在大规模起义前，他们曾领导出海渔民对抗倭寇的骚扰。

日本占领台湾后，各地反抗日军的起义风起云涌，1896年元旦，简大狮、赖乾率部与其他各支义军围攻台北城，把起义推向了高潮。在大规模起义前，简大狮、赖乾、高扁等人就组织众兄弟几个人分为一组，白天散入民间，半夜则成为战士，在台北城内外到处袭击日军，取得了很多分散作战和夜间作战的经验。起义失败后，简大狮、赖乾这支义军除战死和逃散的，大部分转移撤退到山区，并化整为零，分散对日军展开游击战。

义军战士的游击战令日本派驻台湾的首任总督桦山资纪寝食难安，他一方面召开驻台湾日军将领的紧急会议颁布防卫措施，一方面恳请日本政府加派兵力，以求彻底镇压台湾人民的反抗。在分散袭击敌人的游击战中，简大狮、赖乾以其机智勇敢和超群的武功成为义军中刺杀敌人、屡建奇功的佼佼者。在桦山资纪实行加强防卫的措施后，全台各关卡、城镇都贴出了两人的通缉令，但他们在台湾民众的掩护下仍然在台北地区随时随地给敌人以打击。当他们得知日本中央巡查部长佐藤尚太郎将赴台湾视察并主持台政后，决定来一次大的行动——刺杀佐藤，以震动日本朝野，借此向侵略者宣告台民不可侮，台湾是中国的领土！

桦山资纪为了确保佐藤的安全，特派一近卫军中队、100余名全副武装的日本兵负责其安全。简大狮、赖乾等人经过反复研究与侦察，制定了周密的刺杀计划，并决定由赖乾担任刺杀任务。1896年1月14日凌晨，赖乾将早已准备好的8枚飞镖涂上毒药，紧紧捆在腰间，潜伏在古榕树上，伺机杀敌，简大狮等人也做好了策应的一切准备。佐藤像往常一样到固定地点背向榕树做操，赖乾手起镖出，准确地将毒镖刺入佐藤的心脏。在警卫惊愕之际，赖乾在众兄弟的掩护下迅速撤离，消失在小巷之中。佐藤身亡，桦山资纪在毒镖上看到有"赖乾"的字样，知道杀手就是义军首领赖乾，悬重赏缉捕"重案犯"赖乾。刺杀佐藤的消息，虽然日方加以封锁，但在日军内部和台湾百姓中却不胫而走，越传越奇，赖乾被传说成一个能飞善遁的神化人物。

桦山资纪派出精兵强将追捕赖乾，最后他们发现赖乾隐藏在宜兰地区一个叫杨柳的小山庄，但在民众的掩护下，日军仍然找不到他的下落。恼羞成怒的日军扬言要把杨柳山庄杀个鸡犬不留，赖乾为保民众主动现身，终被抓捕。在狱中，赖乾受尽酷刑仍然坚强不屈，不肯出卖自己的兄弟。后被众兄弟营救出狱，潜回大陆，简大狮等也先后回到大陆。

不料，清廷官员与日本人勾结，将简大狮诱捕并送回台湾加以谋害，赖乾等人侥幸逃出。赖乾、高扁等人逃出后，经过一番商议，决定召集民众、再举义旗，他们喊出的口号是：反对满清腐败政府陷害忠良！杀进漳州城宰尽狗官！为简大狮报仇雪恨！后受骗招安，但又及时脱离。赖乾等人再组队伍在永春、德化地区与腐朽的清军作战长达12年之久。

1912年，中华民国成立，当时的驻闽革命军认真调查了赖乾等义军的事迹，认为他们是爱国爱乡的，决定将其收编。赖乾及其领导的百名义军战士被民国政府改编为革命军的一个营。赖乾荣任陆军步兵独立营营长。1912年初，赖乾进福建军事干部学校学习；1913年春初，奉命带领部队到永春、德化地区执行剿匪任务。经过两年的艰苦工作和战斗，顺利完成任务。正当赖乾以身许国，为实现自己的理想不懈奋斗之际，国内形势却又发生了巨大的变化，袁世凯窃国，中国又陷入了一片黑暗当中。赖乾无奈解甲归田。

赖乾退休前就早有计划要创办机器厂和自来水厂，所以在1914年脱下戎装前半年多，就先动手建立小型发电厂和自来水厂。1915年，石码中兴自来水厂建成，后又建立机器厂等实业，造福一方百姓。

1935年夏天，赖乾因病去世。赖乾的一生充满了艰险曲折、九死一生，他不畏危难，勇于向日本帝国主义挑战，至死不忘国家和民族大义，不忘生他养他的故乡——台湾，他在病中还常常嘱咐儿孙们，将来台湾收复后，一定要回老家看看，拜访各位亲人长辈，转达其怀念他们的心意。

（赵国辉）

赖 宜

　　赖宜（1867—1915），台湾彰化人。前清武秀才，农资丰厚远近闻名，曾任保正，后辞掉保正一职，赴台中雾峰乡开垦林地。

　　1914年末，罗俊回台筹划反日运动，赖宜为其得力干部，曾引罗俊至万斗六，对全台革命同志指示革命工作，并与其一同前往台南拜访余清芳，后又与罗俊至李秋霖处，居住4日，商讨革命工作并吸收多人入党。赖宜还筹资派谢成、苏东海潜赴内地，招募勇士数十人，后因谢成等久无音讯而事情败露，多名同志被捕，1915年6月3日偕同罗俊一同向万斗六逃避，至黄厝庄，经北港、嘉义至台南，再返嘉义尖山庄作紧急措施，不幸为日本支厅日警所探知。6月29日与罗俊同遭嘉义厅逮捕，9月3日被日本临时法院判处死刑，9月6日在台南监狱壮烈牺牲，年仅48岁。

（台湾省文献委员会编印《台湾抗日忠烈录》第一辑）

赖永兴

赖永兴（1845—1895），台湾苗栗人，农民。日本人占领台湾时，赖永兴正好 50 岁，当日军南下时，赖永兴不顾敌我力量的悬殊，召集了志同道合的 12 人携带自备的武器，前往新竹尖笔山，准备利用地势险要，趁黑夜截击日军，以示我中华民族之不屈精神。

1895 年 6 月某夜，日军到达时，赖永兴率人突然袭击，日军一时仓皇失措，但无奈日军占据军力的绝对优势，立即反击，于是一场惨烈的炮战开始了。赖永兴以一尊大炮抗战，全体同志毫无惧色，战至弹尽，则以钱币代用，钱币用尽，就拆下炮轮替代，同志相继阵亡，或者负重伤，赖永兴也因面部中弹而壮烈牺牲。

其事迹于 1962 年 10 月 23 日经由台湾有关部门明令褒扬，准予入祀台湾省苗栗县忠烈祠，于 1963 年 3 月 29 日举行入祀仪式，永为县民景仰。

（台湾省文献委员会编印《台湾抗日忠烈录》第一辑）

雷灿南

　　雷灿南（？—1944），台湾台北县淡水镇人，秉性忠直，不畏强暴，1942年肄业于台北高等商业学校。时值抗日战争，雷灿南愤于日本军阀的专横，残杀我同胞，于是密谋起义，联合当地青年，响应祖国抗战。不料事情败露而被捕。在狱中，雷灿南受尽酷刑，体无完肤，但仍坚强不屈，1944年6月26日雷灿南因伤重卒于狱中。

　　其事迹经由台湾有关部门予以褒扬，入祀其原籍忠烈祠，将生前事迹列入原籍省志县志，以彰忠烈。

（台湾省文献委员会编印《台湾抗日忠烈录》第一辑）

李阿隆

李阿隆（生卒年不详），原籍台湾宜兰，4 岁时移居花莲新城。李阿隆自幼学习台湾原住民山地同胞的语言，对山地同胞的情况甚为熟悉，深得太鲁阁一带泰雅族群的信任。

1896 年 5 月，日军登陆卑南（今台东），6 月，进攻花莲港，其守军不抵抗，被遣返大陆。李阿隆目击此状甚为痛心，深感无可奈何，遂暗地与泰雅人联络，伺机夺回花莲港。

日军初到花莲，顾虑泰雅人难以治理，听闻李阿隆能够左右其项背，于是日军参谋大尉柴某致信李阿隆向其招安，李阿隆称病不往。同年 7 月，台东抚垦署长曾根俊虎到花莲，又向其招安，李阿隆仍旧不往。后宜兰支厅书记广濑充郎到花莲探险，强行招安李阿隆，并且将其送往台北拜见台湾总督桂太郎，让其招安泰雅族人，李阿隆佯装答应，于是日军派遣结城小队驻守花莲新城。

后日军士兵奸淫女山胞，引起民众群情激愤，李阿隆遂下决心策动反抗。12 月 23 日，泰雅族人倾社而出，尽歼结城小队。井上大队长欲质问李阿隆，派遣翻译谢成章带兵 5 人前往招见，一去不还，又遣数人去查探亦不还，于是派出敢死队 15 人去侦查。在密林中寻见先遣人的尸体，迅速赶回报告，日军大惊失色，遂电基隆联队求援。

1897 年 1 月 10 日，日本花莲港守备配合基隆第二大队，台北炮兵、工兵各一小队，及阿美壮丁 600 人，由战舰葛城号掩护进攻太鲁阁，被山地同胞诱入深谷，遭到伏击，日军几乎全军覆没。

1 月 29 日，汤池联队长率第三大队及大炮、工兵各一小队，军夫 500，壮丁 1700 人进攻，仍旧败退。随即又先后以一大队配炮兵、工兵、军夫发起攻击，又遭到强烈抵抗，由于伤亡过多而败退。自此，日军畏惧泰雅人的英勇，害怕李阿隆的智谋，只好停止进攻。

李阿隆（后排右一）

当年的12月25日，台东厅长相良长纲来到花莲，派人致书李阿隆意欲修好，李阿隆答复说："曩承推毂，俾谒桂总督，备赐隆仪，至为衔结。归来，即说太鲁阁五社归顺，帮得驻军新城。乃士卒不慎，潜通番女，变生意外，欲解已迟。今内外太鲁阁，群情汹汹，未可以言喻。俟其努稍息，当力为劝降。"相良答应对其既往不咎，任李阿隆为太鲁阁诸社总通事。自此，双方相安无事数载。

直到"威里事变"后，日本人诱李阿隆离开新城，将其杀害，时年55岁。乡人感念其忠义，在其故宅前累石为坛，上刻："通事李阿隆居家之迹。"

（台湾省文献委员会编印《台湾抗日忠烈录》第一辑）

李阿齐

李阿齐（?—1914年），又名李阿良，台湾日据时期台南厅关帝庙（今台南县关庙乡）五甲庄人，客家人，台湾抗日人物，曾经发动"关帝庙事件"，后被捕遇害。

其父亲李达为1895年战争抗日人物，后被杀害。李阿齐从小就立志为父报仇。1912年罗福星赴台组织抗日势力时受其鼓舞，亦打算抗日，其同伴大多是五甲庄人，他们以剃去周边头发，独留中央一小块圆形区域为标志。他与同乡计划于1913年10月20日左右袭击台南，后被日军提前获悉逮捕，并于苗栗临时法庭中被判死刑，于次年3月3日与罗福星、张火炉等人一同被杀害。

（赵国辉）

李纯青

李纯青（1908—1990），台湾台北人，现代著名的报人、政论家、台湾民主自治同盟的主要领导人之一。宣传抗日、文字救国，是李纯青革命生涯中值得书写的光辉一笔。

1908年李纯青出生于福建省安溪县龙涓乡。在儿童时代，李纯青经常听到父亲和隔壁阿伯讲述许多台胞抗日斗争的故事，对抗日志士的敬佩，对日本侵略者的痛恨在他脑海中留下深刻印象。幼年定居台北期间，他感受到了在异族的统治下，"生理和心理的沉重压抑"，更使得他懂得了"人，不能没有祖国"。1929年，李纯青进入南京中央政治大学市政系时开始接触并研读马列主义。1934年，李纯青加入中国共产党，在厦门开始抗日宣传活动。

在重庆继续研究日本问题

"七七事变"后，国家到了危急时刻。李纯青立即从日本结束留学回国，经范长江等人引荐，入职《大公报》。他耗费了大量时间研究日本问题，当时日本每发生一件大事，他差不多都写过介绍或评论。

1941 年 4 月，李纯青由香港来到了战时首都重庆，工作仍在《大公报》，任报刊主笔兼社评委员，继续借助《大公报》在海内外的影响力积极宣传抗日。

在重庆，李纯青写了大量研究日本问题的政论文章，这些揭露日本帝国主义本质，加速抗战胜利的文字不仅鼓舞了全国人民彻底打败日本侵略者的斗志，而且还为同盟国相关部门提供了行动的参考。

1941 年年底，太平洋战争爆发。不久，李纯青就在《大公报》上发表社论文章——《太平洋战争展望》，颇有远见地指出："惟要迅速解决日本，实有待于苏联的合作；苏联参加对日作战，日本便成为瓮中之鳖。我们想苏联一定明了苏日中立条约实际是一张废纸，日本的存在，乃是苏联东陲的真正祸害。现在西线的纳粹攻势既已冻结，日本在太平洋上投了 ABCD 的包围阵，这正是苏联的千载一时之机，一举解决了日本，平定了太平洋，然后再合欧亚美非澳各洲之力，共同解决纳粹，才真正有平定世界实现永久和平的可能……"

李纯青对日本战事的准确预估，以及向国际社会呼吁开辟第二战场等主张，都通过《大公报》的国际影响力为各方人士提供了有力的参考。同一时期，李纯青在《大公报》还连续发表多篇重要的军事评论文章，详细分析和预测太平洋战事的发展动态。比如 1941 年 12 月 15 日的《远东大战一周》、1942 年 6 月 9 日的《论中途岛海战》以及 1942 年 8 月 31 日的《海上拉锯战——再论所罗门战争》、1944 年 6 月 17 日的《超级堡垒轰炸日本》等。

在重庆力主台湾回归中国

1943 年 1 月至 5 月，在有关台湾归属的问题上，国际上响起阵阵噪音，对台湾地位极为不利，一些提议和做法无视和损害了中国的利益。对此，李纯青力主中国收复台湾，他在撰文中强

调"在法律上,《马关条约》已经废除,台湾应归还中国。"反对外国势力计划占领台湾的企图。

1943年1月30日,李纯青代表台湾革命同盟会在重庆发表宣言,指出:"台湾原属中国,台民中百分之九十三点七保有中国血统……本会特代表六百万台湾人民表示",并"严正声明中外,战后处理台湾问题,除将台湾领土、主权完全归还中国外,任何维持现状或变更现状之办法,均为台湾人民所反对。"

李纯青的这些言论反映了当时包括台湾同胞在内的全体中国人民维护台湾主权、争取回归祖国的坚决主张,也代表了当时四亿五千万中华同胞的共同意愿,得到国际社会的认可和赞同。

1943年12月1日,中美英三国共同发表《开罗宣言》,向全世界明确宣告:"台湾、澎湖列岛应归还中国。"

台湾回归祖国的见证人

抗战胜利后,脱离祖国怀抱达50年之久的台湾光复了。1945年10月25日,李纯青以重庆《大公报》记者的身份,参

1945年10月25日,中国战区台湾省受降仪式会场

加了由陈仪为代表的中国政府接受日本台湾总督安藤吉利代表日本政府投降的签字仪式，他也是当时在现场采访的不多的大陆记者之一，也是这段重要历史的见证人之一。

他是这样描写受降仪式和当地老百姓兴奋的心情的：

"十月二十五日上午十时，在台北公会堂举行受降典礼。会场布置为一四方形，陈长官上座，左方盟友及我军官，右方台湾民众代表及我公务员。九时五十分，日本台湾总督兼台湾军司令官安藤吉利到，就下位。安藤块头颇大，肥硕秃顶，一言不发，面无表情，签署降书后，即行退席。从此刻起，台湾版图正式归还中国。割让五十年四个月零九天，时间不算短呀！此夜台湾全岛同胞，家家馨香祭祖。不知几家在笑，不知几家在哭。但无论笑，无论哭，人也自由，鬼也自由了。家家驱除以前被迫奉祀的天照大神神像，再让自家祖宗的神主坐上厅堂。许多老年人、成年人告诉我：八月十五日以来，我们变成小孩啦，天天在过新年。"

在参加完受降仪式后，李纯青还与同事费彝民一道在台湾采访一个月，沿西海岸由台北到东港，环绕全岛，接触各界人士。他在采访录中写道："我们知道此行将为台湾同胞欢迎的对象之一，但不知道蹈的竟是乡情的海。多少次，我为台湾同胞的天真与热情感动得流泪，他们每个人，不论男女老幼，都有无尽藏的祖国爱。"这些饱含深情的字句，无一不浸透着李纯青先生对台湾故土的挚爱。

（李剑根）

李火生　李火见

　　李火生、李火见兄弟（生卒年不详），与余清芳手下游荣系旧识。1915 年 2 月，游荣走访李火见，告以 7 月 1 日将有天灾地变，中国革命军将乘机赴台与日军警交锋，而且甲仙埔山中有一老人双耳垂肩，双手及膝，手持宝剑，可杀敌数千，并知晓飞翔隐身之术，此老人将统率革命军与本岛同志结合，袭击军警杀戮日人，驱逐至岛外，夺回台湾统治权。为此筹募西来庵庙宇建筑费与军资，参与者每人捐款 2 元，并发给神符，俾其免天灾，且可视为加盟革命军的佐证，俟革命成功则按功给官职或颁与土地减轻税赋等。经李火生、李火见二人劝募而加盟者达 62 人，遭检举逮捕后有 54 人被判刑。

（戚嘉林）

李建兴

李 建 兴（1891—1981），字绍唐，先世籍隶福建安溪归善乡依仁里石圣堡广孝大路厝。曾祖李庇，于 1840 年 5 月，奉母翁太夫人率子联霸、联渊、联锦，举家渡海赴台，登陆于今新北市瑞芳区（旧称台北县瑞芳镇）庚子寮海滨，最初居住在台北上淡水石碇堡滴水仔庄，旋移居同堡新寮仔大尖后，今平溪十分寮上天山。李建兴创业有成后以其地为李氏发源之地，且为先人庐

墓所在，就其地建立家祠，名曰"光孝"，意在继安溪广孝而有以光大之。

少年时期

李建兴 8 岁时，赴外乡为人牧牛，半载，父母不忍，携回叫他入私塾就读，先后向廖正理、倪基元、李硕卿等名儒学习，因此学业大进。十年辛勤，奠定了国学基础，通晓了诗书，在乡里敦请下，18 岁时在今新北市平溪区设帐课徒。时连年风灾，继以虫害，务农与束修所入，不足以维家庭生计，不得已在 26 岁时弃农从矿，到侯硐受雇于福兴碳矿公司当一个小职员。由于刻苦耐劳，尽力于坑内外事务，大为股东器重，不次拔擢，次年

该公司改组，应邀加入为股东，协助公司经营者宝胜翁办理公司内外事务，从此潜心研究矿务，拓展业务，晋升为总经理。

创办煤矿事业

1919年，福兴为日商三井基隆炭矿株式会社吞并，李建兴转为工头，该会社将所属矿区分为三区，由建兴承包其一，成为包商，建兴不谙日语，但是以勤劳换取成绩，得到该会社董事重视，加上该会社直营末期，业务渐衰，产量减少，成本提高。1934年，三井以该矿煤源枯竭，转让建兴经营。他审度地质，以为下层当尚有蕴藏，毅然承受，成立"瑞三矿业公司"，建兴经营之初，矿产量不抵成本，于是督率诸弟，重新计划，冒险自力开凿新坑，贯通半无烟坑；开拓下层又下层，其质其量，均为上层所不及；同时自日本引进新式选煤最新设备，到1935年达到产量新纪录。基业于是奠定下来。1938年鉴于下层煤将采完，再度冒险开发"最下层"，成为台湾矿业之创举。1940年，李建兴收购"裕兴炭坑"之设备及权利，开通"本坑"，采掘南端断层之煤藏。

1940年，正当李建兴事业蒸蒸日上之时，日本积极策划南进，搜刮台湾资源益力，尤其是对于台湾人思想之控制日趋严厉。由于李建兴曾经拒绝学习日语，拒改日式姓名，不为皇民化运动所动，忌之已久。又因为他经营日本人转手炭矿，大有成就，妒忌愈甚，遂于该年5月27日一举逮捕李建兴兄弟5人及公司员工一百余人，以通谋祖国罪，判刑入狱，即所谓"五·二七"事件。酷刑胁迫，荼毒备尝，建兴父亲李伯夷原患高血压，至是忧急长逝；弟李建炎，不胜凌辱，瘐死狱中；员工株连死难者七十余人，残废者不计其数，人生惨痛，集于一身。李建兴总共被关五年，盖本案因被搜获廖进兴由广州寄来明信片一纸，内有"乌鸡白凤丸托余办济"一语，日本官方将"白"字解为抗日名将白崇禧，"余"字解为余汉谋，"济"字解为陈济棠等暗号，而认为本案铁证，藉以诬陷。

1945 年 8 月日本投降，李建兴兄弟获释出狱，得到自由后，重整矿务，自 1946 年至 1950 年之间，煤矿产量微幅增加，1951 年之后渐入佳境，每月产量均接近 1 万吨，至 1967 年年产量达到 17.26 万吨，平均月产量为 1.4 万余吨，此时李建兴除了"瑞三"本矿，与诸弟尚有"三合"、"瑞和"、"海山"、"建基"、"丰田"等矿产，总产量与瑞三合计共达每年 70 余万吨，占全台湾煤产量 500 万吨之七分之一强，实为台湾"煤业大王"。

参加台湾光复致敬团

1946 年 8 月，丘念台认为台湾为日人统治 50 年，与祖国全然相隔；今既光复，为向祖国同胞表示亲和，亦应前往观光，以联络感情、化解隔阂。于是特倡组织"台湾光复致敬团"赴南京致敬，致台湾人民感戴之赤忱。

致敬团组成后，李建兴蒙邀参加为团员之一，团长林献堂，其他团员有陈逸松、叶荣钟、钟番、林为恭、黄朝清、姜振骧、林叔桓、张吉甫、陈炘，领队丘念台，秘书林宪、李德松、陈宰衡。此行除拜会外，并且谒祭中山陵及遥祭黄帝陵等。李建兴为志其盛，详记每天行程，尤重此致敬之行宗旨、报告事项、行程经过与其间之所见所闻。李建兴并奉母命捐国币 1000 万元给国民政府教育部，当青年奖学金之用。

（林德政）

李连鞠

李连鞠（1904—1942），台湾屏东县人，5 岁起即喜欢阅读书籍，父亲见他聪慧，就把他送往私塾，但老师因其年纪太小而拒绝。但小连鞠徘徊在教室外偷偷听讲，老师甚为感动，于是让他旁听。至其 6 岁入学，就能背诵三字经、千字文，老师惊叹其为神童。李连鞠对中国文学历史特别感兴趣，所以国家民族观念非常强，对中日关系也甚为了解。

1930 年，李连鞠加入中华会馆，担任书记，对于团结台胞与大陆同胞力量贡献颇多。侨胞如果被捕，其即奋不顾身予以营救，使侨胞对台胞的情感日益增加，合作无间。因其国文基础深厚，很多的宣传读物都出自李连鞠之手。李连鞠还常与侨胞合作，资助有志于祖国事业的人回国。"七七事变"后，李连鞠积极展开抗日活动，终于 1937 年 12 月 7 日被捕，其在狱中饱受酷刑，时常吐血，得肺病。1941 年 8 月，李连鞠保外就医，直至 1942 年 12 月 27 日病故，仅 39 岁。

李连鞠之事迹经由台湾有关部门于 1953 年 6 月 12 日明令褒扬并入祀其原籍忠烈祠。

（台湾省文献委员会编印的《台湾抗日忠烈录》第一辑）

李万居

李万居（1901—1966），字孟南，台湾云林人。出身寒微，自幼丧父，后又丧母。西渡大陆，求学上海，其后到法国，留学期间加入中国青年党。学成归国，适日寇侵华，抗战爆发，遂投笔从戎，于粤桂港澳、蜀山汉水之间，从事对日情报工作，任国民政府国际问题研究所港澳办事处主任；在重庆期间，参与筹组当时大陆最重要的台籍人士政治团体——台湾革命同盟会，任行动组组长，并创办

台湾革命同盟会机关报《台湾民声报》，任总编辑；1945年日本投降前夕，参与接收台湾的准备工作，任国民政府台湾接管委员会专门委员；光复之初，任台湾行政长官公署前进指挥所专任新闻专员，为首批赴台接收人员之一。

在中华民族面临空前危机——日寇侵占我国大半河山的时候，李万居投笔从戎，积极投身到这场全民族的抗战活动中。"为觅灵方振国魂"，是李万居在其一首诗作中道出的肺腑心声。偌大中国，已成残破河山，灵方难觅，国魂何振，唯有上下求索，在救亡图存的坎坷路上尽责尽心尽力了。

李万居在抗战期间的活动，主要是参加国际问题研究所，从事对日情报工作。这项工作对李万居来说，是一项具有相当风险且富有挑战性的工作。王芃生视李万居为可靠心腹，委派其负责粤、港、越一带的情报收集以及情报网络的建立，主要是基于

他对日本可能南进的战略预测。李万居乃一介书生，深感责任的重大。共赴国难，匹夫有责，他义无反顾地投入抗日战争的秘密战线，表现出对中华民族、对祖国一片深挚的爱。

在此期间，时年 37 岁的李万居，整日风尘仆仆往来于鄂、粤、港、越之间，忙于有关对日情报收集与联络网点的布建工作。此时的中国，烽火遍地，"八·一三"抗战失利后，上海、南京相继沦陷，日寇缨锋直指华南，半壁河山日月无光。战事日急，故乡音讯渺然，而自己与家小也天各一方。李万居每每忆及同样在日寇铁蹄之下的台湾乡亲父老，心中悲愤、惆怅交加。

李万居甚少回家，偶或路过湘西，才与家人有片刻相聚，大部分时间则是在粤、港、越一带活动。

国际问题研究所在越南对日的情报工作，主要依靠李万居留法同学黄维扬的帮助。黄维扬因此曾被捕入狱，但始终未出卖李万居。台湾光复之后，黄维扬曾应李万居邀请，赴台湾居住，几年后重返越南，客死越南南部。

1938 年 6 月，李万居在河内，一次偶然场合中，与日本社会主义者、反战人士青山和夫相遇。青山和夫不满日本军国主义侵略政策，向李万居表示愿投奔重庆从事有关对日反战宣传工作之意，李万居欣然允诺，决意将青山和夫带回中国。青山和夫早与王芃生相熟，亦表示愿届时与李万居同往。

工作中的李万居（左三）

在抗战期间，带一个日本人入境，实非易事。李万居带着青山和夫，沿途几经波折，好不容易抵达湖南衡阳，被当地军警、宪兵扣押，疑二人为日本间谍，被查扣了三十多个小时。

李万居百般解释，以身家性命作保，总算核准放行，才带着青山和夫到达汉口。青山和夫后来也在国际问题研究所第三组工作，直至战后才返回日本。

谢南光是在上海与李万居相识的，都是台湾乡亲。在交谈中，李万居觉得谢南光对日本问题有研究，遂介绍谢见王芃生。王芃生对谢的谈吐甚感满意，决定起用谢，并派谢南光到香港从事对日情报的收集工作。谢南光在此之前曾任台湾民众党宣传部长，在上海即已加入中共地下组织。当时谢在港期间，一次有事赴广州，被国民党当局逮捕，指其为日本特务。王芃生闻讯后感到惧怕，不愿出面交涉。李万居得知此事则一直为谢南光辩护，并以全家性命具保画押以求救谢。王芃生见李的态度坚决，方才电告广州，将谢释放。但王对谢已有所戒心，改调李万居赴香港接替谢南光的工作，并把谢调回重庆国际问题研究所。刘思慕，留苏学生，国际问题专家，也在重庆工作，思想较为左倾，后因故被通缉，拟捕刘下狱。李万居闻讯后，即设法筹得一笔款子，协助刘脱逃，顺利离开重庆。李、刘仅属文字之交，但李对刘的为人处世颇有好感，因此时有来往。仅因此交情而毅然出面搭救，这在当时的政治条件下，确实是非常难得的。

李万居在香港，以为《申报》等报刊、杂志撰写国际评论文章及社评来掩护自己特殊身份及对日情报收集工作。1941年12月，日寇南侵，港九沦陷。在此之前，李万居奉命调回重庆述职，其夫人则先行携子女返回湖南铜官居住。港九沦陷之后，李万居又匆促由重庆启程，仍赴广东，继续担任国际问题研究所驻粤港办事处主任；途中，他先将家小接到广西桂林。夫人钟贤瀞偕子女抵桂林之后，在友人的资助下，开设一家健生产科医院（实际仅是间小诊所）。桂林当时算是大后方，李万居家人，总算在终年漂泊不定的逃难生涯后，找到了个暂且可以落脚安生之处。

1941年至1943年间，李万居主要在广东雷州半岛、广州湾一带活动。《珠沉沧海》一书对此有较详细的记载。其间的活动，还包括在重庆期间参与了由宋斐如主编的《战时日本》编委会及撰稿工作。

这一时期，李万居在《申报》及香港星岛报系和龚德柏主持的《建国日报》上也发表过一些时事政论文章，但他的政论文章大多集中发表在宋斐如主编的《战时日本》杂志上。宋、李是很好的朋友，且李万居本身也是《战时日本》杂志的编辑委员，占有在该刊发表文章的"地利之便"。李万居在这一时期所发表的国际时事政论，是他一生中最为集中地表现其政治观察能力和研判能力的阶段，他所写的政论文章充分展示了其思想敏锐、文笔犀利的一面，他的《从180度子午线论美日关系》发表后，曾引起当时日本问题研究界的广泛注意，王芃生对这篇文章的观点及预测分析结果曾予以相当高的肯定和评价。

（杨锦麟）

李 王

李王（1866—？），台湾阿猴厅罗汉内门里木栅庄人。1915年，李王经人引介应允参加余清芳的反日之举，于其所居庄内及东势埔、打鹿埔、观音亭、中埔、龙船、古亭坑、脚帛寮等庄和地瓜寮街，招募160余人，并将征收款项260余元交付余清芳。1915年6月21日，因成员遭人检举，李王等160人被捕判刑，由于本案仅于谋议阶段，未有实际武装行动，而无人被判死刑。因事发范围在地瓜寮支厅，故又称地瓜寮事件。

（戚嘉林）

李向荣

　　李向荣（生卒年不详），字镜华，前清举人，世居台湾屏东内埔。1895年割台，李向荣率先抗日，号召六堆父老乡亲，在内埔街天后宫开会，李向荣被推举为六堆大总理，以萧光明为副、钟发春为参谋，并当场推举前后左右中先锋，各堆总副理共13人，选定7月15日以后统率义民千余人御敌于凤山县。刘永福总帅闻讯甚为高兴，令凤山县知县出城迎接。

　　当时，正值军情紧急，日本军舰第二师团将登陆枋寮，凤山卢知县知道情况后，劝义民归乡自守。李向荣不得已，遂统率队伍返乡，共议分火烧庄、西势及下六根三面结阵，作保卫乡里的布置。

　　此次保卫战，以火烧庄及下六根两处战果最为辉煌。日军乃木希典将军认为此战乃日军入台作战后伤亡最为惨重的战役。李向荣幸免于难，后其只身渡海前往大陆，终老于蕉岭。

　　　　　　（台湾省文献委员会编印《台湾抗日忠烈录》第一辑）

战斗中牺牲的黑旗
军官兵

李应辰

李应辰（1860—1922），名应时，字宗聘，以官名应辰行于世。祖籍为福建省泉州府同安县马巷分府民安里十一都李厝乡。祖上渡台，定居台北县淡水镇中寮里，从乾隆年初到清末，至李应辰已是第六代。

李应辰1891年赴福建省赶考并中举。他虽然以文见长，但武功方面也有所建树，此前于1883年随刘宗师（训练）于癸未科淡水厅考武学第5名（郡庠生）。

甲午战争以后，李应辰即投入到如火如荼的抗日斗争中。淡水的民众，在李应辰的率领下，揭竿而起固守淡水。《淡水镇志》中详细记录了其抗战的经过："1894年甲午战役结束，清廷把台澎割让日本。翌年五月，日本军队由澳底登陆，十六日台北已入日军手中，淡水举人李应辰连沪尾十八庄壮丁五百人精悍可恃。但日军兵力火器惊人。不敌，遂携家眷坐帆船离开淡水，迁往厦门。"寥寥数语便把情势的危急描述出来，而一位抗日壮士的形象也跃然纸上。又据淡水镇北投子山脚《燕楼李氏族谱》记载：李应辰的确不负众望，领导乡众打了"游击战约两个月，应辰公于龟仑岭炮战中所（受）伤，又（因）兵力悬殊，抵抗乏力，才避地养伤"。

李应辰在受伤之后，以悲愤的心情吟了律诗一首以表自己的气节："临危仗剑事专征，一寸心强十万兵。闻敌仓皇走将帅，千秋功业付书生。"这首诗极为鲜明地体现了李应辰爱国爱乡的感情。

（李明滨）

李应章

李应章（1897—1954），出生于台湾彰化二林镇一个三代中医世家。在他出生前两年，中国因甲午战争失败而割让台湾，他无可选择地成了亡国奴。从小祖母常讲述日本侵占台湾的残暴情形，并嘱咐李应章："我死后，骨头要搬回唐山去。"李父行医，常遭日本警察的刁难，这一切事实，使他萌发了抗日的思想。

1915年，台湾发生了"噍吧哖事件"，他在中学作文簿里，以此事为题材，写了一篇短文《呜呼惨矣哉》，遭到学校的处分。1916年李应章考上台北医专（台大医学院），课余常阅读日本大杉荣、山川均等人的进步书刊，同时受《新青年》杂志的影响，便发动学生会反对舍监的贪污行为。他还受到全球民族主义风潮的影响，不满日本殖民统治而秘密组织"弘道会"，传播革命思想。1919年，他受"五四运动"的影响，与同学在校内秘密举行了"六·一七"岛耻纪念日活动，哀痛台湾沦为殖民地。台北医专的毕业生，以往都要到日本去毕业旅行，但他们那一届却改为到中国大陆参观。1920年他们经厦门、汕头、香港到革命根据地广州参观。

1921年李应章与同学何礼栋等人在台北筹组"全台湾青年

会"，为此向林献堂等人募款，从而结识了蒋渭水、蔡培火，并接受蒋渭水的提议将"全台湾青年会"组织扩大，改为"台湾文化协会"，从此与蒋渭水共同筹组"台湾文化协会"，参与起草大会宣言及大会规则。1921年10月"台湾文化协会"正式成立，李应章当选为理事兼二林地方干事，开始了台湾的文化启蒙运动。

台湾文化协会的成立，把台湾民族运动、民权和社会主义运动推向一个新的高潮，藉着"文化演讲会"的形式，由旅日留学生和本岛先进知识分子把正在日本及中国大陆蓬勃发展的左翼思潮带进岛内，深深打入民间、打进农村，促进反殖民地运动与农工运动的扩大发展。

日本占领台湾的第六年，也就是1900年，由"日本台湾总督府"援助，三井财团投资，设立了台湾制糖株式会社，目的是使台湾成为日本国内消耗蔗糖的主要供应地，每年为日本节省外汇3000万元。为了达到这个目的，在一定区域内，未经日本殖民当局许可，不得设立新的制糖厂，并且在此一区域内，未经日本殖民当局许可，甘蔗不许向外搬运，同时亦不得将甘蔗作为砂糖以外的原料。意即在该特定区域内，蔗农生产的甘蔗，除了卖给该特定区域内的糖厂之外，别无他途。

林本源制糖会社在台中州溪州庄设有溪州制糖厂，利用日本殖民当局的无理规定，将收购甘蔗之价格压低，牟取暴利，引起当地蔗农极度不满。从1928年开始，蔗农多次向林本源会社要求提高收购价格。于是李应章和当地的"文协"会员詹亦侯、刘崧埔等组织农村讲座，自己当讲师。1924年，二林庄长林炉及当地医师许学出面，后来得到北斗郡守从中斡旋，林本源会社才答应每甲增加临时补助金5元。

然而李应章认为这种临时补助金根本是一种怀柔政策，农民的痛苦和剥削，依然没有解除。他屡次带头向北斗郡守、台中州知事、总督府陈情，提出"甘蔗收购价格应明定为一千斤七圆"，"甘蔗收购价格之决定，应由蔗农参与并同意"，他也出面向林本源会社交涉，要求提高收购价格。另一方面，他鼓励并提高农民的觉悟。1925 年 1 月，李应章召开蔗农大会，决定组织蔗农组合。会后到二林附近农村去宣传、演讲，提高了农民的民族意识和对蔗农组合的向心力。同年 6 月 28 日，"二林蔗农组合"成立，公推李为总理，拥有组合会员 400 余人，这是台湾历史上第一个"农民组合"。

蔗糖组合成立后，同年 9 月 27 日举行农民大会，通过对制糖厂所提出的条件，并推举李应章等人为交涉代表，正式向林本源会社提出交涉。会社以无书面证明代表资格为词，拒绝交涉。10 月 15 日李应章携带一千多名蔗农的委托书再去糖厂，但糖厂仍不承认李应章的代表权，谈判终于破裂。蔗农组合成立斗争本部，确定抗争方针，要求先议价后割甘蔗，反对糖厂单方磅蔗斤两。10 月 21 日糖厂派人带领工人到二林、沙山 2 个庄 7 个地点开始收割非组合员蔗田，李应章等人力劝蔗农采取拒割行动，拉开了斗争的序幕。10 月 22 日制糖厂由北斗郡派出 7 名警察，30 名监工，前来强行收割，在场的蔗农以石头、甘蔗为武器对抗，2 名警察拔刀示威，被愤怒的蔗农把佩刀夺走。次日清晨一百余名日本警察包围了李应章医院的蔗糖组合办事处，强行抓走李应章等 93 人。

1926 年 4 月 30 日，预审判决共 39 人被起诉。李应章被押 6 个月零 8 天，由日本劳农党麻生久保释出狱，同年，9 月 30 日第一审结束，31 人被判惩役。日本进步律师布施辰治从东京赴台担任义务辩护，在二审判决前"台

李应章（右）与战友简吉合影

湾农民组合"的简吉与李应章陪同布施辰治到各地农村演讲，控诉日本的殖民统治。1927年4月13日，第二审判决25人有罪，李应章以骚乱罪的名义被判刑8个月，是为台湾农民运动史上著名的"二林事件"。

1928年李应章刑满出狱，在狱中被关在单人牢房打草鞋做苦役，禁止与家人会面通信。直到出狱，方知老父病故，家遭火灾。他一边继续行医集资，重整家园，一边仍继续关心台湾的社会运动。经过"二林事件"，厂方提高了甘蔗的收购价格，但仍保持单方片面定价方式。于是他又发动不种植甘蔗运动，迫使厂方接受蔗农的要求。1930年10月台湾民众党在彰化开会时，李应章发表了《宁为玉碎，不为瓦全》的议论，反对日本殖民当局擅改民众党阶级斗争纲领。

1931年台湾的社会运动进入低潮，"九·一八"事变前后日本殖民当局对台湾进步分子的控制日益加紧，并大肆逮捕。李应章获知即将被捕，遂于1932年除夕吃团圆饭时，只身离开台湾到厦门。1932年他在厦门鼓浪屿开设神州医院，继续从事反日本帝国主义的斗争。他还加入了中国共产党，并以神州医院掩护从革命根据地往来的同志。1934年由厦门迁往上海，改名李伟光，开办"伟光医院"，从事情报搜集、筹集药品、器械等工作。1945年台湾光复，在上海开伟光医院的李应章担任"台湾旅沪同乡会"会长，主要任务为救济台湾难民，运送难民回家。1946年他回到阔别14年的故乡，并在二林故乡举行蔗农组合遇难同志的追悼会。1947年"二·二八"事件爆发，在李应章主持下的台湾旅沪同乡会立即召开会议，并与其他团体组成"二·二八"事件后援会，积极调查、公布事实真相。1949年新中国成立，他担任中国人民政治协商会议第一届全体会议代表。1954年李应章因脑溢血逝世于上海。

（韩嘉玲）

李友邦

李友邦（1906—1952），字肇基，出生于台湾台北和尚洲（今芦洲），祖籍福建省厦门市同安县集美镇兑山村，祖父李湿泉为李氏四房子嗣，是李氏务农的代表。父亲李万米，从事教育。其与二弟李友烈（承基），幼弟李友士（丕基），先后都因反帝抗日活动而壮烈牺牲，可谓一门三烈。李友邦将军毕生为台湾为祖国的民族民主革命运动奋斗，是一位赤诚的民族爱国志士，在台湾近代

史、台湾光复史乃至中国近代史，都有其历史的定位与贡献。

一、年少时代的抗日行动

李友邦自幼就不满日寇统治台湾，具有强烈的民族意识。1918年，14岁的李友邦进入台北师范学校就读，在学期间激于义愤，参加文化协会，策动学运抗日。1922年，与胞弟李承基连同几名激进学生意欲攻击海山新起派出所（今台北市长沙派出所）。1924年，其与林木顺、王添进、林万振等8位同学，再度

偷袭派出所，与警方发生冲突，因事态严重，轰动台湾，被师范学校开除学籍，并通知警方前来逮捕。李友邦获悉消息，连夜越墙逃离台湾，前往祖国大陆，继续为台湾民族革命运动奋斗。

二、成立台湾独立革命党

李友邦于1924年4月抵达广州，因深受孙中山先生革命精神的感召，入黄埔军校第二期学习军事，其秉持的革命理念是"先从日帝对台湾的殖民地统治争取'民族独立'，然后'返归祖国'"。因受孙中山先生对其革命理念的认同，并予鼎力支持，遂在广州成立"台湾独立革命党"。其党章第一条明文规定：本党宗旨团结台湾民族，驱除日帝在台湾一切势力，在国家关系上脱离其统治，而返归祖国，以共同建立三民主义之新中国。首先奠定台湾革命的基础，也是日后武装台湾革命的先驱。

1925年，李友邦自黄埔毕业后，正值国共两党合作时期，李友邦主持两广地区工作委员会所领导的"台湾地区工作委员会"，所谓"工作委员会"大多为共产党组织之名。1926年，李氏返台募集抗日活动基金，然而由于在台的袭警事件以及在广东的抗日事件受到通缉，转而以就读早稻田大学为掩护逃往日本，展开台湾革命的工作。不久被日寇发现，急速逃回大陆，改名为李肇基。

1927年3月，"广东台湾革命青年团"成立，其任宣传部部员一职。是年4月，因蒋介石的"清党"而离开广州。1929年，其因广东抗日事件遭到逮捕，后获不起诉释放，转而任教于杭州国立艺术专科学校，秘密从事台湾革命工作。1932年，其于杭州遭国民党右派逮捕入狱，1937年，对日抗战全面展开，由于国共第二次合作，他才被国民政府释放，之后随即着手"台湾义勇队"的筹组工作。

三、成立台湾义勇队参与对日抗战

对于"返归祖国"，李友邦衡量国际与国内的情势后，提出

"保卫祖国，收复台湾"两大口号。1938年秋天，在中共地下党员的协助下，于金华县酒坊巷18号，成立隶属于国民政府军事委员会政治部的"台湾义勇队"与"少年团"，并于1939年2月22日正式成立，号召全国各地区的台湾同胞，共同参加中华民族抗日战争的救亡运动。

全中国不愿做亡国奴的台湾同胞，都纷纷热烈响应这个革命精神的号召，从各地区汇集到金华来，加入台湾义勇队，这是台湾同胞第一次有组织、团体的参加祖国民族抗日的行列。当时台湾由于为日本所占，台湾义勇队与朝鲜义勇队同是最坚决抗日的革命队伍，深受国际人士的关注与崇敬，当然也受到国民政府的重视，藉以增加抗战的声势。

1938年3月间，福建省政府前主席陈仪，无故将福建省内所有台湾同胞，在一夜之间，不分男女老幼，不分良莠，突然全部非法逮捕，将之集中到闽北崇安县（今为武夷山市），从事劳改苦役工作。李友邦对此事深感不满，透过浙江省政府主席黄绍竑的介绍，偕同福建省党部主任委员陈肇英，走访陈仪主席，提出应释放无辜受害的台胞。陈仪遂准其所请，分别于1939年2月至1942年始将全部老弱妇孺接至福建龙岩。经教释后的台胞都参加了台湾义勇队，壮年的成为台湾义勇队队员，年少的成为少年团团员，老弱妇孺都成为生产队队员，台湾义勇队遂成为一个革命的大家庭。

1940年3月，为团结抗日力量，李友邦前往重庆与其他台湾革命团体联合成立"台湾团体联合会"（翌年改称"台湾革命同盟会"），同年4月创刊《台湾先锋》。1942年，参加台湾义勇队的人数日益增加，工作发展迅速，台湾义勇队当时参加中国抗战的任务包括对敌工作、医疗工作、生产报国工作、巡回宣慰工作等四大项目。

在对敌工作方面，配合"七分政治，三分军事"的战略，对敌国士兵进行心理作战，期使敌军同情我国的抗战，能发挥行动作用，如伪组织的反叛、反正、反战等，进而促使日本军阀的崩溃。在医疗服务方面，由于抗战期间医务人员与医疗设备的严重缺乏，台湾义勇队首先在金华总队部设立诊所，免费为同胞诊疗疾病，又组织巡回医疗队，至各乡镇及前线服务。1939年更在金华正式成立"第一台湾医院"，之后又陆续成立了"第二台湾医院"、"第三台湾医院"、"第四台湾医院"，当时医院已有内科、外科、小儿科、妇

李友邦与严秀峰的全家合照

产科、眼科、牙科、耳鼻喉科、皮肤科、痔科等，以低廉的收费服务一般民众，而军人与其家属及贫苦民众则一律免费。

在生产工作上，除了制造为军火所需的樟脑与樟脑油以外，因为抗战期间受敌方封锁，以致药品来源绝断，所以台湾义勇队利用国产材料制造医疗药品，解决抗战期间药品严重欠缺的问题。在巡回宣慰工作方面则由台湾少年团担任，此乃抗战期间全国最著名的儿童团体之一，其主要任务是以宣慰的方式激发前线士兵的士气与后方民众抗战的热忱。

此外，李友邦在抗战期间曾数次接受国际广播电台的邀请，向台湾岛上的同胞及日本人民作重要的广播，号召当时台湾岛上五百万台胞团结一致，共同为谋求台湾民族革命的大业而奋斗。

1943年，中、美、英三国在开罗举行的国际会议，议决"台湾归属中国，朝鲜独立"，台湾国际地位至此确立，台湾义勇队正式隶属于国民政府军事委员会政治部，并扩大编制为台湾

义勇总队，李友邦升任为中将总队长，下设四个支队，工作层面遍及前线、后方、敌后（伪组织）与沦陷区（台湾）四大领域，其声势的强大茁壮，已成为中国抗战的一支重要力量。

四、台湾光复与台湾义勇总队的解散

根据国际民族自决论与当时局势发展，复以李友邦个人在国内外的声誉与政治资源，众多人士一致公认李氏是台湾光复后最佳的领导人选。李友邦坚决反对"独立"，坚信台湾应返归祖国。抗战胜利前夕，李友邦提出"保卫祖国，建设台湾"的口号，把它作为建设三民主义新台湾的目标与蓝图。

李友邦认为中国经过封建军阀割据、列强侵蚀的时代，再经过长期国共内战，尤其是八年的长期抗战，中华民族与人民，在这样一个艰巨、艰难、艰苦的逆流困境中，仍能坚持屹立不摇，足见中华民族之伟大。李友邦坚决深信，抗战胜利后的中国，一定会强大，强大后的中国，对于亚洲国际秩序的重建以及促进世界和平都将有举足轻重的份量与巨大的影响，而台湾对中国而言，无论从国防、历史、经济、政治的观点论之，都深具重大的意义与价值。李友邦以坦荡的胸襟、高瞻远瞩的宏观态度，表达了一位政治家心存中国、热爱台湾的睿智抱负，却因此招忌国民党当局并受打压，其积极规划"建设新台湾"的企划案被搁置不理。抗战胜利前4个月，国民政府明知台湾义勇总队无隔宿之粮，却采取断粮断饷断绝生存的手段，逼迫台湾义勇总队难以存活。其遂采取自力更生的对策，从绝处中求取生存，幸赖龙岩当地民众的热烈协助，勉力渡过难关。

1945年9月3日，李友邦总队长派遣副总队长张士德，携带国旗一面，搭乘美国太平洋舰队司令柯克上将的飞机抵达台湾。这面象征收复台湾的国旗，于9月4日在台北宾馆冉冉升起。10月上旬，台湾义勇总队的先遣部队首抵台湾，负责维护全省的社会秩序，保管物资与台胞们的财产安全，重要的是扑灭了由日本帝国主义策动台湾御用绅士与流氓浪人的"台独"阴谋。

1945年12月，李友邦率领台湾义勇总队返台，来年2月却突然接收到国民政府当局发布解散台湾义勇总队的命令。没有任何的原委，也没有发给退伍证书或退休金，骤然间，台湾义勇总队，一支曾经为国家民族抛头颅、洒热血的革命队伍，顿时变成一支失业的队伍。当时许多同志拥挤在一起，暂时栖居在芦洲李宅，过着两餐稀饭一餐干饭果腹的日子。同年间，李友邦担任三民主义青年团中央直属支团部主任，回台之初极受民众热爱。

1952年，李友邦因"二·二八"事件被国民党当局杀害。

（李力群）

李子秀

李子秀（1922—1946），原名吕芳魁，台湾台北县板桥镇人。

1922年11月17日出生于一个小商人家庭。他有三个哥哥，排行第四。父亲是一位忠义刚直的爱国志士，为抵制日本殖民者不准学生读中文书、讲中国话的文化侵蚀，他专门为孩子们请了家庭教师，晚上学习中文。李子秀系统地了解了中华五千年的文明史和屈辱的近代史，熟悉了文天祥、岳飞、郑成功、林则徐等民族英雄的故事，懂得了中国的领土台湾，是日本帝国主义发动甲午战争强行霸占的。他目睹了日寇压迫台湾民众的事实，耳闻了日寇侵略中国大陆、蹂躏中国人民的罪恶行径，自幼树立了反抗日本帝国主义压迫、报效祖国的理想抱负。

1940年，中学毕业后，为寻求救国救民的真理，李子秀考入长春伪满建国大学，参加了建国大学学生地下进步组织"读书研究会"。通过组织活动和阅读《资本论研究》《大众哲学》《论持久战》等进

李子秀结婚照

步书籍，他更加坚定了为解放祖国而奋斗的决心。1942年春，李子秀与几个进步同学一起离校出走，拟投奔关内抗日根据地。行前，他们用鲜血写下了民族英雄文天祥的诗句："天地虽宽靡所容，长淮谁是主人翁。江南父老还相念，只欠一帆东海风。"以示决心，以壮行色。不料，他们的行动很快被发觉，刚到山海关就被学校抓了回去。

1943年冬，李子秀和许多建大同学被日军强征入伍，到日本陆军士官学校炮兵科学习。他怀着对日本军国主义的仇恨，苦学军事本领，以期将来杀敌报国。他以优异的成绩毕业后，被任命为炮兵少尉，驻于日本和歌山县。当时，太平洋战争已进入决战阶段，祖国大陆人民正进行着艰苦卓绝的抗日战争。李子秀对日军在中国大陆的种种暴行义愤填膺，但身处敌营，仇恨之心只能埋于胸中，不露声色。这种处境使他难以忍受，度日如年，渴望遇机投身祖国抗日斗争洪流之中。1945年5月，他与驻军于日本四国岛的建大同学游祯德密约，逃离虎口，投奔祖国。鉴于当时日本宪兵只盘查百姓和士兵，不盘查日本军官的情况，为了安全，他身着戎装，佩带军刀，借故逃离军营，机智勇敢地摆脱了日本宪兵的封锁和追捕，经日本大阪、九州，由下关轮渡上海，辗转到北平。他又经历了许多艰难，找到了思想进步的台湾同乡——北京大学医学院和理学院教授林耀堂和苏子蘅先生，迫切请求他们帮助寻找共产党，投奔解放区。经他们的热心引荐，李子秀与北京地下党取得了联系。1945年6月，他终于到达了晋察冀革命根据地。

李子秀到解放区后，唯一的要求就是参加八路军，上前线打敌人。他说："台湾虽然被迫与祖国分离了整整半个世纪，但是，台湾人民一刻也没有忘记祖国，追求解放与统一的斗争此起彼伏，从来没有停止过。"对这样的爱国青年，解放区当然欢迎，他的要求当即就得到批准。李子秀欣喜若狂，热泪盈眶。1945年8月，他在阜平县晋察冀军区司令部，参加了党政军民联合召开的庆祝抗日战争胜利的盛大集会，同全体与会同志一起欢呼祖国人民的伟大胜利。他向军区领导说："将来我们必定会建立一个新中国，一个包括故乡台湾在内的伟大的新中国。到那时，我一定要回到台湾参加和平建设。"

国民党军队向解放区大举进攻，国共内战爆发，使李子秀回台湾家乡的愿望破灭了。他参加了晋察冀军区刚刚组建的炮团，担任了军事教员，还下到连队，在火线现场指导、训练炮兵人才，被炮团军政委员会评为优秀军事教员。1945年底，李子秀从阜平来到张家口市炮兵团教导队任教官，负责为部队训练反坦克技术人才。他在1946年元旦期间，连续5个昼夜，编写了一套反坦克教材，还着手研究了各种反坦克雷的构造和性能。为提高教学质量，他常常清早练习国语，纠正闽南口语，对着镜子演练授课教案。

1946年2月13日，李子秀在赐儿山带学员做反坦克雷压力承受实验时，反坦克雷没能按常规爆炸，李子秀冒着危险去检查和排除故障，不料，反坦克雷突然爆炸，李子秀不幸牺牲，时年仅25岁。他建设新中国的壮志未酬，就献出了宝贵的生命。

（刘志增）

连 横

连横（1878—1936），字武公，号雅堂，又号剑花，中国国民党荣誉主席连战的祖父，近代台湾著名爱国历史学家、文学家、语言学家、诗人、作家、报社主笔。连横出生在具有民族传统的家族，幼年备受父辈的民族教育，正当青春激荡的时期，又遭受了外族的入侵，并长期遭受被殖民的凌辱。如此悲怆的经历，促使他坚定地走上文儒救亡，抵抗外族文化入侵，力挽民族精神和传统的道路。他深爱台湾，挚爱祖国。在日本帝国主义占领台湾后，以强烈的民族主义情怀，修史著书，用以抵抗外族强权与文化入侵，弘扬传播中华文化与民族精神。他的一生著述宏富。台湾省文献委员会为了纪念他对台湾文化的贡献，在 1992 年时，特意将其生前的著作，连同相关论著选辑，汇编成《台湾通史》《剑花室诗集》(含《大陆诗草》《宁南诗草》)、《台湾诗乘》《雅堂文集》《台湾语典》《雅言》《雅堂先生集外集》《台湾诗荟杂文钞》《雅堂先生家书》《台湾诗荟》月刊及《民国连雅堂先生横年谱》等 15 册的《连雅堂先生全集》。在他的众多作品中，连横生前最引以自豪的，也是为各界所普遍重视的，则是他以 10 年的时间，历尽艰辛，撰成的台湾第一部史书——《台湾通史》。

《台湾通史》是台湾有史以来第一部内容详整、体系完备的通史之作。他也因此而被誉为"台湾太史公"。他写《台湾通史》的目的，就是昭示后人，"台湾之人中国之人也，而又闽粤之族也"，"洪维我祖宗，渡大海，入荒陬，以拓殖斯土，为子孙万年之业者，其功伟矣"，它开创了台湾完整史书的里程碑。他的诗作，成为今日研究诗学之人涉猎的对象。《台湾语典》中对台湾语源考证的成果，在当时的台湾语言界备受关注，对于后世研究台湾语言也具有深远意义。

才华横溢的爱国文人

连横生于福建台湾府台湾县宁南坊马兵营（今台南市自南门路以西至新生路以东，是时台湾尚未建省，隶属福建管辖）；其祖籍为福建省漳州府龙溪县万松关马崎社二十七都（今属漳州市辖龙海市）。1895 年，中国在甲午战争中战败，清政府被迫将台湾割让给日本。台湾人民便以诗文言志，托物寓意，咏史寄托爱国主义的深情。18 岁的连横曾手写《少陵全集》，以抒家国凄凉之感。

1897 年，20 岁的连横负笈上海，入教会大学圣约翰攻读俄文。入学之时，将自己名字改为"连横"。连横一名，取自"合纵连横"，又有仿效壮士田横之义。他取字"武公"也有深意，他曾向家人解释说："孙中山先生名'孙文'，我连横便叫武公，一文一武，各在南北。"同年，连横奉母命弃学归台，不久便与 10 位诗友结成日据时期台湾岛上第一个诗社——浪吟诗社。浪吟诗社继承了历史上台湾诗人结社联咏的风气，开展诗钟——后来台湾称之为"击钵吟"、七律和七绝等各种诗体的创作活动，月必数会，会则赋诗。1906 年，连横又与友人一起结台南南社，后又参加台湾最具影响的诗社——栎社。连横一生的诗作近千首，主要结为四集。第一首推《大陆诗草》。

中华民国成立不久，连横回到大陆观光考察，并受聘清史馆，担任名誉协修，后来连横辞去北京清史馆工作，遨游于山川大河之中。1914年倦游而归台，仍居故里，将其在征途逆旅中所作之诗，编为一卷，起名为《大陆诗草》。连横还创办《诗荟》月刊。

日本殖民台湾后，一心想毁灭台湾的史迹文化，后来更大规模地推行日语，名为"国语运动"。连横深悟必须致力维护汉文台语于不坠，才能保留民族尊严、气节与历史文化。他利用报务、修史之余暇，浏览群籍，以考台语之源，编纂"台语辞源"。

《台湾通史》的修撰

连横一生著作甚丰，但生前出版的仅两种，《台湾通史》即其一。连横修撰台湾历史的愿望发端于他13岁那年。当时，其父连永昌有感于山雨欲来，似怀着未雨绸缪之思想，买了一部《台湾府志》送给他，并告诉他："汝为台湾人，不可不知台湾事。"1895年割台后，连横看到日本统治者为了泯灭台湾人民的民族意识，竭力弃毁台湾的历史文献，有意伪造虚假的历史愚弄当地民众，感于"国可灭而史不可灭"的古训，立下编写一部贯通台湾千年历程的信史的宏志。他网罗旧籍，博采遗闻，旁及西书，参以档案，穷十年之力而终告竣事。

1918年8月1日，《台湾通史》撰毕，全书凡88篇。内有4纪、24志、60列传，另有101表。连横在自序中点名撰写此书的真正目的是借古喻今，"古人有言，国可灭，而史不可灭"，以此来激励台湾同胞的抗日热情。欧洲汉学家加斯巴尔登（E Gaspardone）称许此书"为世所欢迎"，并认为："此书作者，为出生台湾之中国人，志在使台湾成为中国之台湾。"

《台湾通史》，从神话传记中的台湾写起。《台湾通史》著述旨趣，主要有以下几个方面：

首先，此书缅怀先人创业的艰辛，肯定了民族英雄郑成功驱逐荷兰殖民者，开拓台湾基业的历史功勋。根据《台湾通史》中《开辟纪》《建国记》《经营记》的记叙，台湾的历史可以说是中华民族在台湾的移民开拓史，尤其经历郑氏三代及清朝的统治经营，台湾的建设已初具规模，而清末建省，刘铭传的各种新政，也有许多值得彰树之处。这种史观，改变了以前台湾旧方志站在清朝统治者的立场，不再将郑成功视为"海寇"和"逆贼"，不但在"建国记"和"列传一"中专门记载了郑成功政权的人物事迹，而且在全书有关各卷中都不放过任何可颂扬郑氏在台开创基业之功的机会。

其次，宣扬了中华民族在抵御外族侵略斗争中不屈不挠的精神。连横在台湾沦为日本殖民地统治的前提下，在《台湾通史》中，公开打出保存民族传统、宣扬民族精神而修史的旗帜。在《台湾通史·自序》中说："夫史者，民族之精神而人群之龟鉴也。代之盛衰，俗之文野，政之得失，物之虚盈，均于是乎在。故凡文化之国，未有不重其史者。古人有言，国可灭，而史不可灭。……然则台湾无史，岂非台人之痛欤？……横不敏，昭告神明，发誓述作，兢兢业业，莫敢自遑。遂以十稔之间，撰成《台湾通史》。……洪维我祖宗，渡大海，入荒陬，以拓殖斯土，为子孙万年之业者，其功伟矣。追怀先德，眷顾前途，若涉深渊，弥自儆惕，乌乎念哉！凡我多士，及我友朋，惟仁惟孝，义勇奉公，以发扬种性，此则不佞之帜也。"连横所表达的这种民族性，就是台湾人民坚决反对强权迫害，抵抗异民族侵略，争取自由，争取发展，从而阐明维护中华民族自尊自强的精神。

第三，表达了抵抗日本殖民统治的思想。台湾割让给日本，对于连横一生都有很深的影响。他在《台湾通史·关征志》中，借揭露荷兰人的残暴统治而暗喻台湾。"荷人之有台湾也，肆其横暴，剪食我土地，侮虐我人民，剥夺我权利，而世之论者曰：'是殖民之策也。'乌乎，痛哉！"他以"弃地遗民"自居，"台湾固中国版图，一旦捐弃，遂成隔绝。横为桑梓之故，忍垢偷生，收拾坠绪，成书数种，次第刊行。亦欲为此弃地遗民，稍留未灭之文献耳。"他认为台湾所失者土地，所长存者精神，苟民族文化不灭，民族复兴即为可期。他有意将《台湾通史》卷4原题命名为"独立纪"，记叙清光绪二十一年初至是年九月间，台湾人民抗日的史事。连横取名"独立"二字，是依据"台湾独立国"的声明，严肃表明台湾乃是中国之台湾，日本不得无理侵占。

第四，重视人民群众在历史活动中的地位和作用。连横在《台湾通史·凡例》中提出："前人作史，多详礼、乐、兵、刑，而于民生之丰啬，民德之隆污，每置缺如。夫国以民为本，无民何以立国，故此书各志，自乡治以下尤多民事。"书中不但随处可见连横对先民艰难缔造台湾历史活动的颂扬，而且他对民间习俗、信仰和一些"小人物"的事迹也记载得十分详细。他对人民群众反对封建统治的斗争给予极大的同情与热情，这在当时的历史学家中是不多见的。他在《台湾通史》60篇传记中，有11篇是专门记载如林爽文、朱一贵等历史上的造反人物。

海峡两岸的书报业生涯

连横的正式职业是"新闻记者"，报刊是他宣扬思想，对抗日本文化侵略的一个最佳阵地。早在1899年时，他就被台南《台澎日报》聘为汉文部主笔，他利用这一条件，不断地在报纸上发表一些精粹的小文章，介绍台湾各地的山川、古迹、物产、风俗等，唤起人们的乡土之恋。这年是他报人生涯的开始。1900年，《台澎日报》与《新闻台湾》合并，改组为《台南新报》，连横仍然担任汉文部主笔。连横尽管有了一份安定的、收入不菲的工作，但毕竟是活在异族旗下，于是1902年8月，他赴闽参加经济特科乡试，据说因思想激进而落榜。他随后首度抵厦门，应英国牧师山雅古所聘，出任其创办的《鹭江报》主笔。据龚洁先生介绍，《鹭江报》发行最多时达4万余份，在全国各地和东南亚有32个代办处，是当时国内颇有影响的报纸，而且《鹭江报》吸引了不少人才，马约翰、卢戆章等中国近现代史上的名人都曾和连横有同事之谊。1903年底，在《鹭江报》工作一年多后，连横辞职返台。经过此行，他服膺了孙中山领导的同盟会纲领，将光复台湾的希望寄托在祖国的复兴上，开始参与推翻清朝的斗争。

1905年，同盟会加强了反清活动，国内政情也出现新的发展，连横在彼岸觉察到了这种变化，便携眷移居厦门，和友人黄乃棠、蔡佩香等共同创办《福建日日新报》，以激烈的言论宣传革命排满思想。

连横不仅担任报纸的主笔，顽强而有力地捍卫民族文化，同时还亲自开办出版社，借助书籍的传播来维护民族的传统。1927年，他与友人黄潘万，于台北合开一书店，店名即为"雅堂书局"。虽然"雅堂书局"经营的时间不长，但是其所显示的意义至大。

连横经营的出版事业，就是在1924年2月15日创办并主编的《台湾诗荟》月刊杂志，前后出版22册，名为诗荟，实备众体，按时间先后，为第二个台湾人创办的期刊（第一个是台湾人林幼春、林献堂等于1919年8月1日创办的《台湾文艺杂志》，发行达七年之久）。当时连横以文会友，时时向同胞灌输爱国思想，提倡祖国文学，以保存汉诗及整理古今遗著为主旨，为台湾重要文献之一，各界反应良好。虽然《台湾诗荟》前后存在不到两年的时间，但是它在宣扬传统文化、纠正诗界游戏之风方面做了许多有益的工作。

（李理）

连震东

连震东（1904—1986），字定一，台湾台南人。台湾著名历史学家连横之子，中国国民党荣誉主席连战的父亲。1929年毕业于日本庆应义塾大学，1931年前往大陆，在中国国民党元老张继提携下加入国民党。抗战爆发后，任国民党中央干训团上校教官、陆军军官学校西安少将总教官等职。

一

抗日战争后期，连震东由西安转往重庆出任国民党军事委员会国际问题研究所组长，并在台籍抗日复台团体"台湾革命同盟会"担任委员。在渝期间，连震东与广大台胞一道，积极投身于抗日活动，并多次撰文宣传台湾必须回归祖国的主张。

在此期间，针对当时美国《幸福》《时代》和《生活》三大杂志的发行人，《时代》公司战后问题研究组主任吉瑟甫氏（John K.Jessup）的《美国的战后设计》一文中所提及的"台湾地位未定论"、"台湾托管"和"公民投票"等谬论，连震东于1945年在福建战时省会永安出版的、中国国民党直属台湾党部编印的《台湾研究季刊》创刊号撰文《日寇占领前的台湾》指出："假使不顾台湾人的意志、权利、自由，而用国际共管，或委任统治等变态的割裂形式，硬使台湾与中国离分，即必遭台湾人强烈的反对！聪明的人类如果不愿再蹈第一次世界大战的覆辙，重演人类的悲剧，即不应忽略少数民族的自由、权利，而必须尊重大西洋宪章的精神。笔者写这一篇的目的，并不是为要主张战后台湾必须必返中国，或反驳任何不当的议论，因为战后台湾必须归复中国，是最自然的归结，本不须再加以讨论或主张的。"

连震东此文是对当时甚嚣尘上的"台湾地位未定"、"台湾托管"等谬论最直接有力的反击，强调台湾必须归属中国，也在一定程度上代表了当时在渝爱国台湾同胞渴望回归祖国的心声。

二

随着 1943 年《开罗宣言》的公布，中国政府将收复台湾的工作列入了议事日程。蒋介石命令组建国防最高委员会中央设计局台湾调查委员会。该委员会于 1944 年 4 月 17 日在重庆成立并召开了第一次会议，陈仪出任该会主任委员，此后陆续委任或者聘任诸如黄朝琴（台湾台南人）、连震东（台湾台南人）、刘启光（台湾嘉义人）等台胞担任该会专任或者兼任职务。

在渝一年多的时间里，连震东同上述渝台两地台胞一道，投身于抗日活动，大力宣传台湾回归祖国，并积极参与有关收复台湾的准备工作，为台湾光复做出了重要贡献。

1944 年 7 月 21 日，台湾调查委员会"邀请在渝台湾同志举行座谈会，讨论关于台湾各项问题"，连震东参加会议，并就接管后尊重台湾人民的生活方式等方面建言献策。

1945 年 10 月，连震东在《台湾人的政治理想和对做官的理念》一文中指出，台湾收复后必须有一个"维持现状"的过渡期，但同时又对可能出现的伤害台湾民众感情的制度安排保持了高度的警惕，不可不谓有着高度的政治敏锐。

1945 年 11 月，台湾行政长官公署派连震东为台北州接管委员会主任委员，该会随即正式接管原台北州军政事务。

（黄文涛）

廖进平

廖进平（1895—1947），台湾台中人，先祖世居福建省漳州府，清代渡海赴台，初居西螺，第十三世廖时聆自西螺迁居西大屯（今台中市），后落脚于葫芦墩。

廖进平的父亲廖干三是廖家第十五世。清季，廖家经由辛勤经营，业成地方大户，有百余名役丁子弟，于乡里颇具声望。自1887  年始，历经刘铭传、邵友濂、唐景崧三任巡抚，廖干三均任葫芦墩总理。1895年日人侵台，廖干三时年42岁，罹沧桑之变，日据5年后（1900）方就任台中厅葫芦墩区长。

廖进平，生于葫芦墩拣东堡大社庄（今台中县神冈乡大社村），1904年（8岁）入葫芦墩公学校，1910年（14岁）以第一名成绩毕业，1911年入"日本台湾总督府"农事试验所（台中农专前身），1912年娶东势角（今东势镇）客家大地主刘炳桂三女刘迈。

廖进平幼承父亲熏陶，深具民族意识。1913年孙中山先生赴台之行，廖干三联系台湾士绅募款6万元，由其子廖进平（17

岁）转致。虽然廖干三富甲地方，6万元在当时算是一笔巨款，体现在日本殖民高压统治的氛围下，廖干三及台湾士绅诸君甘冒政治风险，掷金资助孙中山，表达台湾同胞渴望内地中兴的祖国情怀。孙中山为表感激之情，特以威士忌酒一瓶相赠，廖家视为镇家之宝。

1919年4月，廖进平于早稻田大学文学科修业。1920年8月参加日本全国美术博览会出品藤制旅行手提靯获功一等金赏牌（冠军），10月1日当选台中州丰原郡神冈庄议会议员，11月赴日考察三星期。

1921年8月15日，廖进平当选日本同仁会丰原郡评议员兼任丰原支部长，同年10月加入蒋渭水策划成立具强烈祖国色彩的"台湾文化协会"，"日本台湾总督府"抨击该会是"怀慕中国之情甚高，与中国人日益亲善，期待国权回复"。后为方便参与社会活动，廖进平于1925年迁至台北，投资"台湾物产罐头会社"，任取缔役（董事）。

斯时，"台湾文化协会"内部主要隐伏三派，一为以连温卿、王敏川为首，奉行民族自决或共产主义或无政府主义的激进派。二为蒋渭水领导，受中国革命影响而有强烈民族主义倾向的祖国派。三为蔡培火为代表，致力于改良统治的合法民族运动派。惟由于总理林献堂在文化协会内的威望，各派尚暂能合作，但连温卿与蒋渭水两派日渐压迫蔡培火派，"文协"内部终于分裂。"文协"旧干部蔡培火、蒋渭水等出走成立"台湾民众党"。

1927年6月17日，蔡培火、蒋渭水、邱德金、谢春木、庄垂胜、叶荣钟、廖进平、陈炘等人在台中市荣町"东华台产株式会社"召开"台湾民众党"创立协议会，通过《台湾民众党创立案》。7月10日，蒋渭水等人在台中市新富町聚英楼成立"台湾民众党"；1928年3月5日，民众党系"丰原总工友会"成立，团员120人，廖进平于5月1日被聘为该会顾问。

1928年10月7日，"台湾民众党"召开中央委员会，通过

《政治经济劳农各委员会章程》，决定设立政治、经济、劳农三个委员会，廖进平被选为劳农委员（主任为谢春木）；1929年1月10日，民众党召开"中央执行委员会"，议决通过陈其昌、谢春木、黄周、黄旺成、邱明山、邱德金和廖进平为常务委员；1930年2月11日，廖进平被聘为"台湾工友总联盟"顾问，3月11日夜被丰原郡警察课刑警逮捕，遭灌水拷问刑成重伤，入台北谷口医院治疗15天。

1930年10月27日，台湾爆发雾社重大武装抗日事件，全台震惊。12月8日，针对"雾社事件"，蒋渭水、谢春木、许胡、廖进平等会商"雾社事件"责任者之处置，代表"台湾民众党"致电拓务大臣、贵族院议长和日本内阁总理，要求撤换台湾总督、警务局长、台中州知事等应负责任者。

1931年2月18日，"台湾民众党"在党部召开"第四届党员大会"，共有党员172名出席。是日警方当场宣布取缔该党，并逮捕蒋渭水、陈其昌、许胡、卢丙丁、梁加升、廖进平、李友三、黄白成枝、张晴川、杨庆珍、蔡少庭、陈天顺、黄江莲、杨元丁、黄传福、林水木等16人；2月23日，蒋渭水、谢春木、陈其昌、许胡、廖进平、张晴川及李友三等主要干部发表抗议的《共同声明书》。是年8月5日，蒋渭水因病逝世于台北。

民众党遭解散后，因林献堂先生之招聘，廖进平于1932年回台中任《台湾新民报》台中支局编辑，翌年调任该报总社社会部记者，1936年调升社务委员；1937年7月7日卢沟桥事变后，中日爆发全面战争。此时，日本殖民统治台湾已经四十年，台湾仍处于相当中国化的社会，台湾人在感性的认同上，不但未视中国大陆为敌国，反而视中国大陆为祖国。因此，日本殖民当局乃以激烈手段，铺天盖地地对台湾人实行国族认同日本化的"皇民化运动"，台湾非武装抗日政治活动遭强力压制而沉寂。

日本投降后的1945年9月11日，廖进平迎接张士德上校（原名张克敏、台中大甲人）、厦门市黄市长及士兵等首批百余名返台人士；斯时，蒋渭川集结日据时期同志筹组"民众党"，1946年1月改成"台湾民众协会"，4月7日再改名为"台湾省政治建设协会"，廖进平任常务理事兼宣传部长。后在"二·二八"事件中不幸遇难。

（戚嘉林）

廖喜郎

廖喜郎（1906—？），台湾苗栗人，祖籍广东大埔，生于1906年，13岁毕业于苗栗公学，升入台湾师范学校。平素酷爱祖国，笃信孙中山先生及三民主义，痛恨日本军阀的专横霸道。在学校如遇本省同学受日籍学生欺凌，必与之据理力争，得不到公正待遇便率领同学罢课抗议。与日警冲突惨遭殴打，廖喜郎仍不气馁，更加揭露日寇的暴行。1922年廖喜郎即将毕业之际，又发生了全校抗日总罢课，日本人于是勒令廖喜郎退学。

廖喜郎退学后，即加入反日组织台湾中华文化协会，环岛宣扬日阀暴政，激发同胞爱国心，以光复台湾为己任，以至其三度被捕入狱，而且日本人派出其鹰犬尾随廖喜郎，意图迫害，于是廖喜郎决心离开台湾返回祖国，入黄埔军校第四期，希望从军来完成光复台湾的大志。

廖喜郎在黄埔结业后即参加北伐，累积战功升任至少校参谋，但因感念台湾数百万同胞仍受日本奴役，寝食难安，于是请命返台活动，联络革命同志，图谋光复，后又被迫离台返国。

1928年，北伐军统一全国，两广被日寇蛊惑暗中反叛中央，当时的国民政府派廖喜郎为两广联络参谋，用台人被日本人压迫的真相劝告两广政要，希望他们有所觉悟。

（台湾省文献委员会编印的《台湾抗日忠烈录》第一辑）

173

林朝栋

林朝栋（1851—1904），又名松，字荫堂，号又密，雾峰林家第六代。他是雾峰林家能在发展中挫后再起的重要人物。

台中雾峰林家是台湾第一豪族，其始迁祖林石是福建漳州人，在家乡困苦务农，于1746年与人结伙渡海赴台打拼，努力在彰化这块土地开拓，数年后资财日增。并且将祖坟改葬于阿罩雾（今台湾雾峰），正式生根于台湾。

林朝栋之父林文察曾率领200名乡勇随同官军征讨闽南小刀会，与小刀会奋战于基隆，立功而获六品顶戴，并捐献家财助饷。他因与太平天国作战有功，被擢为福建陆路提督。后林文察率台勇500名，再次内渡助剿太平天国，战死万松关。死后被赠太子少保，赏骑都尉世职。

林朝栋乃林文察之长子，因为受到其父之影响，自幼好读孙子兵法，韬略兵书，好练武，甚至不小心伤到眼睛，仅剩一眼能视物，因此有"目仔少爷"的称号。林文察成仁后，袭世职骑都尉。

林朝栋急公好义，当仁不让，自募壮丁100名协助施工，且用什五之法统御工人，受到福建巡抚岑毓英赏识。1884年中法之役时，岑毓英还以林朝栋知兵，特地推荐给督办台湾事务的刘铭传。

在历时一年的台湾保卫战后，林朝栋因抗法有功，得到生平第一次军功，也使他所率领的礼字营声名远播。林朝栋在追随刘铭传抗法之后，继续在其麾下办理垦务、征伐平乱。

在协助刘铭传治理台湾的过程中，刘铭传为了回报林朝栋的支持，也给予了雾峰林家事业上的特许，借着抚番事业，不仅开拓山林樟脑资源，也增加更多可耕作的土地，雾峰林家顺势成长，成为台湾仅次于板桥林家的巨富。

林朝栋因为平定施九缎之乱，而被赐穿黄马褂，有清一代，以道员而获恩赏穿黄马褂的，仅林朝栋一人而已，因此闻者以为异数。林朝栋声望达到巅峰。

林朝栋之所以能够在当时的台湾，成就许多轰轰烈烈的事业，其所率领的栋字等营应是最重要的原因之一。

栋字营的前身是抗法时所募之礼字营，到了1892年已经发展到10个营。1894年8月，当时的台湾巡抚邵友濂为了加强台湾防务，调林朝栋率其部四营土勇驻守基隆狮球岭炮台，也就是中法战争时林朝栋曾经作战过的地区。1895年中日《马关条约》签订，台湾正式割让给日本，而这时候林朝栋却为当时驻守基隆海口的提督张兆连猜忌，进言给巡抚唐景崧，乃调林朝栋率所部撤回台中增防，以新募广勇四营代守狮球岭。

是年4月，为了保住台湾，官民合议成立台湾民主国，推举唐景崧为总统。但是5月初六李鸿章之子李经方与日本台湾总督桦山资纪，在船上草草完成交接台湾的手续。日舰即至澳底登陆，11日张兆连遁逃台北，基隆陷落。俞明震逃回台北报告唐景崧，并请唐景崧派人守住八堵，但是派往驻守八堵的黄义德，得知基隆被攻下，居然立刻逃跑回台北，并狡言"狮球岭已失，大雨不能驻营；且倭悬60万金购总统头，故乘火车驰归防内乱。"唐景崧虽知其欺罔，不敢诘问。是夜，黄义德部强索银饷，军队大哗，台北城一片混乱，到处是乱兵与民勇相戮。是日，台北省城粤勇焚署内乱，唐景崧急电林朝栋与中部各营来援，可惜根本来不及。唐景崧 14 日内渡厦门，15 日，日军入台北城。

1895 年之役导致台北陷落的原因，实可归于唐景崧调林朝栋所部南守中路，以新募之粤勇代守狮球岭的失策。若有林朝栋在，日军攻进台北城的过程绝对不容易，必能拖延更多时间，日军也会受到更多的伤亡，藉此给中南部更多部署的时间，争取内外更多的支持。可惜当林朝栋接到消息，并且整军前往北部支援时，19 日在新竹后垄却得知日军打到桃园、唐景崧内渡的消息，林朝栋深知事不可为，即返回彰化发放军饷，宣布解散栋军，不久内渡。但是仍旧有若干栋字营参加抗日保台的战斗。一直到 7 月，在苗栗、台中、彰化留下许多英勇牺牲的事迹，阻止日军的快速推进，可惜终究寡不敌众。到 9 月南部刘永福的黑旗军也败亡了，日军进入台南城。

林朝栋之所以选择内渡，首先是因为清廷在光绪二十一年四月二十六日有旨："署台湾巡抚唐景崧着即开缺，来京陛见。所有文武大小各员，着即陆续内渡。"其次是为了保全家族，避免因为强力抵抗而遭到日军的报复。林文察所创家族事业的巅峰，被景仰着他的林朝栋，承继并再攀高峰，身为族长，对于家族有着无法抛弃的责任感，因此当他做出这个决定，内心极为煎熬，在家国责任之间拉扯纠结着。但仍旧不被谅解，受到许多台籍知识菁英指责，这也许就是他抑郁而终的原因。

1904 年 6 月 13 日，林朝栋因心力交瘁，逝世于上海。

（杨家鑫）

林朝崧

　　林朝崧（1875—1915），字俊堂，号痴仙，自号无闷道人。雾峰林家下厝二房建威将军林文明少子，栋军统领林朝栋之从兄弟。少年时才华出众，邻里无人不赞佩他的诗文，19岁中秀才。清廷割台时，他奉母命避走福建泉州，后又到大陆桐城，继而随林朝栋转往上海，之后遍游名山大川，又因忧国忧民，故自此诗思大变，诗句更益发雄壮澎湃。返台后召各地文士，1902年与其侄林幼春、赖绍尧及傅鹤亭等人倡设栎社，集诸同好，互为唱酬，为日据时期台湾最重要的诗社之一，一时风靡中台。又应从兄弟纪堂、烈堂、献堂之请，发动地方士绅创设"台中中学"，并亲自撰写《筹设中学启》《中学校募集序》二文。梁启超赴台之时，林痴仙与梁启超在"莱园"相互事咏诗文，对林痴仙遂产生重大影响，致使林痴仙后来积极投入到民族运动。1914年板垣退助赴台创立同化会之时，林痴仙也积极参与其中。林痴仙为典型的遗民型诗人，其诗婉约凄怆，感怀家国，常难自已。1915年10月7日，他抑郁以终，享年仅41岁。台湾史学家连横痛心地说："痴仙一死，全台诗人无不洒泪者，以诗界从此寂寞也！"林痴仙著有《无闷草堂诗存》五卷附《诗余》一卷，系其友栎社社员傅锡祺、陈怀澄等辑其遗作，于1932年3月由鹿港信昌社刊行者。此外又有《台湾文艺丛志》（月刊）所刊之《无闷草堂诗钞》五卷，亦附《诗余》一卷。

（李理）

林 达

林达（生卒年不详），台湾云林人，农民。日本人占据台湾数年后，台湾人仍有采取游击战抗日的志士。1898年，林达在云林大坑乡草领村会集刘阵、庄秀、杨丁、庄大头、洪进、庄义及庄琴等八十余义士，占据草领村石壁山，经常出没于竹山和斗六两郡，袭击日警及日方巡查指挥官、警部补等，以阻碍其横行，达到了遏制日本人嚣张气焰的目的。

（赵国辉）

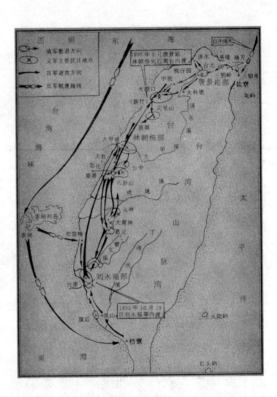

台湾军民抗日经过示意图

林呈禄

林呈禄（1886—1968），出生于台湾新竹县桃仔园大园庄（现今桃园），笔名慈舟。1905年考取总督府国语学校。毕业后，历任台湾银行雇员、台北地方法院雇员、台北地方法院书记官、湖南省立统计讲习所教员。1910年荣登日本普通文官考试榜首，并在讲习后拥有书记官的资格。1914年，进入明治大学法政科，同年7月，进入高等研究所。其后1918年创立"六三法撤废期成同盟会"，参加声应会。1920年参加新民会。1921年任台湾文化协会理事，成为台湾议会设置请愿运动的核心人物。

林呈禄的政治思想有追求立宪政治的特质。他的主张为：垂直分权、水平分权、民意政治。这一正义的人道思想，也影响林呈禄推动民族运动的目标。林呈禄强调台湾应顺应世界潮流，方能达成长治久安。至于台湾当时在推动台湾民族运动之前，最重要的工作是提升台湾人民的精神内涵。因此，林呈禄认为可从以下各方面努力，包括培养自强的精神、奋斗的精神，摒除陋习，吸收新文明，除去民族间的憎恶，涵养奉公的精神。

林呈禄正义人道思想的主张之一是台湾早日实施地方自治制度。反对民族差别待遇。

林呈禄认为台湾的行政权与立法权交给日本殖民当局是不适当的。台湾人民希望能和住在台湾的日本人、原住民共同组成台湾议会，议决政事，并且能获得台湾特别事项的立法与预算的权利。为达到上述的目的，因此必须推动台湾议会设置请愿运动。

1921年1月30日，以林献堂为代表的台湾知识分子向日本帝国议会的贵族院与众议院提出请愿书。林呈禄担任了请愿书的起草工作。1923年2月22日，请愿代表向日本国会提出请愿书后返台。1923年12月16日，日本殖民当局以违反治安警察法为理由，逮捕了与期成同盟会相关的人物。林呈禄也是在此情形下被捕。

从1924年7月25日起到8月7日止，在台北地方法院举行了8次公判庭。8月18日一审判定无罪；1924年10月15日又展开第二审。10月29日宣判林呈禄、陈逢源、林幼春等3个月监禁。蒋渭水、蔡培火等5位判刑4个月定案。1924年9月1日，林呈禄写下《正义和权力》文，力陈正义必成之决心。

林呈禄从1920年就一直从事有关杂志的相关工作，首先是《台湾青年》。《台湾青年》是由新民会创办，新民会是由东京台湾知识分子所组成的团体。这份杂志由日文和汉文两个部分组成。重在真实具体反映台湾的现状并提出建议。1922年4月，《台湾青年》改名《台湾》。在3年内总计出版了19期，之后因财政因素而陷于经营困难。但是林呈禄仍然想持续努力经营，担任《台湾》杂志的总编辑。黄朝琴与黄呈聪对于出版杂志十分热心，刘明朝又将此刊物取名为《台湾民报》。1923年4月15日，发行的《台湾民报》是台湾首次的白话文杂志。林呈禄以慈舟的笔名写下《创刊词》，强调人道正义的必要性。

"但若从里面看起来，我们同胞的经济很不好了，负担又再加重，虽是勤俭粒积的百姓，也恐怕入不敷出了。老者不能教，幼者无可学，虽是堂堂的黄帝子孙，也恐怕与蛮人无大异了。欧洲战后，思潮大变，世界上人人都晓得求自由平等，唱人道正义，我们岛内同胞，若沉醉不醒，深迷不悟，也恐怕将无颜可以见世界上的文明人了。"

其后，王敏川成为台湾分社的负责人，林呈禄则担任主笔；1926 年 7 月 16 日《台湾民报》获准在台湾印制。1930 年 3 月 29 日，《台湾民报》改名为《台湾新民报》。林呈禄任董事兼编辑及印刷。1934 年发行晚报，发行 50000 份。1937 年 6 月 1 日，皇民化运动之后，台湾的报纸全部改以日文书写，就再也无法看到以中文著作之刊物。1941 年 2 月 10 日之后，《台湾新民报》又改为《兴南新闻》。林呈禄仍担任此报刊之工作。1944 年，日本殖民当局将台湾重要六大报刊合并，改称《台湾新报》。

林呈禄始终要求提升台湾人民的政治权利，台湾议会设置请愿运动虽然失败，林呈禄仍然在报纸的领域中维护台湾人民的利益。林呈禄改良主义的正义人道思想，主张在合法的范围内保护台湾人民权利的思想，是台湾人民优良品格教育的具体表现。

1946 年，林呈禄退出报业，创立东方出版社。林呈禄在 26 年的民族运动中，坚持从事民族新闻发行的工作，唤起民族意识，以正义公理待人处世，成为台湾先贤的典范人物。被誉为"台湾法律改革制度的先驱者"和"一生忠义的抗日运动的理论家"，在台湾史上具有重要的历史地位。

林呈禄于 1968 年去世，享年 83 岁。

（黄颂显）

林大北

　　林大北（？—1895），台湾宜兰人，爱国志士，晚清抗日将领。

　　1895年之役，各地义民风起云涌。宜兰一带，以林大北与林李成为首。1895年旧历11月16日，即公历除夕日，乘日军南下，台北空虚，相约进攻台北城。林大北首先发难于顶双溪，克瑞芳，相继下罗东、头围、礁溪等地，遂困宜兰。日援军登陆苏澳，抵礁溪，大北与战，不胜，遂被执，慨然赴死。义军战死者二百余人，株连平民数百户，遭难者达三千余人。

（赵国辉）

1896年，林大北等率抗日义军进攻台北，杀死日本官兵35人。图为日本侵略者为毙命日军所立之碑

林火旺

　　林火旺（？—1900），台湾宜兰人。日本据台后，他在宜兰领导抗日运动。1898年受"日本台湾总督府"的招降，他带领300余名部属下山归顺。7月28日，在礁溪公园举行归顺典礼后，接受日方的补助金，成为修建桥梁、道路的小包商。后来因不满日商欺诈行为，在警察与其部下冲突时，庇护自己的部下，因此遭到警察通缉。林火旺再度带领手下上山，据守宜兰山区，最后因告密被捕，1900年3月22日被杀害。

（赵国辉）

林阶堂

　　林阶堂（1884—1954），讳大森，名朝华，字阶堂，也作楷堂。台湾雾峰人，林家下厝林文钦之次子，著名民族运动领导者林献堂之弟。1923—1930年任雾峰庄长。他创办东华名产株式会社，又任大东信托董事、台湾民报社顾问、三五兴产有限公司社长、大安产业株式会社董事、五郎合资会社代表者等职，家产巨万，是林献堂早期民族运动事业重要的支持者之一。1954年病故。

（赵国辉）

"日本殖民总督"佐久间到中部访问时，于阿罩雾与林氏族人的合照，中坐者即佐久间，右四为林阶堂

林崑冈

林崑冈（1832—1895），号碧玉，台湾台南县人，出身武秀才。1895年8月，日将伏见指挥的一军侵入台南，用反间计扰乱人心。8月26日，有人在沤汪庙口（即文衡殿前）竖立一支连头带尾的青竹，中挂白布一幅，上写"大日本帝国顺良民"八个大字以示投顺之意，27日，林崑冈见此盛怒，立即将青竹拔起将白布撕毁，并声言愿倾家荡产抗敌到底，于是邀集邻近诸庄的民众参加到抗敌的行列。三天之内，由各庄携械带粮前来加入义军的壮丁已达数千人之多。

林崑冈裹白袜穿草鞋，在大庭中设香案，跪告天地曰："假使日本的天年到了，我林崑冈将中头门铳，以免多杀同胞！"誓毕，即命击鼓进军，鼓声当当，军心为之大振。统帅又命前锋直进竹篙山（即现在的学甲乡），竹篙山为义民的阵地，义军在此以急水溪为界，与渡子头（即现在的北门乡）的日军相对峙，双方相持数日不下。

一日，日军见林崑冈引领大军突来反攻，即以包围战术攻竹篙山。当时，台湾的民众还不太了解阵地战法，见日军展开阵势而不战，竟然说是"番仔直目"，其意是说日本人只知道直行不交阵。当时，林崑冈手持指挥刀，屹立于山顶高地，催击战鼓，鼓声震天，队伍士气大振。但顷刻间枪声大作，林崑冈的右膝关节被子弹击中，其部属欲扶其撤退，但林崑冈坚决不从，他命令下属先撤退，自己最后毅然决然举刀自尽，壮烈牺牲，时年64岁。

此一役因义军缺乏训练与组织，终被日军所败，大多数的民众死于日军的枪林弹雨之下。日军继续南下，沿途焚毁村庄。9月3日，日军抵达萧垅社。当时社内竹林茂盛，宅沟深长，附近庄民前来避难的有数千人，都以棉被盖身假睡，而且有人还砍了竹子横在路上。这使日本人误以为此地是要塞，便开始大屠杀，妇孺皆不放过，竹沟变成了血池，惨不忍睹。当时日本人由下营（即现在的佳里镇）进入萧垅社时，有一林姓庄民身穿护甲衣，杀死一日军，取其首级欲献给刘永福将军；日本人大怒，并且迁怒于附近百姓，展开了新一轮的大屠杀。事后下营人前来收尸，尸体竟然装了18牛车之多。这就是萧垅社大屠杀。

（赵国辉）

林李成

林李成(？—1899)，字笑溪，台湾淡水县三貂堡远望坑人。少时受教于双溪进士连日春、贡生庄逸书，后为三貂堡的生员。成年后于金瓜采金矿，小有资产。台湾割让日本以后，因矿权纠纷，仇家向日本宪兵诬告，林李成被迫起而抗日。1895年底，林李成和林大北等袭击宪兵守备队；次年元旦，又与陈秋菊、简大狮等围攻台北城。1897年5月，林李成再次与陈秋菊、詹振等人联合，围攻台北城，但惨遭失败。1899年被日本警察杀害。

（赵国辉）

林茂生

林茂生（1887—1947），台湾台南市人。自幼聪颖好学。其父林燕臣为基督长老教会汉文教师。自幼受洗入教，后进入长老教会中学，接受西式教育，学习英文，能弹钢琴、风琴。1910年教会保送其赴日读书，入京都第三高校文科。毕业后，顺利考入东京帝大文科，改读东洋哲学。1916年毕业，获文学士学位。返台后任教台南商业专门学校。

1921年台湾文化协会成立，林茂生当即加入并被举为评议员。"文协"随后在台南地区以基督教青年会名义举办讲习会，请其担任讲师，每周六讲解西洋历史，共9次。当时日本便衣刑警经常混杂于群众之中暗中监视，而林茂生全无所惧。此后又连续三年在雾峰林家举办夏季学校讲习，讲授伦理哲学及西洋文明史。1927年，被"日本台湾总督府"与日本文部省遴选为"在外研究员"，派赴美国哥伦比亚大学深造。他攻读哲学，投入杜威（John Deway，1859—1952）与门罗（Paul Monroe，1969—1947）教授门下。翌年4月，获颁硕士学位；又一年半后，即以《日本统治下的台湾公民教育》论文获哲学博士学位。1931年返台，受聘为台南高等工业学校（成功大学前身）教授。其学养誉望日隆，日本殖民当局虽表面尊崇，而实深忌之。台湾光复后，受罗宗洛校长之邀，曾任台湾大学哲学系教授，兼校务委员与先修班主任。10月，《民报》创刊，出任社长，与官办之《台湾新生报》分庭抗礼。翌年"二·二八"事件发生，受到牵连，于3月11日被带走，从此下落不明。林茂生学识才华，可谓近代台湾知识界之翘楚，在日本殖民统治下，横遭压迫排挤而不得出头；而台湾光复后，却惨遭横祸，不禁令人扼腕。

（赵国辉）

林木顺

　　林木顺（1904—？），台湾南投草屯人。1922 年就读台北师范学校，1924 年与李友邦等同学袭击台北新起街派出所，被勒令退学。后与李友邦前往上海，行前在草屯认识谢雪红。两人到上海后同居。1925 年底两人到莫斯科读书，林木顺读孙逸仙大学。1927 年回到上海，与中共党员翁泽生联络，筹组台湾共产党。1928 年 2 月建党。8 月前往东京，携带《农民问题对策》一文。此文被带回台湾，在"农民组合"大会中发表，确立工人运动优先，农民运动为辅的立场，并对"新文协"的连温卿发起攻击。此事造成"农民组合"左倾，成为台共的外围组织。1931 年"上海台湾反帝同盟"有成员被捕，直至 1933 年翁泽生被捕为止，上海的台湾左翼人士几无幸免，林木顺逃脱，但此后即无音信，据说他在瑞金阵亡。

（赵国辉）

台湾共产党谢雪红（前排右二）、林木顺（后排右一）赴莫斯科留学前（1925 年上海）

林日高

林日高（1904—1955），笔名大汉，台湾台北板桥人。

1922年毕业于台北商工学校，认同共产主义，立志改变社会不公平。1925年，林日高前往福建厦门，参与船员工会及人力车工会，之后加入中国共产党。1926年，林日高因父丧回到台湾，1928年4月，至上海参与台湾共产党建党，被选为台湾共产党中央委员，11月任组织部长。林日高与谢雪红、庄春火等之后于台湾成立中央党部，化名林大汉，以《新高新报》记者之名展开扩大台共活动。1930年，林日高奉谢雪红命前往上海，与翁泽生接触，要求联络中国共产党或第三国际远东局，但不为翁泽生等人接受，便回到台湾。林日高由于厌恶党内的派系内斗，宣布退出台湾共产党，台湾共产党亦给予除名处分。1931年9月4日，林日高由于参与共产党活动被检举，被判处有期徒刑6年。1937年出狱后，至宜兰太平山经营樟脑生意。

1945年，台湾光复后，林日高曾担任台湾水利会海山分会主任委员，并于1946年当选台湾省参议会议员。1947年，林日高由于参与"二·二八"事件遭军警拘押，由李友邦保释。1948年9月当选第一届台北县板桥镇镇长。1949年12月，出任台湾省政府委员，1950年当选台北县农会理事长。

1954年12月，林日高被控1949年曾与中共台湾省工委会所领导的外围组织"民主革命联盟"有所联系而遭逮捕，并于1955年9月17日被杀害。

（赵国辉）

林少猫

林少猫（？—1902），原名苗生，号义成，少猫（又"小猫"）是他在抗日义军转入地下后的诨号。林少猫世居台湾阿猴（屏东）东门城外，经营一家名叫"金长美号"的碾米厂。1895年，《马关条约》割台，台湾官民"义不臣倭"，建"台湾民主国"，誓死抵抗日本的武装割占，由刘永福镇守台南。林少猫登高一呼，集合地方子弟数百人投入黑旗军麾下，转战于中南部彰化、云林、嘉义一带。他骁勇善战，身先士卒，屡次负伤而不退，重创日军，立下不少战功。

"台湾民主国"败亡，刘永福力竭西渡，林少猫率部继续抗日行动，与台北简大狮、云林柯铁虎"不约而同各建旗鼓"，时人同誉之为抗日"三猛"。

当时，抗日运动转入地下，为筹措财源并掩护抗日活动，林少猫遂返回故乡继续经营碾米厂，兼做鱼、肉生意。由于林少猫原本是阿猴绅商，有相当的社会势力，并对屯驻在当地的日本宪兵极力笼络，所以他暗中的抗日密谋与活动，不仅没有引起日方的怀疑，相反还渐渐得到日本宪兵对他的信任。

1896年9月21日，义军首领郑吉生率部数百人大举袭击阿猴街宪兵屯所，用汽油将宪兵屯所焚毁。当时义军便以林少猫的家为起事活动基地，"不但数百土匪（日方对义军的诬称）的粮食都由林少猫所供给，袭击宪兵屯所的全盘计划也都出自于林少猫的心思"。

身份暴露后，林少猫被迫离开阿猴，被推举为南部义军的首领，率部转战于凤山、阿猴、潮州庄、下淡水等地，坚持抗日。日军虽百般搜捕，数度调兵"讨伐"，但由于林少猫足智多谋、机敏过人，深隐善藏、神出鬼没，终无所获。

1897年4月25日，林少猫率三百余人袭击潮州宪兵屯所。民间盛传林少猫联络各路义军，将于5月2日全台大举起事。日本殖民当局惊恐万状，全面戒备，惶惶不可终日，急调遣警备舰"海门号"巡弋高屏沿海，以资弹压，以致造成舰毁人亡。

5月8日，林少猫又率部袭击凤山、阿猴的日本交通宪兵。他的一位近侍不幸战死，日军从其身上搜获"阿猴街金长美信记"、"林义成"和"管带福营中军左营关防"三颗印信，展开调查之后，日方才首次解开林少猫的出身与身份之谜。

鉴于日本殖民当局掌握了林少猫的背景材料及其支持者和活动线索，这显然对义军的抗日活动十分不利；再加上抗日已届两年时间，义军在弹药、粮饷等各个方面消耗极大，亟需寻求外来的援助补充。于是林少猫于同年6月西渡祖国大陆，并得到大陆同胞的热情资助，于8月返回台湾。据日方档案记述，在此期间，林少猫的部下郑乃吹等人常出没于沿海地带，"指挥对岸运输武器弹药"。由此，林少猫所率义军得以进一步扩大。据日本宪兵队史记载说：凡响应林少猫的义军，"与金二两，月俸银十两"，可见其与抗日正规军无异。

林少猫自大陆返台后，义军抗日活动更加活跃，而日本殖民者则除了极力围杀义军之外，更广泛株连、滥杀无辜，企图以此残暴手段迫使百姓不敢参加或掩护义军。但由于林少猫义军以民族大义为号召，军纪严明，许多百姓和富绅都不顾身家性命在暗中支持、掩护他，供给义军粮饷、营地。例如溪洲庄的大地主杨实即与林少猫"互为表里"，不但捐赠大量资财供林少猫从事抗日活动，甚至将义女蔡鹅许给林少猫为侍妾，协助林少猫抗日。

1898 年，台湾第四任总督儿玉源太郎上任。儿玉是日本陆军的实力派人物，上任伊始，他就气势汹汹地扬言要在其任内将台湾的抗日势力消灭。于是儿玉采取强硬手段，对各路义军实行空前规模的所谓"大讨伐"，残害志士、滥杀无辜，造成轰动国际的"阿公店事件"。

为反击日军的"讨伐"，为死难同胞报仇，1898 年 12 月 27 日，林少猫联合闽南人、客家人和原住民部落，由各庄庄长、耆老亲自率领数千之众，向盘踞在潮州庄的日本殖民者发动了自日据以来最大规模的抗日行动。

此次攻击行动计划十分周密。12 月 27 日，首先由林少猫及黄文星（今高雄县美浓望族）率部三百余人攻打阿猴宪兵屯所，以吸引日军的注意力。但因有台奸事先向日人密告，攻击 3 小时而未能得手，义军伤亡二十余人后被迫退去。28 日，潮州之役打响，由万峦庄长林天福（今屏东县方峦乡四沟水望族）任总指挥，由林少猫主攻北门、林天福主攻东门、刘安记主攻西门、吴老漏主攻南门。拂晓时分，各路人马共千余人一齐向潮州庄发动总攻。经激烈战斗，潮州庄办务署长濑户和巡查后藤等日本官员被悉数歼灭。日方急调各地军警驰援，并遣军舰"葛城号"和陆战队前往助战。各路义军遂分头痛击来援的日军，血战三日后始退。是役日方称之为"潮州事件"。

"潮州事件"后，林少猫等义军转入山区，继续与日军周旋，日本殖民当局则实施更加残忍的"大讨伐"。据日本"日本台湾总督府"《警察沿革志》记载，自 1898 年底至 1899 年 3 月间，两次"大讨伐"，高屏地区百姓被日军屠杀的多达 2053 人，伤者不计其数，民房被毁者 2783 户，半毁者 3030 户，至于家财、牲畜的损失，则难以计数。

台湾高山族的抗日义军虽然装备简陋，却一次又一次地打击了日军的嚣张气焰

　　日本殖民当局在台湾的暴行，不仅引起国际舆论的普遍谴责，就连日本国内也严厉指责"日本台湾总督府"的无能与残虐无道。面对各方压力，"日本台湾总督府"被迫重新检讨他们对付抗日义军的策略，改采"诱降"的欺骗手段，以"割地讲和"为条件，由儿玉总督亲自出马，发动中南部各地富绅出面，劝诱抗日志士向日本殖民当局"归顺"。

　　各地义军首领明知是计，但此时日本据台已届5年，大势早定，各路义军屡经"大讨伐"之后，元气大伤，如今被迫躲避于深山，补给困难，且面对日本殖民当局的软化诱降政策，义军内部出现分化不稳现象。于是柯铁、黄国镇、林添丁、阮振等多路著名义军领袖迫于形势，相继有条件地与日本殖民当局"讲和"。只有林少猫不为所动。

　　诱降林少猫不成，阿猴办务署和台南县都以巨额奖金悬赏捉拿林少猫，甚至募刺客企图暗杀。但由于林少猫为人机警，平素对居处附近的百姓又赈恤有加，所以人人都乐于掩护他，协助他脱逃。

1899年2月21日拂晓，阿猴宪兵队、万丹阿里港守备队会合阿猴警察突然包围了港西中里下厝庄，企图围捕林少猫，混乱中，林少猫脱逃，而13岁的养子陈豺却被日本宪兵队捕获。

3月中旬，万丹守备队又得到海丰庄台奸林寿的密告，在溪洲庄将林少猫的长子林雄抓获，关押在阿猴宪兵屯所的拘留所中。年仅十余岁的林雄，竟能设法于3月20日脱监而归。

3月28日，林少猫率众百余人包围了海丰庄台奸林寿的宅院并将其放火焚毁，以惩戒报复其不义劣行。而后，林少猫率众遁入深山蕃界内藏匿不出。日本殖民当局无计可施，不得不再行劝和诱降。

日本殖民当局请与林少猫有旧交的豪商陈中和（今高雄富商陈田锚祖父）出面劝和。1899年4月之后，又由丰田凤山办务署长、满留阿猴办务署长两人主持招待林少猫，并特聘熟悉南台湾情况的《台南新报》社长富地近思为特派员，专门处理林少猫案，同时再请陈中和和凤山街长陈少山出面从中斡旋。为达目的，4月10日，台南县知事又释放林少猫昔日的亲密战友、潮州事件的总指挥林天福，向林少猫"示诚"。不久，富地又请凤山豪商林玑璋、台南县参事许廷光、阿猴办务署参事苏云梯等人也加入说服林少猫的工作。但林少猫仍不为所动。最后，日本殖民当局逼迫支援林少猫最力也是最受林少猫信赖的溪洲庄大地主杨实、海丰庄豪富林漏太出面向林少猫劝降。

林少猫此时感到：躲避于深山，虽然义军和自己及家小均可保全性命，但与外界音信隔绝，粮饷和情报的获得都极其困难，断非长久之计。迫不得已，决定虚与委蛇。便命其弟林狮先行出山试探日方虚实，并提出以下苛刻条件为难日本殖民当局：凤山后壁林一带归林少猫居住，所垦荒地免税；官吏不得进出林少猫驻地；林少猫部属有过听林少猫处置，官宪不得擅捕，若有被捕者，林少猫作保当即释放；林少猫族党系狱者免罪释回；林少猫部属外出谋生得携带武器；林少猫驻地若有土匪逃犯，由林少猫捕系送官；日本官方赔偿林少猫的财产损失；下淡水溪通行舟筏由林少猫征税等。

经双方反复磋商，日本殖民当局认为义军征收船税断然不可，并将"赔偿金"改称"救恤金"之外，其他条件一概应允。最后，由满留阿猴办务署长亲自凑成十条的《条件准许书》，在5月12日下午4时于阿猴街南的铜锣埔举行的"归顺式"上交给林少猫收存。其内容如下：

"一、少猫占驻凤山后壁林一带；二、该地带垦地免除纳税；三、少猫占驻之地，官吏不得往来；四、少猫部属犯罪时，可提诉于少猫，官府不得擅行搜捕；五、少猫所驻地域内如有土匪，当由少猫自行捕送官府；六、如有少猫部属被官府逮捕，有少猫保证当即释放；七、少猫从前之债权及衣被等物件，准许少猫收回；八、少猫族党被系者，以少猫之请求，当即释放；九、官府推诚相待，少猫改过奉公；十、官府发给少猫授产费二千元。"

5月11日，林少猫下山参加了阿猴的妈祖圣诞祭典，并捐祭仪300元，当晚在东门外旧宅大宴亲族故旧，欢饮达旦。

次日的"归顺式"，日方的代表是：曾我阿猴宪兵队长，满留、丰田两办务署长，富地近思，冈本警部。中间人的代表有陈少山、苏云梯、阿猴豪富林总、苓雅寮豪富孙明辉、陈中和的家人周鸣球、郑焕文、东兴栈代表等人。林少猫则率领部属30余人，另有客庄、平埔熟番以及溪洲、社皮、九块厝等庄民70余人，全副武装，浩浩荡荡赴会，威仪甚为壮盛，仿佛招降者不是日方而是林少猫一般。

后壁林本为临海荒漠之地，然地势险要，易通消息，且与溪洲庄基地遥相犄角，林少猫在此地屯驻3年之久，各地志士望风来归，常住者达四五百人，并设有偏将、书记、医生、会计、监督、密侦等职，组织十分严密。他们在此开路、凿渠，垦田数百亩，并经营渔业、酿造，设糖厂，还着手创办肥皂厂。岁入万余金，居处广三四亩，周围高堑深壕、刺竹环植，内设商行、药局、营妓、赌场，自给有余并以之结好日吏和附近乡民。《瀛海偕亡记》说："凤山和林少猫以敌体行、划界不侵，地方安之。"就连日方也不得不承认林少猫"渐治生业而少侵暴"，"隐然王公，威震南台"。在林少猫的经营治理之下，凤山后壁林一带俨然为日本殖民统治下的台湾的一个"自治区"，是难得的一块净土。

诚然，"割地讲和"只是日本殖民当局的阴谋，一时的权宜之计。所谓《条件准许书》，在日本殖民者的心目中只不过是"形同具文"。林少猫在后壁林威势日盛，而日本殖民当局对其也就忌恨日甚，必欲伺机早日歼之而后快。

1900年前后，台胞受大陆义和团运动的影响，抗日活动再趋活跃，台湾南部的许多抗日志士如郑忠清、林天福、吴万兴等纷纷复出，其中大多是林少猫的旧部或亲密战友。不仅市井流传他们与林少猫暗通声气，不少蛛丝马迹也显示其间必有关联。日本殖民当局判定林少猫必然是在暗中支持、指挥，不仅加强监视侦缉，同时还频频以"拜访"、搜捕、军事演习等方式来威吓林少猫，双方的对立情势日甚一日。

鉴于义军再度蜂起，日军恢复了对抗日势力的"大讨伐"。1902年5月中旬，日本殖民当局在将台湾南部其余地区复出的义军次第消灭之后，遂决定将原当调动的日军第三旅团一律延期返日，对林少猫采取断然军事行动，以最终解决心腹之患。经5月25日会议研商，决定如下方略：先由警察设计诱杀林少猫，如若不成，则以预先埋伏的大军一举围歼。

26日，日军旅团部以"发生疟疾，营区需要消毒"为借口，将凤山守备队调动，又以"检阅"为名，调动炮兵、工兵和其他部队。至29日完成了一切布署。

30日，警视署长、旅团长、两参谋幕僚和山形台南厅长化装潜抵凤山。其时正值雨季，道路泥泞，日军警进展不易；日宪警不断打探后壁林义军情况，已引起林少猫的警觉，同时探知日

军已到屯附近，所以当30日上午10时警务课长约林少猫到大桥头见面时，林少猫有所防备。他率部下七八十人，全副武装控制了会见场所。正当林少猫与日警诘辩时，部属梁甲自后壁林匆匆赶来，告以日军大队人马掩至。林少猫知已中计，急率部退回后壁林，日方企图刺杀林少猫的计划失败，日军遂发动全面攻击。

日军先以大炮猛轰，堡内火焰冲天。继而日军再发动全面攻击，义军坚守至下午5时逐渐不支，日军第六大队首先突入堡内。义军突围而出，四散逃亡，日军追击，四处搜捕义军。

另一路日军围攻溪洲庄，缩小包围圈后于12时发动总攻，40分钟后即攻入寨中，林少猫弟林笔及林漏太等20余人、吴万兴与林少猫长子林雄被俘。当晚，林雄因伤重而殁。

日军不知林少猫去向，严令军警围捕、追击，并从北部征发巡查百名，急速赶赴阿猴和凤山，当夜组成七支搜索队，于翌日进行大搜索，同时派出小蒸汽船从打狗出发，巡逻林埔海岸一带，不缉获林少猫不罢休。

31日下午5时许，搜索队在后壁林堡西门外300米处发现了林少猫的尸体。壮烈殉国的林少猫身中五弹，腰部被子弹贯穿，尸身旁边有义军壮士41人、妇女25人、儿童10人的尸体。显然是城破之后，林少猫等掩护妇孺撤退时遭遇大队日军的伏击而不幸阵亡。

林少猫殉难后，台湾同胞坚持长达7年之久的武装抗日行动虽然停止，但其他各种形式的抗日活动却从此绵延壮大，从未停顿，直到1945年日本在第二次世界大战中战败投降，台湾重归祖国怀抱。

（徐博东）

林为恩

　　林为恩（1852—1895），字咏罩，台湾桃园人。自幼聪颖勤学，是清中叶台湾名列前茅的县学生员，曾在茂林斋开学授课。林为恩胸怀儒学之志，曾在其宅地的匾额上题曰"德门居"，在两侧的对联书："德行有何奇，只在父慈子孝。门庭无别玩，当尽兄友弟恭。"其志向可见一斑。

　　1895 年割台，日军登陆，林为恩与其侄林维绐、乡人陈润芳等合谋抗战，其声势浩大，远近闻名，可惜终因武器装备匮乏而惨败。日军包围了林为恩的书舍，意欲纵火焚烧，林为恩临危不惧，出面与日军争论，他讽刺日军举动野蛮，毫无文明国家的风度，日军碍于颜面不敢纵火，只好将林为恩逮捕。林为恩被捕后受尽酷刑而不屈，最终壮烈成仁，年仅 43 岁。

　　林为恩的夫人蓝氏在林为恩被捕前已被日军捕获，日军逼迫其供出林为恩藏匿的地方，蓝氏严词拒绝，遭到了日军的痛打，但其仍然不跪不语，最终为日军杀害。

　　　　　　（台湾省文献委员会编印《台湾抗日忠烈录》第一辑）

林维绐

　　林维绐（1866—1895），号崇基，台湾桃园人。幼时就读于茂林书斋，才识优越，为其叔林为恩的高徒。日军侵台，林维绐愤慨家乡惨遭蹂躏，投笔从戎，随其叔林为恩起义，结果事败被捕，饱受酷刑，誓死不屈，1895 年 12 月 11 日，叔侄同时就义于芦竹乡，年仅 29 岁。

（台湾省文献委员会编印《台湾抗日忠烈录》第一辑）

林文腾

　　林文腾（1893—1978），号剑亭，台湾漳化人。毕业于日本早稻田大学，回台后曾任教于北斗公学校，加入台湾文化协会。1923年前后赴祖国大陆。1925年1月考入黄埔军校，为黄埔第三期学员，中共党员。1926年1月毕业后，留黄埔军校担任中尉军官，为第四期的校内政治部对职官。随部参加北伐，后升任中校军官。曾担任李友邦所领导的国民党两广省工委"台湾地区工作委员会"委员。1926年12月，林文腾参与创建广东台湾学生联合会，成为该组织领导人之一。

　　为使广东台湾学生联合会的革命意识更加明确，广泛吸收学生以外的人士参加，而促成广东台湾革命青年团的创立，林文腾在其中发挥了关键作用。1927年3月9日，林文腾与张深切、张月澄等人集会，商议孙中山逝世二周年纪念示威游行活动，率团参加3月13日在广州东校场举行的示威游行，并以台湾革命青年团的名义散发传单《敬告中国同胞书》，呼吁："中国民众一齐援助台湾革命！勿忘台湾！台湾民族是中国民族，台湾的土地是中国的土地！"

　　由林文腾负责的广东台湾革命青年团机关报《台湾先锋》，于1927年4月1日创刊，得到黄埔军校国、共两党人士的支持。创刊卷首刊登孙中山的肖像和遗嘱，黄埔军校副校长李济深为《台湾先锋》题字，林文腾与方鼎英、施存统（中共早期领导人）、安体诚（中共党员）、韩麟符（中共党员）、任卓宣（中共党员）、陈日新等人，纷纷在创刊号上发表文章，支持反对日本殖民统治的台湾革命运动。林文腾撰写《发刊词》，并分别以笔名云彬、赤剑在创刊号上发表关于台湾抗日革命运动的文章。创刊号刊登中山大学校长戴季陶于1927年2月5日在黄埔军校向广东台湾学生联合会会员们所作的演讲《孙中山与台湾》。创刊号印发约2000份，其主要分发对象是在祖国大陆同胞、台湾同胞和朝鲜人；并寄给东京的台湾留学生；针对台湾岛内，设立22处联络站，向在台湾开展反抗日本殖民统治的农民运动领导人李应章等寄发。《台湾先锋》提出"农工阶级是革命的急先锋！""台湾革命成功万岁！""中国革命成功万岁！"等口号，明确表达对日本统治下的台湾政治和革命的主张，足见第一次国共合作革命思想的影响。中山大学文学院院长、教授鲁迅关注《台湾先锋》，并给予支持。

林文腾为广东台湾革命青年团的主要领导人之一，青年团有团员约三四十人。1927年5月，广东台湾革命青年团地址设在广州市一德路"明星影片公司"三楼，开展一系列反抗日本殖民统治的活动，得到祖国大陆同胞的支援。

1927年8月6日，日警对广东台湾革命青年团进行大检举。由于林文腾于同年4月蒋介石"清党"后赴武汉，日警对他的行踪不明暂时未被逮捕。1927年，林文腾离开武汉经上海到厦门，从事地下工作。1928年被捕遣返回台。

12月4日，林文腾被日本殖民当局判刑4年。1933年刑满获释后，曾与林献堂联系，要求加入台湾新民报社。

抗战时期，林文腾参加祖国大陆的抗日战争，曾任蒋介石的日语翻译官。战后返回台湾，与老台共谢雪红联络。台湾"二·二八"事件后，谢雪红劝林文腾离台，林没有离开台湾，随后因与谢雪红联系而成为陈仪当局逮捕的对象。

（徐康）

林献堂

林献堂（1881—1956），名朝琛，字献堂，号灌园。台湾台中雾峰人，原籍福建龙溪。台湾近代著名政治家、民族主义运动先驱者、诗人。林献堂是清代台湾名将林文察之后代，倡导台湾民族运动，以汉族人本位的思想，一生不说日语、不穿木屐，坚持汉民族的传统生活方式，从事对日本人的抗争，是位有道德勇气和使命感的民族运动先驱。他是日据时期非暴力反日人士中右派代表人物，无论在新民会、台湾文化协会、台湾民众党、台湾地方自治联盟等组织都扮演着重要角色，被称为"台湾议会之父"。被历史学者 Johanna M. Meskill 誉为"台湾自治运动的领袖与文化的保姆"。

林献堂于 1907 年在日本奈良旅行时与梁启超会面，经梁启超启发后，开始从事台湾民族民主运动。1910 年加入栎社。1913 年林献堂与其雾峰林家同辈兄弟林纪堂、林列堂等人，联合台湾北、中部士绅向"日本台湾总督府"请愿，发起成立台中中学。

1914 年 3 月邀请板垣退助伯爵赴台访问，12 月成立"同化会"。

1919 年与蔡惠如等人，以台湾东京留学生为主体，于东京成立"启发会"，翌年改为"新民会"，林担任会长。1921年1月起，林献堂等人开始向帝国议会提出《台湾议会设置请愿书》，要求设立台湾议会，展开长达14年的台湾议会设置请愿运动。

1921年，与蒋渭水在台北大稻埕成立台湾文化协会，仿效国民党的制度，推举林献堂为总理，蒋渭水为专务理事，林幼春等人为常务理事。为了激起台湾人的民族意识，台湾文化协会于1923年以《台湾民报》作为宣传工具，林献堂担任台湾民报社长。

除此之外，为了打破在台日本人及御用绅士垄断银行、信托、保险等金融业的状况，林献堂等人花了两年筹设大东信托株式会社（1927年2月成立，今华南银行），林献堂出任董事长，陈炘担任总经理。

1927年1月，台湾文化协会内部左右派分裂，转向由左派控制，林献堂也退出台湾文化协会。7月，与蒋渭水、蔡培火等人另组台湾民众党。1930年，林献堂脱离台湾民众党，与蔡培火等人筹组台湾地方自治联盟，并担任顾问。

1936年3月，林献堂参加华南考察团前往厦门、上海等地游历，林在上海对华侨团体致词时，有"此番归来祖国视察"等语，为日本间谍报告给台湾军部，5月《台湾日日新报》报道此事，对林大加抨击。台湾军参谋长荻洲立兵便意图以羞辱林献堂来警告台湾人。于是当6月17日林献堂应台中州知事之邀参加始政纪念会时，荻洲立兵唆使右翼团体浪人卖间善兵卫当众殴打林献堂一记耳光，此即"祖国事件"。该事件使得林献堂与杨肇嘉避走东京。

1946年5月，林献堂当选第一届台湾省参议会参议员，之后又担任台湾省通志馆（今台湾文献馆的前身）馆长。1947年2月，出任彰化银行首任董事长。1949年9月，林献堂以治疗头部晕眩为由，离开台湾，寓居日本。1956年9月8日，病逝于东京杉并区久我山寓所，之后归葬台湾。

（李理）

林幼春

林幼春（1880—1939），台湾雾峰林家下厝后人。林幼春之母亲何氏为福州人，林幼春出生在福州。3 岁时回到台湾。

林幼春才情早发，17 岁就有佳作，虽然本名林资修，但以幼春行名，写文作诗则以"南强"为名。17 岁时，他小叔林痴仙作《中秋无月歌》，他以《次韵和季父中秋无月歌》作七言律诗，这一年是清廷割台第二年（光绪廿二年，1896 年），诗文充满家破国亡之悲：

"天公挥泪作霜霰，妖氛鼓荡不相见；蟾轮失驭迷东西，广乐无声仙子倦。是时梁园筵正张，毫竹哀诗喧一片；布裘惨淡对西风，忽拟飞凫登月殿。酒酣气可吞妖蠥，赤手擒来总充咽；扫尽云烟百万重，大地晶莹共摇眩。萧条此意空金樽，投暗明珠倍难现；何当玉斧手亲操，七宝玲珑呵护偏。"

此诗应和他叔叔诗中"仙桂森森千丈高，岂是妖蠥可吞咽"、"霓裳曲调长寂然，蟾兔何时暂曾见"等句暗喻台湾被割让，但妖魔岂能长存，定有重见月华的一天。

第二年（1897 年）18 岁的林幼春写诗《梦得季父信愀然而作》，也是豪情万丈："夜梦寄书来，依稀入胸臆；陆沉神州间，挥剑苏门侧，誓将逐鸥夷。"十七八岁的诗，即可见林幼春的志气豪情，这也就是他日后以文化抗日的序曲。

1902 年，林痴仙、林幼春叔侄和赖绍尧三人决定以文抒情，成立诗社，名为"栎社"。栎树不成材，是废材，所以取此名，乃是因为在异族日本人统治下，他们不能以武力抗日，只有自谦栎社。

虽自谦废材，其实均是大材。栎社是台湾日据时最有质量、最有影响力的团体。诗社甫成立，既有中部名诗人蔡启运、陈瑚、吕厚庵、陈怀澄、陈锡金五人加入。再两年，林仲衡（资铨）、傅鹤亭也加入，慢慢地加入的人多了起来，他们通常会聚在下厝"瑞轩"，有时也到林痴仙的别墅无闷草堂，1907年移到林献堂的莱园。1909年林献堂也加入栎社，后来变成主要人物。

当时台湾有多个文人结社，但都酬唱风花雪月，甚至与"日本台湾总督府"唱和，栎社完全不一样，总是以家国为念。

1910年，雾峰林家在下厝瑞轩接待梁启超。这时，梁启超已闻林幼春之过人才情，尚未见面即特别写文章，题目即《赠台湾逸民林献堂兼简其从子幼春》，文中指日本在台苛政，导致"老屋十家九家毁"；也谈台湾御用绅士"狐假虎威尚有然，泽竭民劳可知矣"。梁启超赴台，特写诗赠林幼春：

"南院北院多畸士，我识仲容殊绝伦；才气犹堪绝大漠，生涯谁遣卧漳滨。欧心词赋歌当哭，沉恨江山久更新；我本哀时最萧瑟，安逢庾信一沾巾。"

林幼春回敬梁启超一长诗，全诗放情歌悲也怀义有致。

1919年"五四运动"爆发，栎社诸君子也成立"台湾文社"。栎社总会也兼文社，蔡惠如、林幼春、傅锡祺、林献堂等12人为文社创会理事。文社会员，包括林仲衡（林朝栋次子）、台南连横，及中部大甲、丰原、神冈、潭子、鹿港等地多位名士。台湾文社1919年曾办《台湾文艺丛志》月刊，长达7年，这时不只作诗，还有翻译外国历史，甚至小说，以跟上"五四运动"的步伐。

1923年，为因应祖国白话运动，林幼春和一群朋友蔡惠如、林呈禄、黄呈聪、陈逢源，邀族亲林献堂、林阶堂出资，设立《台湾民报》。《台湾民报》以白话文为主，创刊词全是白话："我们汉民族移住台湾，已经过了三百年了，开拓产业，从事贸易，教养子孙实在费了很多苦心。有这样丰富土地，用这样勤勉的劳力，照理论上讲，我们台湾应该化为世界尚无比的乐园才对了，虽然，我们同胞现在的生活怎么样呢……"

　　创刊词最后呼吁："360 万父老兄弟，我们在今日的台湾社会，欲望平等，要求生存，实在非赶紧创设民众的言论机关，以助社会教育，并唤起民心不可了。"

　　台湾文化协会创立，林献堂被推为总理，林幼春为协理，《台湾民报》成立，林幼春被推为社长。林献堂在领导两次赴日请愿之后，因为受误会而不再签名联署。但林幼春始终不改初衷。

　　第三次"台湾议会期成同盟会"于 1923 年 2 月赴日请愿，林幼春因健康原因未能同行。蔡培火，陈逢源两人带着 106 位签署的请愿书由基隆搭船去东京，林幼春特别写了一首诗："一往情深是此行，中流击楫意难平；风吹易水冲冠发，人唱阳关劝酒声。意外鲲鹏多变化，眼中人兽慢纵横；临歧一别男儿泪，愿为同胞倒海倾。"

　　陈逢源两人抵东京后，在日本的同志选出重组的"台湾议会期成同盟会"，主干是明治大学的林呈禄，专务理事是蔡惠

1921 年 10 月 17 日，台湾文化协会在台北静修女子学校成立合影。林献堂（坐右 4）为总理，蒋渭水（坐右 5）为专务理事。林幼春（左起 9）

如、林呈禄、蒋渭水、林幼春、蔡培火等5人，另有理事10多人。回台后，积极推动，到处演讲。这年12月16日，"日本台湾总督府"下令全台日警，同时在台湾南北各地逮捕台湾议会请愿者60多人，几乎一网打尽。林献堂正好去关子岭，没被逮捕，他叫他的助手叶荣钟想法搭火车到台北，通过《朝日新闻》的特派员蒲田，把这消息带到东京《台湾民报》。在东京的同志立即召开大会支持请愿，上海的台湾青年会也召开支持大会，《朝日新闻》也把这次"大检束"报道出来。

林幼春被捕后移送台北古亭村监狱，在狱中度过阳历、旧历新年。林幼春身体羸弱，1924年2月7日交保释放。在狱中，林幼春写律诗多达20首，抒发愤懑胸臆。

1924年7月，日警以"治安警察法违反嫌疑案"审讯，10多人被判有罪，蒋渭水、蔡培火禁锢4个月，林幼春、陈逢源，蔡慧如、林呈禄等三个月，上诉无效，只有坐监。在狱中，林幼春发表《无力者之自白》。

文化协会成立后，在各地开讲座，也常被日警制止。林幼春因健康关系，较少各处奔波，但在重要场合总是和林献堂、蔡惠如一起出面。林幼春很长一段时间担任《台湾民报》社长，多主持汉诗界，偶尔撰写社说，批判日人及其走狗。

林幼春和林痴仙、赖绍尧是最初领引文人保留汉文化的诗人，"五四运动"之后，他的思想进入新的境界，和林献堂、蔡惠如、林呈禄致力新文学的提倡。林幼春一生充满豪情。1931年，林幼春为栎社30年沿革志写序，1935年杨逵办《台湾文学》杂志，他也提供大笔经费。1939年10月2日病逝，享年60岁。

（丘秀芷）

林资铨

　　林资铨（1877—1940），字仲衡，号壶隐，台中雾峰人，系林家下厝刚愍公林文察之孙，栋军统领林朝栋之次子。

　　1895年割台后，随父兄内渡，避难泉州，嗣后辗转福州、上海、北京之间。后东渡日本，入东京中央大学就读，开台人留日风气之先。林资铨善诗文，游历所至多有吟咏。1902年与叔叔林痴仙、林幼春等人成立"栎社"，并被称为"栎社三杰"，对台湾诗学界有甚大贡献。1921年栎社创立20周年，被推举为理事。为日据台湾时期著名诗人之一。1940年1月10日去世。生前曾辑有未刊行诗集《仲衡吟草》。

（赵国辉）

林家花园

林子瑾

　　林子瑾（1878—1956），字少英，又名大智，别署林疋及林鹰。林子瑾家祖先牌上明确记载，祖辈系古河南西河林姓、为殷商太师比干后裔。林氏后裔的一部分于古代就辗转南迁到福建平和县埔坪社，清代又到了台湾。林子瑾生于台中。其父林染春是个秀才，也是郎中，又是光绪年著名台湾巡抚刘铭传的军医，于1884年中法战争的台湾战场上救死扶伤。时年仅7岁的林子瑾就有了反对外国人侵略的思想萌芽。林染春非常重视子女的教育，督促林子瑾每日清晨5点必起，攻读《四书五经》《资治通鉴》、唐诗宋词等等国学。林子瑾生性文弱，善书法，曾是一个旧汉诗人，台湾爱国诗社"栎社"理事。现保存于台中雾峰莱园的文物"栎社二十年题名碑"就是他书写的。他曾著诗自嘲："举手无鸡力，如何椎得秦。"却又有抗日战斗的理想。《马关条约》日本侵占台湾时，他年仅17岁，幸好已经受到完整的中华传统文化教育，使他十分崇拜田横、岳飞、郑成功等历史人物的民族气节。国学基础也相当雄厚，自强不息的民族精神奠定了他能站稳脚跟、立足抗日的思想基础，也成为他后来奔赴祖国的思想前提。

　　林子瑾早年又赴清朝在福建办的"西学堂"上"新学"，然后留学日本。那也正是日本的明治维新时期。在日本时有幸结识梁启超、孙中山、黄兴等人物，并受到很大影响。他从一个旧诗人发展成为一个赞成革命、开展启蒙运动和台湾非武装抗日民族运动的发起人之一。

　　林子瑾赞成孙中山的辛亥革命，他把爱国爱乡两者高度统一起来，一心盼望中国强大。他认为只有祖国结束清朝封建统治，建设强大，台湾问题才能根本解决，民众才能从日本手下解脱出来。武昌起义后，1912年元月中华民国刚成立，林子瑾于2月即奔赴大陆，11月国籍法刚一出台，他就即刻果断地恢复中国国籍（当时台湾岛内的人为日本国籍），以做中国人为荣。他也是《台湾通史》作者连横1914年恢复国籍的保证人。林子瑾在日本的高压统治下，发表诗篇，表示台湾人民欢迎和赞成辛亥革命，诗曰："一线延明赐姓朱，台澎割据势终孤，千秋倘有英灵在，喜看孙、黄覆曼殊。"他响应孙中山先生"实业救国"的号召，来到大陆开发公路、办交通实业。民国初年他就热心在台湾传承中华文化，曾去北京大学前身的京师大学堂，并把京师大学堂的讲义和不少古籍带回台湾传播中华传统文化。他也曾受聘于天津女子师范。

　　林子瑾在家乡台湾的问题上，认为当时台湾历次武装抗日斗争失败后，不应停止抗日，文人也要以笔杆作刀枪。他相信群众，写诗鼓舞士气、树立信心："一片精诚动彼苍，手无寸铁亦何妨！匹夫有责澜能挽，众志成城势莫当。试看英雄能暗合，应知家国未沦亡。他时定有同舟日，珍重天涯各一方！"在名为田横的诗中曰："国亡身死气犹豪，未肯低头事汉高；今日齐州几焦土，可无遗姓与儿曹？"林子瑾为在台湾保卫中华文化和汉语而和日本人正面周旋于台湾的文化战场，因此受到日本人的抄家迫害。他曾参与接待梁启超访台。1917年林子瑾发起重建台中林氏宗庙活动，以示不忘祖宗。1919年参与主持成立"台湾文社"，该社最初就在他家办公，极力捍卫民族文化，对抗日本对汉文的封杀。他著文强调台湾人不是日本人，号称"台湾人是优秀民族的子孙"。林子瑾按梁启超的建议，和林献堂、蔡培火、蔡惠如等策划非武装抗日的民族运动，还联合东京年轻留学生，从开展"反六·三法"转变到"台湾议会设置请愿运动"。1921年林子瑾和林献堂、蒋渭水一起策划，并被公推为议长，主持成立了"台湾文化协会"，进一步扩大开展启蒙运动和进行非武装抗日运动。

1945 年台湾光复，林子瑾在兴奋的同时，首先想到的即是台湾被日本侵占了 50 年，而其中最深层次的侵略便是文化侵略。由于台湾经历了 50 年日本殖民统治的奴化教育，不少台湾人却对祖国语言文字生疏，林子瑾意识到消除日本奴化教育的影响，在台湾恢复中华文化，开展学习国语，推广汉字和普通话的活动是摆在当时国人面前的现实问题。所以他和当时在北平的文化界、医务界的同乡如张深切、张我军、梁永禄、苏子蘅、洪炎秋等磋商，并于 1945 年 10 月在北京（时称北平）发起成立北平台湾革新同志会，亲自出任会长，会员大多也是同乡会的成员，文化素质较高，多具大学水平，会员总数 562 名。

"台湾革新同志会"是在北京的台湾同胞自发自觉地发起成立的民间团体。该会提出"尊重国史"，憧憬战后建设祖国，期盼祖国富强、中华复兴，认为在京台胞有责任大力开展交流工作，进一步使大陆和台湾融合为一体。"台湾革新同志会"自觉地组织、培训教学人员赴台推广普通话，为受日本教育的台胞教授国语。该会自成立之始就在师大和中国大学同时附设和开办了"文教人员讲习班"，组织一些在京的大陆和台籍的青年学生和教师，包括北京大学、师范大学、中国大学的一些毕业生，开展台湾知识、语言、风俗习惯、地理历史及到台湾应注意的事项等的讲解和培训。该会也为学员向中国善后救济总署申请旅费，设法协助输送培训的教学人员去台湾从事教育工作，利用北京普通话的优势，在台湾进行国语教学，推广汉字和普通话。战后在台湾的师范学校及中等以上学校的国文教师，有许多是该会输送来的。该会也帮助了许多在北京、东北和天津的台胞返台。而林子瑾自己始终坚守在北京，直到 1956 年去世。他一生致力于台湾恢复中华文化，其自发的祖国意识、传承中华文化的意识相当可贵。

（林泉）

林祖密

林祖密（1878—1925），家谱名为林资铿，台湾雾峰人。

林祖密生于清代台湾首富官宦之家。祖父林文察曾任封疆大吏福建陆路提督，平太平天国之乱；叔祖林文明曾平戴潮春之变；父亲林朝栋平施九缎之变，也协助刘铭传打败入侵台湾的法军，是清代唯一受清廷赐黄马褂的台湾人。林祖密长于经营事业，从事抚垦、开山、樟脑、矿业、糖廍等，拥有数万甲山林、数千甲水田，此外还组织闽南军。

1895年清廷割台，栋军抗日未果，林朝栋带子女内渡。两年后，林祖密返台想治理产业，"台湾总督"儿玉源太郎召见林祖密，希望他跟其他台湾士绅一样留下来，但林祖密不愿为异国子民，宁愿放弃产业。1904年林朝栋病逝，林祖密回厦门。1911年中华民国建立，林祖密申请恢复中国国籍，也是中华民国建立后，许可的第一号护照。而他大部分在台的产业为日本人没收。民国初年，林祖密曾在经费上大力支持罗福星、张火炉、余清芳等人于台湾抗日。而孙中山护法抗袁时，经费也多由林祖密支持军饷。

1918年，孙中山任命林祖密为闽南军司命。1920年林祖密竟被陈炯明缴械。蒋介石为避陈炯明之乱，到林祖密家避难约半年。

林祖密在福建仍发挥经营长才，设垦牧公司，并于龙岩、漳平挖矿，又设轻便车、兴水利，多方面经营，因此，能源源不

断用财力支持孙中山护法活动。

　　1925年，林祖密为军阀张毅杀害，年仅48岁。一代英杰，死后葬于何处后人竟然不得而知。

（丘秀芷）

林正亨

林正亨（1915—1950），台湾雾峰人，林祖密之子，著名抗日英雄。

一、投笔从戎，首战昆仑关

林祖密牺牲后，全家生活陷入困境。林正亨正在厦门读美术专科学校，因家境不好只好辍学，后去南京继续求学。1937年正是抗日烽火燃起的时候，林正亨丢掉画笔，毅然报考南京陆军军官学校（前身为黄埔军校）。

1937年10月底，由于日军进攻上海，南京陆军军官学校迁至汉口，1938年又迁到长沙，最后迁到重庆。1939年9月，林正亨从军官学校毕业后，被派往三十六军军部当见习官。1940年1月随部队前往广西昆仑关作战。

1939年12月，日军攻占了广西战略要地昆仑关。由于中国军队后续部队没有及时赶到，昆仑关地区守军仓促应战。林正亨所在的九十六师参谋处被日军包围，他带领情报排30多名士兵，从日军第五师团的包围中突围。他带着战士们边打边撤，整整打了四天四夜，才冲出包围圈，这时全排30名战士只剩下十几个人。

二、"没有国，哪来的家！"

昆仑关战役后，林正亨随部队开往湖南休整。他被调到五十师任消毒连连长。林正亨在南京陆军军官学校学习过防毒技术，加上日军在战斗中频频使用毒气弹，因此每个师都组建了消毒连。林正亨任消毒连连长后，教给士兵们使用防毒器械，掌握防毒技术。1941年他由于工作努力晋升中尉。那时，部队正要开往云南省。林正亨接到未婚妻从印度尼西亚的来信，打算和他在四川完婚，于是1941年11月他请假来到重庆结婚。1942年他被留在重庆任国民政府交通司上尉副官，在总后勤部的重庆汽车修配厂工作。

1944年，日军大举进攻湖南。6月18日长沙失守；8月衡阳失守，震动了陪都重庆。四川人民掀起空前的抗日热潮，林正亨军校的同学来找他，邀他参加赴缅甸抗日远征军。

缅甸地形极为复杂，高山环列，河流交错，茂密的热带丛林遍于全境。中国军队第一次远征缅甸遭到惨败。1944年初当重庆大本营决定组建第二支赴缅作战的远征军时，全国人民热烈响应，10万热血青年踊跃报名参军，报纸上刊登大字标题：《一寸土地一滴血，十万青年十万兵》。当林正亨向正要临产的妻子提出参战时，妻子愁容满面地说："我就要生第二个孩子了，老大刚满两岁，家里又没有钱，你走了我们怎么生活啊！"林正亨态度十分坚决地说："抗日要紧，没有国，哪来的家！"于是林正亨参加远征军，赴缅抗日。

三、一对八，身负重伤16处

1944年春天，中国远征军打响了反攻缅甸的复仇之战。这时林正亨在中国远征军任步兵团指挥连连长。他在离开重庆前，寄给妹妹林冈一封信和一张照片。照片上林正亨头戴钢盔，英姿飒爽，他在照片上写下誓言："饥餐倭奴肉，渴饮倭奴血，砍下日寇头颅当球踢！"

1944年春天，在缅北，林正亨所在的远征军先后攻占了日军盘踞的孟关、加迈、孟拱。这时从云南参战的中国远征军部队投入滇西战役，顿时改变了缅甸战场的形势。林正亨在孙立人统帅的新一军，参加了反攻缅北密支那的战斗。

在缅中最后的战役中，林正亨带领一连士兵追击败退的日寇，日军困兽犹斗，在败退途中发起反击。由于林正亨带领的连队冲在最前面，被日军包围。日军轮番发起冲锋，林正亨带领战士们浴血奋战，子弹打光了，他们用刺刀、枪托和敌人展开肉搏。林正亨与包围他的8个日本鬼子拼刺刀，干掉了几个日军。他的脸被日本军官的马刀砍伤，左右手也挨了刀，雪白的骨茬露了出来，成了血人，可他还在拼死搏斗。敌人刺刀戳进了他的后背，林正亨身负16处重伤，在刺死最后一个敌人后，他再也支持不住了，倒在血泊之中。这时新一军的后续部队冲杀过来，把垂死挣扎的日军全部消灭。

在打扫战场时，林正亨的一位部下不相信他们身强体壮的连长会轻易死去，他在死尸堆里翻来找去，终于摸到了浑身是血、昏迷不醒的林正亨。由于流血过多，林正亨虽然保住了左手，却因为两只手伤了筋无法治疗再也握不住拳，成了半残废，幸好右手还可以执笔写字。在缅甸的战地医院治疗了四个多月，林正亨于1945年8月被转运到印度的列多治疗，到9月中旬才算痊愈。

9月26日他由印度回国，驻云南省云南驿。住院期间，他给母亲写了一封长信，叙述了八年抗战的经历。他在信中写道："在这神圣的战争中，我算尽了责任，台湾的收复——父亲生平的遗志可算达到了。他要是有知，一定大笑于九泉。我的残废不算什么，国家能获得胜利、强盛，同胞能获光明和自由，我个人粉身碎骨也是值得的。请母亲不要为我的残废而悲伤，应该为家庭的光荣而欢笑，你没有为林家白白教养了我，我现在成了林家第一勇敢和光荣的人物。"

1946年，抗战胜利后，林正亨带领二十多个台湾青年回家乡投身台湾人民的解放事业。他参加了1947年的"二·二八"起义，险些遭到国民党军队的捕杀。但还是在白色恐怖中遭到国民党当局逮捕，于1950年1月30日在台北马场町刑场被枪杀。

（林为民）

刘德杓

　　刘德杓（生卒年不详），湖南长沙人，武举人出身。清朝时台东守将。

　　1895年5月，日军侵入台湾，占据台东。刘德杓高举义旗，凭借天险抗击日军，前后坚持长达一年之久。日军突破阵地后，他转战中央山脉，与柯铁汇合。1896年5月，刘德杓率部由卑南入云林山中，散发檄文，反对割让台湾，号召台湾人民起来反抗日本统治者，一时附近居民纷纷响应，形成台湾中部一大抗日势力。

　　据史料记载，"原台东守将刘德杓，自台东失陷后，越过高山峻岭，来铁国山参加抗日，众人敬之为军师。铁国山抗日斗争威震敌胆。"无奈，日军用尽了外交压力，迫使清政府下令调回刘德杓，作为清政府官员的他也不得不挥泪内渡。

　　　　　　　　（台湾省文献委员会编印《台湾抗日忠烈录》第一辑）

刘 乾

刘乾（？—1912），台湾南投厅沙莲堡羌仔寮庄（今南投县鹿谷乡）人。笃信神佛，经常在宣讲佛法时，宣传反日思想，并以因果循环之理，号召台湾同胞起来反抗日本帝国主义。辛亥革命的胜利，更坚定了他反日的信心。

1912年3月，刘乾领导的林圯埔起义是台湾农民第一次公开使用武力反抗日本大规模掠夺土地森林。

南投厅林圯埔有一大片竹林，多少年来附近农民都在那里采取造纸和编制竹手工艺品原料。日本殖民者企图把这些竹林收归官有，禁止农民采伐。得知这一消息，群众万分愤慨。1912年3月23日，南投厅新寮民众领袖刘乾，与庆兴人林启祯联合，以庆祝辛亥革命成功为名，召集南投、林圯埔一带民众，饮酒欢呼，群情激动，追袭林圯埔附近的日警派出所，杀死多名日警，缴获各种枪械和物资。后来，起义军冲下山去，准备攻打林圯埔日本警察支厅，最终因敌我力量悬殊，刘乾率众退入山中。日本调来援军，搜索山地，直到月底，起义军多人被杀，刘乾与林启祯等8人被捕，于同年4月10日，被判处死刑。刘乾等视死如归，毫无惧色。

（李理）

深入山区搜索"匪徒"的日本警察

刘仕确

刘仕确（生卒年不详），台湾新竹人。1895年6月13日，日军占领新埔，将进攻新竹芎林，刘仕确即邀地方士绅刘仕梁、刘仕兼、刘陈强、刘阿旺、刘朝品、林露结、苏永珍等招募义军数百人参加抗日。

16日，日军从新埔经月桃窝进军至下山攻打芎林，刘仕确等率义军在狮头山布阵，反击日军，日军狼狈败走。过了两天，日军分路经石头坑进军至上山，日军数千人，采取大包围的战术，放火焚屋，芎林全乡化为灰烬。抗日义军不得已而撤退，此一战役战死者达数十人之多。

（台湾省文献委员会编印《台湾抗日忠烈录》第一辑）

刘天喜

刘天喜（1879—1955），讳鲁，台湾台中县东势镇人，原籍广东大埔，父益美公赴台，卜居东势。天喜生于斯长于斯，幼聪颖，攻汉学；少时返回原籍，师从刘吉芙先生，博经通史，回台后设馆授徒，致力于民族文化教育。

日本占据台湾后，刘天喜最初与亲友合营樟脑业，后服务于物产公司，有感于日本人的奴化压迫，愤然离职，设校讲学。日本为消灭中国文化，禁读中国书籍，刘天喜本着身可杀民族意识不可亡的大义，仍然秘密宣传中国历史文化。当时有人倡导非孝谬说，刘天喜即作"说孝"一文，刊于报端反驳之，义正词严，传诵一时。1927年，刘天喜读了孙中山先生所著的《三民主义》一文，即开始向往革命，秘密地教授给学生，被日警所发现，视其为革命分子，酷刑胁迫，而刘天喜并不屈服。

台湾光复后，刘天喜更加热心教育，执教于各中小学，桃李遍布台中，有南方夫子之称。凡有教育慈善义举刘天喜都热心赞助，东势工校的筹备设立，其亦出力很多。东镇国民党区党部成立，刘天喜率先入党，领导志士开地方风气。刘天喜年逾古稀仍然设馆补习国文，日夜分班教授，诲人不倦，终因积劳成疾于1955年6月13日逝世。

（台湾省文献委员会编印《台湾抗日忠烈录》第一辑）

刘新民

刘新民（1907—1985），原名刘道荣，是台湾义勇队的首批队员和骨干。他在台湾爱国将领李友邦的领导下，竭尽全力从事抗日医疗工作，为抗击日本帝国主义的侵略做出了自己的一份贡献。

一、抗日游行当领头人

刘新民出生于台湾省台南县的一个医生家庭。青少年时期，在台南县蒲姜头庄小学、阿莲庄中学堂读书，1924 年 8 月考进厦门鼓浪屿日本人办的博爱会医学专门学校的医科专业。1928 年 5 月，他毕业的那年，厦门的大学与中等学校的学生联合组织抗日示威游行，刘新民被医专学校推荐为台湾籍学生代表，负责组织台籍学生参加游行，并带领学生队伍走上厦门市区街头游行，一路上高喊"打倒帝国主义！"、"打倒殖民主义！"、"打倒封建主义！"等口号。日本领事馆得知消息后，又怕又恨，密令查稽台籍学生的首要分子，要抓他回台湾改造。刘新民事先得到消息，在同学的帮助下，逃离学校去广东汕头，参加国民革命军第二十四师补充团卫生队，当了一名军医，躲过了日本人的追捕。3 个月后，事态平息，经同学们的斡旋，校长才同意刘新民参加毕业考试。他领到毕业证书后回到福建晋江青阳镇，在其父开设的私人诊所"济生医院"当助手。

二、一腔热血报效祖国

1938 年夏秋至 1939 年 1 月，台湾革命志士李友邦先后 4 次到闽北崇安台胞集居的垦荒所。他每次来都召集会议，向台胞作演讲，号召台胞参加祖国的神圣抗战。台胞们非常痛恨日本帝国主义占据台湾、侵略中国的罪行，许多人都积极响应李友邦的号召，踊跃报名参加抗日战争。刘新民的抗日决心很坚定，他和第一批上前线的 23 名台胞义无反顾地跟随李友邦来到抗日前哨的浙江金华，以抗日为荣，报效祖国，成为台湾抗日义勇队的第一批成员。

台湾义勇队成立后，刘新民与全体队员一起接受了短期训练。通过学习训练，提高了思想觉悟，树立起抗战必胜的信念。1939 年 3 月，国民政府军事委员会政治部副部长周恩来前来金华视察工作，并在中山堂作了《目前形势的报告》。刘新民和台湾义勇队的队员们也前去听了周恩来副部长的报告，受到了极大鼓舞，更加坚定了抗战的决心和信心。刘新民对于交办的任务都积极去完成，显示了他的能力和才干，不久，就被委派为区队长。

三、积劳成疾病缠身

那时，浙赣铁路沿线经常遭到敌机的骚扰轰炸，造成军民大量伤亡，疾病流行较严重。台湾义勇队训练一结束，立即将首批队员中的医务人员留在金华的队部医务所，为伤病军民免费医治，同时，又派医务经验丰富的队员到作战部队或地方医院，协助或辅导医疗救护和卫生防疫工作。从 1940 年 7 月开始，台湾义勇队先后在金华、衢州、兰溪三地设立了台湾义勇队附属医院，很受前线官兵、社会各界及当地群众的欢迎与爱戴。

当时，刘新民在巡回医疗队任外科医师，是一名业务骨干。1940 年 1 月，他受队部的指派，去浙东前线的国民革命军第一九〇师野战医院任少校军医，主要是辅导战地医疗救护和培训连队卫生人员。1940 年夏季，刘新民由于长期工作劳累，加上生活比较艰苦，眼睛患上急性结膜炎。当时药品紧缺，经过一段治疗仍然未见好转，但他一直带病坚持工作，因而眼疾逐渐加重，引起双眼红肿、流泪、疼痛，视力模糊。李友邦队长得知情况后，马上派人接替刘新民的工作，并让他回队部医治、疗养。

当时不容易买到针对性治疗的药品，刘新民的眼疾不能得到有效控制。后来了解到中药冬虫夏草有特效，李队长就托人从外地设法采购来半斤。这种药当时既稀少又昂贵，李友邦亲自将药送到刘新民手中，并详细交代服用方法。刘新民的眼疾很快治愈了。1940年12月，衢州的台湾义勇队附属台湾医院成立，刘新民被派到该院担任外科医师。

四、坚持原则受排挤

1942年5月，浙赣战役爆发，台湾义勇队所属的三家台湾医院，奉命向福建龙岩方向撤退。刘新民没有随队伍后撤，他被队部派到江西上饶第三战区司令部政治部直辖的对敌日语宣传播音队任少校队员。工作主要是用土制的话筒向东南战场的前线日军士兵进行反战喊话宣传。虽说反战宣传工作都在夜间进行，也要有部队掩护（日军往往一听到播音宣传，就用机枪拼命扫射，所以非常危险），但这种反战宣传效果比电台宣传好，因为日军士兵在前沿阵地是听不到电台广播宣传的。

1942年8月，刘新民被调到三战区政治部医务室任少校主任，同年10月，晋升为医务所中校所长。该所是专为政治部所属的官兵看病的。战时的药品供给非常紧张，非常困难，可是医务所的药品一到，很快就被一些高级官员要去了一大半，特别是当时恶性疟疾流行，像奎宁、阿的平、扑疟日星等抗疟药更为抢手，还有德国生产的治疗梅毒的"六〇六"针药等，都被上层的军官占为己有，士兵一旦得了病，却没有药品治疗。刘新民对国民党官员的这种恶劣行为和不良作风非常反感，经常流露出不满的言论，并指示手下拒绝无病要药。1944年底终于被国民党当局撤职退回义勇队。李友邦队长理解刘新民的为人，批准他暂留江西铅山待命，允准他兼任前线日报的特约医师，直至抗战胜利。

（刘胜欣）

刘永福

刘永福（1837—1917），本名建业，字渊亭。先祖居广西博白，至父以来始迁居广东钦州防城，务农为业。

刘永福自幼孤贫，不习儒业，稍长，膂力过人，学拳棒，好击剑。刘永福为保卫乡梓，联络乡间子弟数百人，竖黑旗为团练，号称"黑旗军"，以杀贼安民为职志。1869年奉越王命率兵进入越南，帮助越南平定乱事，被越王授以官职。此后数年，在越南数次击败法军，被越王誉为"擎天柱"并特授官职。1884年中法战争开战后，清帝命刘永福袭击侵略越南的法军，因功被授以提督之衔。战争结束后，奉诏归国，尔后出任南澳镇总兵。

甲午战争期间，刘永福奉命带兵赴台加强防务。抵台后，刘永福建堡垒，筹防战。因受唐景崧猜忌，受命率部驻守台南，唐景崧此一布局，致使台北方面防务疏懈。甲午战败，清廷被迫割让台湾，消息传来，举台震惊。丘逢甲率绅民抗争无果，乃集台民商议谋独立，电永福，询可否，永福回复："与台存亡。"台湾民主国成立后，刘永福担任民主大将军，驻扎于台南府城。不久，唐景崧逃回大陆，台北失守。日本人横暴无人理，淫掠恣所欲。刘永福闻报非常愤怒，决意死守。

当时，台南绅民议奉刘永福继任大总统之职，永福不受，但仍坚守台南，继唐景崧之后领导抗日，台人咸愿听命。刘永福为固守南台湾，采取了一系列措施，包括设官银号，行纸币，兴邮政，严海关。刘永福还亲自踏勘海岸线，于海岸掘堑坑，以木桶去底埋堑内，中插竹签，锋利如刀剑，外盖薄木，蒙草皮，状陆地，以备日人登陆踩踏后木翻人落，签贯腹，辄就毙。日军登陆后果然多坠坑而亡。日本人不敢前进，仗着船坚炮利，发炮轰海岸，毁炮垒及堑坑，刘永福率军民占据有利地势坚守，并亲自发炮杀敌，使日本军队前进受阻。

是年7月，台湾总督桦山资纪给刘永福下书，诱其投降，被刘永福严词拒绝。在给桦山资纪的回信中，刘永福慷慨陈词，指责日本人："……背盟负义，弃好寻仇，无端而夺我藩封，无端而侵我边境。当是时，中国臣民，人人切齿，咸欲灭此朝食，以张我朝廷挞伐之威……"表示："余奉命驻防台湾，意当与台共存亡，一旦委而弃之，何以对先帝于地下……"

桦山资纪收到回复，知道刘永福不为所动，益发兵攻台南。刘永福悉力据守。至9月，台南防务军公费用入不敷出，守军孤立无援，刘永福回天乏术，无奈潜至安平，乘外国商轮辗转回到大陆。

追随刘永福返回大陆的参军记室吴桐林曾写下这样一首诗，记录了这段历史：

"话到君山涕泪多，秦廷愧我几番过。三千士卒埋荒塚，百万生灵葬海波。

漫说兴亡归气数，休凭强弱论中倭。兵穷食尽孤城在，空使将军唤奈何。"

据史书记载，"永福骨瘦柴立，而胆气过人；重信爱士，故所部皆尽死力云。"刘永福后仍受命镇守钦州边境，后卒于家。

（李理、沙蓬）

龙 才

龙才（生卒年不详），广东高要人，赴台经商，加入中华会馆。抗战爆发后，参加抗日救国会，目睹移居台湾的一些大陆同胞被害，十分气愤，立志要完成诸同志未竟之事业，不幸于1943年4月28日被基隆的日本宪兵部所拘捕并惨遭毒刑致死。

其事迹经由台湾有关部门明令褒扬。

（台湾省文献委员会编印《台湾抗日忠烈录》第一辑）

卢丙丁

卢丙丁（1906—1991），台湾抗日志士，日据时期著名词作者。

1926年台湾民众党创立，对当时政策之反对，由蒋渭水、卢丙丁、谢春来、黄同4人起草；稍早前在台南的墓地引发文化协会抗争也是由卢主导，向"日本台湾总督府"抗争。9月台湾民众党成立，台南的支部就是王受禄、卢丙丁等人负责，台南支部的党员达79人，远比台北（57人）高雄（38人）及其他支部多。

卢丙丁个人领导的"台南机械工友会"也有97人，在各地也有工友会。成立两年后，台湾工友总联盟领导者是李有三，重要干部为蒋渭水、陈木荣、陈天顺以及卢丙丁。

台湾民众党渐走向左倾，"日本台湾总督府"以此为由一再取缔逮捕，这个团体终于被强制解散。结束时间是1934年2

卢丙丁与朋友在林瑞西诊所前合照

月 19 日。该年 7 月蒋渭水伤寒入院，8 月病逝，为蒋渭水筹办丧葬的卢丙丁替他拟写遗嘱，仿孙中山遗嘱而成："台湾革命已进入第三期，台湾人的胜利，已迫在眉睫，凡我青年同志，仍须努力奋斗，而众同志，亦应加强团结，积极的援助青年同志，努力为同胞求解放，是所至嘱。"

蒋渭水去世后，卢丙丁仍然奔走民族运动，但 1935 年后，屡被捕，卢与家里失联，家人只知最后终点是被关入"麻疯病院"，被日人送到福建，以后不知踪迹。

从 1935 年后，卢妻林氏好曾传播乐教，也一直热心公益，1991 年逝世，享年 85 岁。她生前灌的唱片，如今还在，而常被传唱歌曲之一《一个红蛋》，后来更被台语天后江蕙翻唱走红。据卢丙丁、林氏好夫妇后人讲述，日据时为避免牵累亲人，所以卢丙丁与林氏好曾佯装离婚，林氏将儿子姓氏归母姓林。林好曾赴日本学音乐，返台后就在乐艺领域工作养家，而两个儿子后来也在这方面发展。

（丘秀芷）

卢清潭

卢清潭（？—1934），原籍福建平和，先世赴台，居台湾宜兰罗东街。少有大志，弱冠毕业于罗东公学校，1924 年即参加台湾文化协会、台湾民众党及工友协会，与蒋渭水等共同致力于台湾抗日民族运动，反对日本军阀暴政。一身兼任各会干事之职，为民众党的中坚分子，负责指导宜兰方面各分会工作。

当时，日本政府畏惧台湾人呼应国民革命，动摇其在殖民地的控制权，因此对于卢清潭的活动非常忌惮，数次将其逮捕下狱，用尽酷刑。卢清潭得同志营救出狱，仍然继续奋斗，努力从事抗日地下工作。

1928 年卢清潭得其堂兄卢琳荣的资助，并且借其房舍设立青年读书会，集合青年数十人，专攻国学，暗中策划民族运动，以配合民众党等抗日团体的工作。1934 年冬，卢清潭旧伤复发不幸逝世。台湾光复后，卢清潭列祀圆山忠烈祠。

（台湾省文献委员会编印《台湾抗日忠烈录》第一辑）

罗臭头

罗臭头（？—1914），居台湾嘉义厅店仔口（台南县白河镇）支厅的南势庄，家世颇为富裕，幼时受相当教育并习武术，曾任壮丁团长，嗣与兄分家后，因不谙农事而家道渐次中落。1913年8月，罗臭头因与同庄杨天成次女有染，事虽经和解了事，但店仔口支厅却仍拟加以行政戒告。罗臭头遂携家眷避入六甲支厅管下之乌山岭中。该地称谓二尖山，高标2850余尺，断崖如刀削，路径峻险，郁苍树丛，蔽绕周围。

罗臭头盘踞于如斯天险，日夜耽读自写兵书以及观音经等。

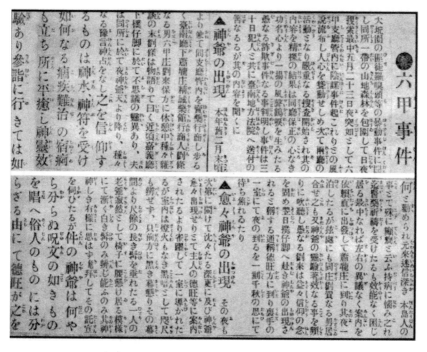

日文报纸指六甲事件是罗臭头妖言惑众

时值总督府征伐生番，令各地警察征集多数保甲人夫，此地居民亦陆续被征召。因彼等认为征伐番地甚为危险，故企图逃走者甚众，警察乃行防止穷极之策，（不得已）对保甲民施加强压手段。罗臭头乃趁机巧召逃亡者，于是对政治上抱怀不平者，或怀迷信观音佛祖者，或其亲戚故旧等均相继不约而同入山，旋被罗臭头之秀丽容貌与横溢才智所威服，于神前结盟约。罗臭头更藉托系清廷皇帝及天帝旨意，任其为都书境盾将军，并身着仿造中国军装成的神仔衣服，且规定严守不得强奸妇女、抢夺金钱，及购物必须给予价钱等事项。

罗臭头纠集众人目的是为袭击日本官宪，夺取枪械弹药，驱逐日人出境，原选定1914年旧历7月，盂兰盆会的佳日举事，预定袭击正为征伐生番而呈虚空状态的六甲支厅，并蓄积兵器经费粮食。

1914年5月5日夜，罗臭头部下擅自盗窃前大埔警察官吏派出所的村田式步枪2支及弹药5发，致使日警大举搜查。罗臭头等人以为事迫，乃提前于5月7日夜招数10人，拟袭击六甲支厅。当时彼等乃顺途袭击大坵园及王爷宫二派出所，但因两处警员皆不在而无所获，惟沿途民众多人踊跃参加，共计七八十人各持枪刀棍棒等武器，一路前往六甲。时六甲支厅早已获报，并急派警部补野田文雄率5名巡查，于8日夜赶至王爷宫造林地，与罗狮及罗阵等众伙发生枪战，日警野田文雄中弹（后运回六甲支厅于次日身亡），惟众伙乌合忽行退却，中途与闻枪战声即驰前来的罗臭头等相遇，时罗臭头希冀众人坚持到底，但彼等乃行退走，终至崩解溃散。

罗臭头等退入山中，弹尽援绝，乃与罗阵、罗其才等相继于山中自杀，李岑等8人则于抵抗时战死，其他多人亦遭逮捕。

（戚嘉林）

罗福星

罗福星（1886—1914），别名东亚、国权、中血，出生于印度尼西亚巴达维亚（即今之雅加达）。他的母亲是当地荷兰人与印度尼西亚人的混血，罗福星出生时有个双胞胎弟弟禄星。周岁时随祖父回到广东嘉应州镇平县大地村（现为蕉岭县）。自幼即受中国文化熏陶，五岁启蒙，诵读中国经籍诗书。10岁时又随祖父去印度尼西亚，就读爪哇的中华学校，兼习荷文及英文，直到18岁中学毕业。

1903年罗福星随祖父赴台湾，1907年从台湾返回广东，路经厦门时，他听闻了革命的宣传，加入"中国同盟会"，矢志为革命献身。

返回广东家乡后，罗福星即在故乡大村之学校担任体育教师，当时他了解华人体弱多病，还被称为"东亚病夫"，于是要求学生建立强身强国的观念，并且向学生灌输民主的思想。

1907年罗福星与黄玉英女士结婚，在广东蕉岭县大地村，过了一段平静的生活。罗福星具有浓厚的中国意识，又谙外语，所以深受同乡先贤，当时任广东教育总会会长的丘逢甲先生的赏识。于次年奉派到印度尼西亚爪哇一带视察侨校。1909年受命为新加坡中华学校校长。旋因水土不服而辞去教育工作。后来转为党务工作，即前往缅甸，担任同盟会缅甸分会之书记工作，这是罗福星从事党务宣传工作的开始。

1910 年，罗福星乃奉命离开缅甸，转赴印度尼西亚椰城（雅加达），担任中华学校校长。在职期间，胡汉民等同盟会重要干部因往来南洋各地筹款，罗福星因而与之密切往来，随同奔走于南洋各岛。

1911 年春，统筹部决议发难于广州，催促各地同志速汇款项，罗福星与同志奔走募款于荷印各岛之间。后来返国参加黄花岗之役，幸免于难，避于香港，后与胡汉民转往南洋。

8 月下旬，黄兴电胡汉民与罗福星等在南洋招募民兵。罗福星招得一批民兵，先后由港入广州，到广东时，广东已经光复，罗福星奉命解散民兵。

1912 年 8 月中旬，罗福星接获福州南门北伐军联团百长刘士明之函，邀往台湾从事抗日革命，欣然同意。12 月中旬，罗福星即从汕头乘船赴台，开始他的革命事业。

罗福星从淡水上岸，在台北稍作停留，即往阔别了 9 年的苗栗。罗福星找了昔日同学叶绍安、罗壁壬、傅清鳳、邱义质、谢德香等，这些都是志同道合的朋友。罗福星向同学们介绍了他特别推崇的孙中山先生，他说孙先生独具慧眼，看清世界潮流，结合同志才能推翻满清政府，建立了民主自由的中华民国。罗福星常和同学谈新思潮，谈革命理想，结合台湾的现实情况号召革命解放台湾同胞，这些同学都成了罗福星在台湾抗日革命的最基本干部。

罗福星到台湾，最先做的事，就是唤起同胞们的民族意识，不能忘了自己的祖先和血脉。他通过撰写印刷宣传品，传播先进思想，发展同志。

经过努力，招募同志工作进展顺利，不到一年时间，抗日革命组织如火如荼地展开，仅台北一地，即有黄光枢、孙学老、刘秀明、郑乞、周阿枝、周齐仔、叶加车、高明、张九柱等三四百人。台北大稻埕新街口的广成茶行和大瀛旅社成为据点，称为"华民会馆"，它成了接待华人的中心，其实这就是台湾同盟会的支部，罗福星在这里宣传革命，吸收党员。

在苗栗有邱义质、叶绍安、罗壁壬等，特别是谢德香一家兄弟五人，听了罗福星对抗日革命的介绍，都毫不犹豫地参加了革命的行列。

江亮能是罗福星重要助手，邱义质是重要的干部，他们各尽所能，在革命工作中都发挥难以替代的作用。

罗福星依军队编制，设立了旅、团、营、队、排、班等组织，制定军人守则，还组织了一支敢死队，由旅长负责。为了同志能遵守纪律，严定军人刑法。罗福星为减少同志的损失，还特别定了暗号，作为同志间的联络方式。

吸收会员招募同志工作甚至以山地原住民同胞作为对象，在新竹苗栗和台中的山区，吸收了不少山地同志。

当组织发展到一定程度以后，人员多了，消费宠大了，且革命工作必须有经费的支撑。于是罗福星去找台北的士绅黄南球先生，黄先生家业很大，为人慷慨，也是爱国知识分子，得知罗福星领导的革命是有计划、全面的，表示愿意支持，这给罗福星很大的鼓舞。

罗福星多方打听，知道出身台中望族雾峰林家的林祖密将军，有财富，有理想，是一位爱国志士，彼时恰在台湾，罗福星乘机前往拜访。林祖密对罗福星冒险赴台抗日的精神十分钦佩，知道革命缺乏金钱和人力，当即表示支持，不但捐助 2 万银元，并且表示，如果革命起义，他可以率两万人帮助罗福星一起抗日。有了林祖密的支持，罗福星如虎添翼，相信抗日一定可以成功。

罗福星策划起义的战略是，先由敢死队 1000 人当先锋，然后各地同志风起云涌一起响应。另外要一群人进攻日本总督府，首先封锁基隆港切断他们的后援，海上请福建总督切断日本船只，并且出兵支持抗战。因此，一定要与福建总督孙道仁联络。

1913 年 2 月，台南关帝庙李阿齐起义，日本警厅加强对抗日分子的搜索和逮捕。1913 年 4 月，大湖地区发生张火炉事件，张火炉带领 50 多人被迫提前起事而失败，从而连累到整个起义。

1913 年 9 月 9 日，苗栗大湖共和会馆的同志拟在天后宫举行宣示大会，不幸事泄，日本警厅突然进来，当场抓去叶永传、吴颂声等 8 人。这个秘密会议引起了日本殖民当局的注意。

9 月 17 日，台北黄光枢等 300 余人被捕。

9 月 25 日，大湖庄水尾村人黄阿统与汤阿文，潜入大湖支厅仓库窃取村田步枪 37 支，子弹 400 多发。枪支失窃后，日警觉得事态严重，认为是革命党所为，于是大湖支厅利用保甲，进行秘密搜捕，查知真有革命党员密藏枪支，还暗地里和蕃界隘勇互通声气，这个发现启动了日警对革命党员的大搜捕。

10 月初，大湖区 94 名同志被拘。罗福星闻讯即通知苗栗同志召开紧急临时会议，到会 80 余名同志。会上罗福星告示了十项训诫以应变。并与诸会员立誓。散会后急派罗浮云、谢绍堂、谢森鑫、吴荣口、叶敏枝等人分别向各地 700 余名会员，通知十项训诫。

在日本殖民当局严密监视之下，罗福星还是往来于台北、苗栗两地。10 月 21 日，他又回到台北。台北警察盯上了罗福星的红粉知己张佑妹，三番两次去张佑妹工作的旅馆找麻烦。佑妹受了不少皮肉之痛，但从没有供出同志名单，所以罗福星一直称她烈女，在最后几天的日记里留下许多对佑妹的赞美。

在台北基隆有不少同志人人自危，罗福星对同志说："诸君，汝等毋怖，余若被捕，纵遭残酷刑讯拷问，决不供出破坏大局，男子重名，今日之事已达半途，怎可废止。"又言："余若得脱离此乃天佑，余之福也；若不幸遇难是乃运命，如何者也，吾一人死即足耳。"

罗福星在日本警察大肆搜捕的情况下，得到同志的掩护，辗转来到淡水，与同志周齐仔密谋伺机潜回大陆。但为奸人告密，1914 年 2 月 18 日夜遭日警围捕。1914 年 3 月 3 日罗福星被送上绞刑台。

罗福星之抗日革命案被侦破之后，日人特于新竹厅苗栗开设"临时法院"审判这个案子。综合两次判决，罗福星案被判死刑的有罗福星、江亮能、黄光枢、黄

苗栗罗福星纪念馆

员敬、傅清凤、谢德香6人，15年徒刑者6人，12年徒刑者8人，9年徒刑者25人，7年徒刑者43人，5年徒刑者135人，4年徒刑者3人，无罪者33人，不起诉者153人，共计412人，日人对革命志士本人给予处分同时还处保甲连坐处分，对无罪释放者，则罚款三元十元不等。

罗福星所领导之抗日革命，依日本档案里留下的资料有3000人左右，被判刑的志士有姓名、籍贯、职业、年龄详细纪录的有420多名。这些革命志士，都是不愿屈服异族统治的台湾同胞，都是为找回台湾人尊严的有志之勇士，他们的精神给日本殖民当局极大的震撼。

（罗秋昭）

罗　俊

　　罗　俊（1854—1915），
生于台湾嘉义他里雾（云林
县斗南镇）。1900年，罗俊
曾投身于义军抗日，事败
秘返大陆，历游华南各地7
年，后潜返台湾。当时三子
俱殁，妻已改嫁，家产尽
失，故旋于1906年6月飘
然再赴大陆，遍游厦门、汉
口，甚至安南、暹罗等地，
以行医或看风水为业，后栖
隐于福建天柱岩寺庙，持斋
礼佛。1914年，有台南人
陈全发秘渡厦门告罗俊称，余清芳在台南秘行反日活动，并劝其
回台共谋大事。罗俊乃于是年12月返台，经淡水上岸，并即往
访晤赖冰、赖渊国、赖楚、赖宜、赖成等人。1915年，经张重
三的引介，罗俊亲赴台南秘晤余清芳，缔盟携手，并约定由罗俊
负责台北台中一带工作，余清芳则负责南部一带工作。

　　是时，罗俊在中部北部进行顺利，另一同志江定也聚众愈
来愈多。一时南北加盟者众多，余清芳更以大明慈悲国大元帅名
义对同志发出驱日谕文。斯时，台中地方即风传台湾有真命天子
出现等言传。

　　1915年4月中旬，台中日本殖民当局已获悉外传中国军队
将要攻打台湾之说，从而暗中进行调查。4月下旬，员林支厅开

始调查赖宜、赖冰、赖渊国等人行踪，并暗中检查赖渊国往来书信。5月22日复截获张重三致谢成信函，旋顺势于次日在基隆港驶往厦门的日轮大仁丸中，捕获台南阿公店（高雄县冈山镇）人苏海东，方悉本案事情。日本殖民当局立即于台南、嘉义、台中等地，展开搜捕行动，并于1915年6月29日在嘉义东堡竹头崎庄尖山森林中捕获罗俊。

　　随后，日警全力搜寻余清芳与江定等的行踪。斯时，连日豪雨，溪流泛滥，终无所获。8月3日天未亮时，余清芳率约300人袭击台南厅噍吧哖（台南县玉井乡）支厅辖下南庄派出所，该庄日警巡查等并眷属计20余人全被歼灭。余清芳等随即据虎头山，准备攻击噍吧哖支厅；日方闻讯，调动大批军警协同攻击。余清芳等人奋战不敌脱逃，最后于8月22日被捕。

　　罗俊、余清芳等经审讯，判处死刑。唯其临刑前皆从容就义，其状甚至连日人亦不禁赞云："及至宣布执行死刑之际，毫无留恋不舍之状，首魁以下数十人，皆从容登上绞首台。"

（戚嘉林）

吕大田

　　吕大田（1870—？），台湾桃园人。幼承庭训，知书识礼。1895 年台湾被日本人强占，于是投笔从戎，毅然参加义军，任陈登元部的百总。起初他是驻守在淡水八里岔，后调至苏澳防守滨海一带，兼顾地方的治安。日军入侵时，对吕大田驻守处发起了猛烈的攻击，后驻军终因寡不敌众而溃败。吕大田隐退山林，但终被日军搜寻逮捕下狱，过了很久才得释放。出狱后，吕大田转而经营社会福利事业，但其抗日救国之理想终不得实现，郁郁而终。

（台湾省文献委员会编印《台湾抗日忠烈录》第一辑）

吕赫若

吕赫若（1913—1951），本名吕石堆，台湾丰原潭子校粟林村人，被称为"跨越日帝统治和回归祖国两个时代的台湾第一才子"。14岁时，吕赫若以第一名的成绩毕业于潭子公学校。15岁，他同时考上台中一中与台中师范学校，因其父比较喜欢台中师范学校，遂遵父命在此就读。21岁师范学校毕业后，1934年9月3日与林雪绒在建义堂结婚。

1934年，吕赫若被分配到新竹峨嵋国小任教。1935年，他的首篇以赫若笔名发表的小说《牛车》，刊登在日本《文学评论》上。赫若二字，一是取朝鲜作家张赫宇的赫字，一是取郭沫若之若字，此二人均是他所敬佩的作家。"七七事变"后，吕赫若活跃于杨逵掌舵的《台湾新文学》杂志。1939年，台湾写作环境恶劣，吕赫若东渡日本，并在东京东宝剧团演出歌剧《诗人与农夫》。后患肺疾，搭乘太平洋战争前夕的最后一班船"富士丸"回到台湾。

回到台中潭子老家后，吕赫若加入《台湾文学》编辑部，并担任"台湾文艺家协会"小说部理事。在此期间，他创作的《庙庭》《风水》《邻居》《日夜》相继发表，并为"台湾演剧协会"撰写大众剧本《结婚图》，又撰写了广播剧《林投姐》。后又到台北，他在《台湾日日新闻》《兴南新闻》当新闻记者，又与几个朋友一起组成"厚生演剧研究会"，在台北永乐座公演《阉鸡》。

抗战胜利后，吕赫若出任《人民导报》新闻记者，同时还担任台北第一中学音乐教师。1947年"二·二八"事件后，他积极投入左翼的人民解放运动和武力抗争，这期间他曾主编《光明报》。

1949年，国民党退踞台湾，许多左翼组织被破坏，人员被逮捕。吕赫若身份暴露，前往鹿窟（鹿窟是台共武装基地）。在此，吕赫若担任无线电发报工作。一次，他在晚上工作时被毒蛇咬伤，光荣牺牲，年38岁。

吕赫若的创作在台湾文学史具有重要的地位。他1935年就写出具有深刻的社会生活认识力的小说《牛车》。1945年他以相当流畅的白话文，成熟的写实主义审美技巧写成的《冬夜》，形象、深刻地表现了光复前后台湾社会和生活中复杂、沉重的矛盾的核心。这是身历殖民地台湾和光复后台湾两个历史时代的台湾作家第一篇白话文当代小说，不但总结性地体现了在殖民地抵抗运动中诞生、成长的台湾当代小说文学，而且富有象征意义地结束了语言被收夺而不得不以日语文从事创作和抵抗的时期，从而宣告了战后在台湾的中国文学的展开，并把台湾文学从现代带进了当代。吕赫若是一位在左翼进步界很有影响的作家，他关心台湾社会矛盾和人民疾苦，以现实和艺术双重探索，对台湾文学做出重要贡献，在中国的现代文学史上留下厚重的一页。

（甘铁生、吕芳雄）

吕元典

吕元典（生卒年不详），原籍福建漳州，居住在台北县中和乡南村，是前清的武秀才。

1895 年 5 月，日军攻陷台北。吕元典誓不臣日，号召义民揭竿而起，聚集义民达两千余人，分为二营，其自为统帅。吕元典部与各地义军互相串连。当年 11 月 16 日，新竹义军胡阿锦，以及陈秋菊、简大狮、詹振等拟于 1896 年元旦夜十时，在观音山燃火为号，举众齐发，共同攻打台北城，吕元典亦相约与其共同举事。

吕元典依约杀黑犬以祭天，歃血为盟，气势甚为壮烈。入夜后，吕元典率部路过网尾渡（现永和镇网溪），因机密泄漏，被日本人袭击，又因没有后援跟进，终致全军覆没。吕元典亦以身殉国。

（台湾省文献委员会编印《台湾抗日忠烈录》第一辑）

莫那鲁道

　　莫那鲁道（Mona Rudo，1882—1930），出生于台湾省南投县仁爱乡马赫坡社（今庐山温泉后方台地）。台湾少数民族著名抗日英雄，"雾社事件"领导者。父亲是赛德克族德克达雅群人（Seesiq Tkdaya）鲁道巴耶（Rudo Baey），母亲马红芭拉斯（Mahung Paras）。夫妻二人育有四名子女（一男三女），莫那鲁道排行老二，大姐为芭淦鲁道（Bakan Rudo），其下二位妹妹依序为露笔莫那（Lubi Mona）、迪娃斯莫那（Tiwas Mona）。族老传说，莫那鲁道父亲早逝，母亲辛苦持家养育子女成人。

　　莫那鲁道妻芭甘瓦历斯（Bakan Walis）是赛德克族杜鲁固群人（Seediq Truku），夫妻二人育有四男四女共八名子女：长男达德莫那（Tado Mona）、次子巴索莫那（Baso Mona）、三女马红莫那（Mahung Mona）、四女依婉莫那（Iwan Mona）、五男拔挽莫那（Pawan Mona）、六女姑姆莫那（Kumu Mona）、七男瓦历斯莫那（Walis Mona）、么女露比莫那（Lubi Mona）。由于莫那鲁道的家庭及宗族姻亲关系，无形中自然编织成一绵密且张力坚韧的人际网络，让他得以串起各部族间的盟友情感与重要共识。

雾社起义领导者莫那鲁道（中）

据闻，莫那鲁道自幼天资聪颖，深受族老及当时马赫坡头目铁木罗勃（Temu Robo）的爱护和照顾。头目甚至视他如己出，对于传统规范（Gaya）、四时祭仪、做人处事、应对进退、农稼焚垦，乃至搏击狩猎、攻略防御、策略联盟等思维精神的锻炼，均毫无保留地倾囊相授，奠定其日后事功的基础。

莫那鲁道身强体健、魁梧勇猛、胆识过人，年纪轻轻即随同族人迎击敌族，猎得敌族领队首级而名声大噪。又因勤奋耕作善于狩猎，常在中央山脉山区猎得水鹿，摘取鹿茸后换回牛饲养，故其放养之牛为全雾社地区之冠。他生活富裕且为人慷慨大方，对部落纷争亦能公正排解，因此颇受部落族人及赛德克族群各部落头目的敬重。所以在马赫坡原头目铁木罗勃之后，他很快就被族人推举为新任头目，并带领族人迎向不可知的未来。

"雾社抗日事件"发生的原因、经过及迫迁

1. 远因

（1）日本企图挟其优势武力及权力，以"先进文明"及"优质文化"之名掩盖并合理化其侵略、歼灭、掠夺、统治、殖民等野蛮行径，更差别待遇刻意蔑视台湾原住民文化及人性尊严，造成原住民与日本殖民当局的冲突。

（2）日人为确立其殖民政权所实行的卑劣手段，如：生计大封锁；武力迫使原住民缴械归顺；利用原住民文化习俗及信任笃实天性绑架族人，以达成其蚕食进踞原住民领土的目的；以"蕃通"警察的设置，解构部落政治、秩序及 Gaya 组织，以武力为后盾让原住民顿失信仰寄托，无所适从，遂行其支配部落事务之心机等。除武力灭族外，更强制实行"同化政策"：儿童方面，借"蕃童教育所"的"教化"及"授产"措施；成人方面，则透过社会教化团体及安排头目或势力者赴日观光以对日本产生景仰心理，达成其"文化灭族"之阴谋。

（3）日本人强夺原住民土地，掠取樟脑、桧木、矿石及水利等自然资源。

（4）强制迁移部落原住民就近监视，迫其改变传统生产方式。押收原住民枪械，阻挠其狩猎习俗，意图使原住民岁时祭仪无法运作，让 Gaya 组织渐行废弛，使原住民核心价值信仰渐趋模糊崩解，对未来命运产生不确定感。

（5）日本人为达成其统治目的，利用原住民敌首祭习俗，威胁操弄原住民奉行 Gaya 之名，借"以蕃制蕃"卑劣伎俩制造嫌隙，挑拨离间破坏族群关系。此离间手段自然在族群情感上发酵，日本人再以武力胁迫，造成原住民族群交相征伐、自相残杀，原住民各族群之反抗力量不可避免地彼此消磨削减。

（6）鼓励日警借婚姻"和蕃"政策拉拢与原住民各族群部落之头目，以收招抚效果达其统治目的，但是有日警始乱终弃或将女方卖入欢场，更增原住民对日之憎恨。

2. 近因

1908 年，日本设置雾社蕃务官吏驻在所后，因文化差异，日人权势的压迫让赛德克族人自觉族群的主体性受到前所未有的约束及破坏。生活上的摩擦及冲突频生，赛德克人对日本之统治积怨更深。

（1）大兴土木

日本人进驻雾社后，征召赛德克人从事各项劳役，在岁时祭仪、耕种及狩猎等生计活动期间犹强制劳役。此与原住民不受束缚、崇尚自由的习性大相径庭，带给原住民生活无比困扰和痛苦乃遭致民怨。

（2）伤心人居中策动

比互沙布（Pihu Sapu）及比互瓦历斯（Pihu Walis）两位堂兄弟，幼年时家人均遭日人杀害，心田早埋下复仇种子。及至后来两人因故被罚劳役，其间又遭日警威吓鞭打，抗日意念更加坚定。故常游走于各部落之间，号召并密商抗日起事活动。

（3）二次"饮酒"风波点燃抗日火苗

明治末年，谷恩社（Gungu，赛德克为"尾巴"之意，日称和歌）头目经驻在所借得猎枪上山打猎，回程行经哈本（Habung）溪驻在所。驻在所巡查发现其猎得一只山猪，乃邀请头目入内饮酒。酒酣耳热之际，头目惊觉天色渐晚乃向巡查告辞。惟巡查仍频频劝酒，头目亦频频以"baka"（够了）响应。因文化差异及语言隔阂产生误解，遭致头目为日警群殴，返家数日后因内伤而亡。

1930年10月7日近午时分，马赫坡（Mehebu）社正办理婚宴，适巧两位日本巡查经过，莫那鲁道长子达德莫那热情邀约。其中尾上驻在所吉村巡查见其双手沾有血迹及碎肉而嫌恶，乃以手杖殴打遭致反击，为莫那鲁道制止。事后，莫那鲁道虽携"粟酒"两度登门道歉，日警不仅不为谅解并宣称近日内将对莫那鲁道父子施予严惩，让莫那鲁道家人及族人忧心不已。加诸其时被迫为日本人搬运木材的族人行经马赫坡社时，常向莫那鲁道诉苦，不堪为日人所奴役。莫那鲁道亲身感受族人之苦，引燃了伺机抗日之火苗。

3. 经过

（1）第一次"雾社事件"

1930年10月27日恰为台湾神社祭日前一天，雾社地区依往例办理运动会以为纪念。马赫坡社头目莫那鲁道召集族人下达抗日行动开始，要歼灭的敌人是所有的日本人。族人早已认知这将是一场捍卫Gaya（传统规范）、奔向在彩虹桥的祖灵们、视死如归的战争。主要共有马赫坡社、波瓦仑（Boarung）、斯固（Suku）、谷恩、杜鲁湾（Truwan）、杜罗杜夫（Drodux）之雾社塞德克族德克达雅（Tgdaya）族群六个部落参与起事，但实际上仍有其他部落勇士暗中加入。这次行动计杀死日人134名，伤26名，误杀穿着和服台系汉人2名。

雾社抗日事件爆发后，六个抗日部落族人旋即退守塔罗湾溪、马海仆溪流域包围的广大茂密山林，并构筑工事防守。抗日起义事件风起云涌，消息迅速传开，震惊全台及日本内地。"日本台湾总督府"随即集结兵力反扑。日本军警自埔里经人止关上山抵雾社（亦称巴兰社，Paran）。因事发时，巴兰社头目瓦历斯布尼（Walis Buni）原本即不赞同举事抗日，事发时亦制止部落族人参与，并协助日人藏匿及逃离雾社。故日人返回时，并未遭遇抵抗而顺利地进入雾社地区。

日军警进驻雾社后，从台南、宜兰、台北、台中、东势、新竹等地集结部队，输运大量战备物资、武器，重新布署人员及战斗位置，开始与抗日勇士展开激战。除地面军警部队外，先以飞机空中扫射并投弹，莫那鲁道么子瓦历斯莫那就在第一次轰炸时被炸断腿，后身亡。接着日方以炮兵部队猛轰马赫坡社及抗日勇士阵营，再以地面精锐军警部队试图强攻猛打，却屡屡为熟悉山林、善于游击战之抗日勇士击退。日方与抗日勇士隔溪对峙，久攻不下，遂以飞机施放"糜烂性毒气"毒杀抗日阵营内族人。勇士及族人虽有岩窟掩护，但也有多人因此丧生。同时，日人还利诱熟悉地形的 Toda 群（亲日番）突围。抗日勇士虽人数渐少仍奋力抗敌，后因弹药、粮食、医药、物资匮乏，更无后援得以凭借，饥寒交迫，随时处于生死关头。有视死如归者，依循祖训悬吊树上自缢身死，亦有老弱妇孺四处流窜中遭敌方俘虏。自此，抗日勇士已略显颓势。自知大势已去，莫那鲁道下令家人及抗日勇士不得投降，死也要死得有尊严，要依照祖训祖灵接受的方式，战死或自我结束性命，绝对不能活着让敌方馘首。于是，莫那鲁道选择了他的方式，在崇山峻岭中饮弹自尽。

莫那鲁道次子巴索莫那，在一次率领抗日勇士围攻日军营队时，不慎遭敌军击中下颚，痛苦不堪。他央请伙伴结束掉自己性命，平日情谊深厚的伙伴们无人敢下手，最后竟由亲大哥达德莫那完成了他的心愿。

莫那鲁道的长子，从起义当天起，就率领抗日勇士迎战日军。最后在弹尽援绝时，他与最亲近的伙伴们，在马海仆溪崖边，各自选了粗壮的大树，套上绳索上吊了结世俗所有烦忧，一同奔赴彩虹那端（祖灵故乡）。

"雾社事件"中，日本前后共出动警察队、官役人夫及军队等四千多人，以绝对优势兵力和各式精良武器攻打抗日勇士。抗日勇士终因伤亡惨重，后援无继，最后一批抗日勇士在烧毁自己家园后，于12月8日在马赫坡社后山岩窟集体壮烈成仁，终结了43天之战役。族人共有644人牺牲，其中女性计312人，男性计332，人称第一次"雾社事件"。

（2）第二次"雾社事件"

雾社起义之后，仍残留老弱妇孺561名抗日遗族遭到拘捕，分别被拘禁在杜罗杜夫（Drodux）及西岰（Sipo）二处保护蕃收容所。名为"收容所"，实即为"集中营"。日人以严密的警力和防御措施严加监管，并对"保护番"（即抗日番）威胁利诱，以便取得抗日漏网名单。1931年4月25日，日人再度利用族群嫌隙，用"以番制番"卑鄙手段威胁怂恿 Toda 群壮丁攻击

日本殖民当局出动大批军警镇压雾社起义

手无寸铁的抗日遗族保护番，史称第二次"雾社事件"。六社遗族经此两次事件，仅298名幸存，多为夫离子散、家庭破碎的老弱妇孺。

（3）迫迁川中岛

"雾社事件"之后，日人顾忌舆论压力，借口于1931年5月6日将参加抗日的六个部落遗族分两次强迫迁移到川中岛（今清流部落）。但因日人内心愤恨未消，再于1931年10月15日以"归顺式"名义，将其所认定曾参与抗日的另外23名原住民同胞在埔里加以羁押凌虐至死。此事件之影响，除直接造成雾社赛德克族杜固达雅族群人数急遽锐减、势力不再外，还造成无数家庭破碎、家破人亡，形成族群文化断层，社会崩解。伤害更深及族人心理，使得清流部落遗族心灵长年笼罩在恐慌的阴影当中而绝口不提"雾社事件"，也从此似乎遗忘了童年成长的却不忍回首的地方，其所来自的原乡——雾社地区。

（张进昌）

欧清石

欧清石（1897—1945），台湾澎湖马公人。1917年毕业于"日本台湾总督府"国语学校师范部，经教谕考试及格，为日据时期澎湖人最早合格的教师。1922年普通文官考试及格，历任高雄州及澎湖厅属科员等职。欧清石一向怀有大志，不甘心小成。1927年留学日本早稻田大学专门部法律科，1920年参加日本高等文官考试，行政、司法两科及格，遂名震台澎。日本占据台湾50年，澎湖仅欧清石一人经高等文官考试及格，全台也寥寥无几。曾经担任首届台南市市会议员。

鉴于日本人在台所施行的高压政策，欧清石无意仕途，于是在台南市开业当辩护士（即律师），每每为被屈枉的台湾人辩护，极受台胞的爱戴，而日本人非常嫉恨他。

1942年9月，欧清石因为凤山东港爱国反日事件被捕，饱受酷刑，并被扣上谋逆的罪名，在高雄法院一审判决死刑，后上诉到台北高等法院，减为无期徒刑。服刑期间，欧清石不幸在盟军空袭轰炸中丧命，年仅48岁。当时距离台湾光复仅剩3个多月，却未能见到祖国重光故土，非常可惜。欧清石的事迹经台湾有关部门核准，依照抗敌殉难官民祠祀，于1953年9月3日入祀澎湖县忠烈祠。

欧清石在狱中所作之诗词，摘录一首如下：

无瑞白日见蜃楼，祸起萧墙竟作囚；

云我啸凶怀越轨，笑他吠影喘吴牛。

居常本是硬颅骨，临变何曾屈颅头；

生死只凭天赋命，息妄随处是忘忧。

（台湾省文献委员会编印《台湾抗日忠烈录》第一辑）

七十三公

七十三公，并非一人之名姓，是 73 位先烈的统称。有姓名可考者 65 人，其余 8 人不详。

1895 年，《马关条约》割让台湾，日本派遣大军强行登陆，而台湾民众不甘异族欺凌，纷纷组织义军抗击，虽然大多失败，但其壮烈事迹可嘉，七十三公即其中忠烈事迹之一。

1895 年 7 月 13 日，日军分三路夹击龙潭。当时，胡嘉猷、黄嗣昌、黄娠盛、廖传兴、邱振安、胡万忠、魏阿盛、巫士奎、徐阿麟、曾石安、黄水凤、胡阿宝等人，在胡万忠的药店内与日军对抗，射杀数名日本兵，但终因人员、武器不足不能坚持很

1908 年，新竹县新埔的义民节

252

久，正准备向咸菜巷转移，但日军已经乘机攻入，纵火焚烧了民房和文昌庙，一时间烈焰冲天，全市顿时成了火海，惨不忍睹。抗日志士除胡嘉猷侥幸突围，其余仍与日军短兵相接、肉搏上阵，力战到底，日军同样死伤惨重。魏阿盛等人终因势孤力竭而在树林竹窝内被俘，慷慨成仁。日军穷凶极恶，逢人便杀。此一役殉难者合计有73人。

义士胡玉山将死难志士遗骸葬于鸟林岗，其所筑墓冢人皆称之为七十三公（俗称七十三郎）墓。其后，每逢农历的二月，乡民都自发地前往祭拜。台湾光复之初，乡民集体合议，订于农历六月十七日为祭祀日。而一些乡绅遗老，感佩于众志士为国捐躯的精神，于每月的初一、十五携祭品前往祭奠英魂。墓志上所列七十三公姓名如下：

魏阿盛	巫士奎	徐阿麟	叶阿廷	古阿兰	黄阿登	黄阿保
徐阿乾	李阿敬	陈有成	彭阿云	彭阿美	卢阿井	曾石安
萧竹秀	黄双元	杨逢祥	张阿木	林阿成	杨藜祥	彭阿窗
林阿基	胡阿宝	刘阿义	曾阿盛	黄水凤	张阿珠	古伸庆
古天生	刘木兰	吴阿石	巫阿明	汤丙粦	黄成求	张阿生
胡星富	宋庚古	林阿牛	罗阿昂	黄赞勋	徐旺来	陈阿荣
黄养成	黄阿昂	吴阿谷	何阿石	管阿明	张添水	张方德
陈阿山	吴阿栋	罗阿统	陈石水	徐谢氏	徐阿贵	李阿昂
张石生	林阿良	谢德	管思忠	陈桂房	黄阿荣	刘顺
吴丁旺	谢金标					

以上仅有65位志士的名字，但骸骨实为73具，其余8具骸骨或是改名，或是过客遇难不得而知，但其都为中国人无疑，所以乡民以"七十三公"称之。

（台湾省文献委员会编印《台湾抗日忠烈录》第一辑）

丘逢甲

丘逢甲（1864—1912），字仙根，号蛰仙，又号仓海，在其诗文中常自称"东海遗民"、"台湾遗民"，台湾彰化东势角（今台中县东势镇）客家人，祖籍广东镇平（今梅州市蕉岭县），是我国近代杰出的抗日保台民族英雄、爱国诗人、教育家。他生活在列强入侵、国难危迫的时代，在民族危机的强烈刺激下，从青少年时期就胸怀大志，身居台岛而"以天下为己任"。1889年考中进士后，他无意仕途，毅然弃职还台，从事桑梓教育，引导青少年放眼五洲，关心国家民族前途。

一、投笔从戎，创办义军

中日甲午战争爆发的消息传到台湾，丘逢甲料定台岛势必难逃战祸。可是环顾台防，守备十分薄弱，丘逢甲心头十分沉重。他决计投笔从戎，毁家纾难，肩负起保家卫国的重任。

征得布政使、帮办台湾防务唐景崧的同意，是年中秋前后，丘逢甲着手招募义勇，举办团练，进行训练。为此，他"倾家财以为兵饷"，不辞劳苦，到处"奔走呼号，以守土拒倭号召乡里"。丘逢甲慷慨激昂的演说，"一字一泪，言未已已哽咽不能成声，听者咸痛哭，愿唯命是听"。一时间从者如流，很快便组织起一支人数众多的团练队伍。据唐景崧当年10月底向清廷奏报："台湾府所属四县已挑集1.4万人，编为义勇26营，造册前来。"当时，中日初战，割台之议未起，丘逢甲犹能洞悉形势，未雨绸缪，积极倡办团练，以备战守，其远见卓识和爱国爱乡之情，实属难能可贵。

10月间，唐景崧接替邵友濂署理台湾巡抚。他正式委派丘逢甲招募义勇，并将团练改称"义勇"。尔后各地义军人数与日俱增，到当年年底，全台报成军者约五六十营。次年春，"编入者号百四十营之多"，声势浩大，号称有10万之众，成为台湾防务中一支重要力量。

义军以诚、信、靖、壮、捷、敢、良、劲等16字为符号。一般每字统辖5营，合10营为一作战单位。丘逢甲设义军司令部于自宅台中大埔厝柏庄（今潭子一带），任务是"专防中路，兼任筹饷"。义军的基本成分是当地的农民，其中又以粤东迁台的"客家人"居多。各营首领大多为秀才以上出身的爱国知识青年，其中有不少是丘逢甲的门生子弟或亲朋故旧，如他的哥哥丘先甲是"信"字营统领，三弟丘树甲是全台义军营务处帮理。"丘门三杰"，一时传为佳话。

1895年2月中旬，威海卫失陷，北洋水师全军覆没，台事愈加危急。唐景崧正式调丘逢甲统率义军北上，驻防台北后路。

义军北调，负有拱卫省垣的重任，但粮饷无着，枪械奇缺，困难重重。每营数百人，只发枪械280支，枪弹只有百粒。军中一切应用之具，十缺三四。到防好久，才拨给前膛旧炮4尊，也是"其一已断，余均生锈，并不可用"。丘逢甲焦虑万分，夜不能寐，再三致信台北恳求解决，但唐景崧唯恐义军势大，日后难以节制，故有意敷衍、拖欠。面对重重困难，丘逢甲并不沮丧。

为了制定出稳妥可靠的防御作战方案，他日夜跋涉于崇山峻岭之间，仔细查勘地形，并深入村寨，走访当地村人渔民，备极辛劳。为了树立广大义军将士同仇敌忾、卫国保台的决心和信心，他巡视各营，问寒问暖，与士卒同甘共苦，"借结人心"。在丘逢甲爱国爱乡精神的感召激励下，广大义军将士始终保持着严明的纪律和高昂的斗志。

二、刺血上书，反对割台

1895 年 4 月 17 日，战败的清政府被迫签订了丧权辱国的《马关条约》。条约规定，中国要把台湾全岛及所属各岛屿和澎湖列岛"永远让于日本"。

"城头城头擂大鼓，苍天苍天泪如雨，倭人竟割台湾去"。割台凶耗传到国内，举国大哗，台湾民众尤为激愤，"若午夜暴闻轰雷，惊骇无人色，奔走相告"，纷纷表示，"与其生为降虏，不如死为义民"。台北市民率先鸣锣罢市，他们宣言：府库内的饷粮不准运走，制造局不准停工，台湾各项税收应全部留供抗日之用。

在这场声势浩大的台湾人民反割台怒涛中，丘逢甲是主要发动者和组织者之一。4 月 18 日，割台消息传到台湾，正在南崁军中的丘逢甲怒不可遏，当众刺破手指，血书"拒倭守土"四个大字。随即赶往台北，邀集绅民会商对策。他们涌入巡抚衙门，向唐景崧痛哭陈情，并电约台中、台南各地绅民，共同挽留唐景崧和刘永福等固守台湾。当日，丘逢甲又血书一纸，请唐代奏，以"全台绅民"的名义愤怒责问清廷，亦坚决表示："桑梓之地，义与存亡"，"如倭酋来收台湾，台民唯有开仗"！

在全国反割台巨大声浪的影响推动下，唐景崧等驻台官吏也都纷纷站在以丘逢甲为首的台湾绅民一边，共同筹划保台方案。在不到一个月的时间里，丘逢甲"刺血三上书"，唐景崧等驻台官吏也二十余次电奏，哀告清廷收回割台成命。无奈反割台斗争最终失败。但丘逢甲等人的言论行动，表达了亿万中国人民特别是台湾人民内心反侵略的强烈愿望，闪烁着感人的爱国主义光辉。

三、首倡自主，义不臣倭

丘逢甲在反割台斗争中的又一重要贡献，是他"首倡台湾自主"之说，创建了抗日保台政权——"台湾民主国"。

1895 年 5 月 8 日烟台换约后，割台已成定局。丘逢甲闻讯悲愤交加，失声痛哭。他寝食俱废，邀集陈季同、林朝栋等官绅在台北筹防局会商对策。他们决定：（一）宣布脱离清廷而"自立"，以便对内加强号召，对外争取援助，避免给日寇以口实，使清廷为难；（二）挽留唐景崧暂摄台政，抗拒割台，以待转机。5 月 15 日，他们以"全台绅民"的名义，电告清廷及各省大吏，首次亮出了"自主保台"的旗号："台湾属倭，万民不服……如赤子之失父母，悲惨曷极！伏查台湾已为朝廷弃地，百姓无依，惟有死守，据为岛国，遥戴皇灵，为南洋屏蔽。……台民此举，无非恋戴皇清，图固守以待转机。"次日，唐景崧亦电奏清廷说："台民不服属倭，权能自主，其拒倭与中国无涉。"

5 月 21 日，丘逢甲等人再次集议，推唐景崧为"总统"，刘永福为"大将军"，丘逢甲为"全台义军统领"，定国名为"台湾民主国"，并具体商定了建国工作的其他项事宜。随后分头布置，联络筹备。1895 年 5 月 25 日，"台湾民主国"诞生。

"台湾民主国"成立后，向中外发布了一系列重要通电和文告，反复申明：台民抗不奉诏，自立为国，乃是在"无天可吁，无主可依"、"无人肯援"的万急情势下，迫不得已才采取的一种应急措施；尽管台湾暂时脱离了祖国，但它"仍恭奉正朔"、"无异中土"、"永戴圣清"；事平之后"当再请命中朝，作何办理"。由此可见，以丘逢甲为首的"台湾民主国"倡建者确认：台湾永远是中国领土不可分割的一部分，时机一旦成熟，随时准备回归祖国；目前之所以这样做，一是拒日割台"必须有人主持"，不能群龙无首；二是为了"商结外援"，便于和列强打交道，"图固守以待转机"；三是免使清廷为难，"为倭借口，牵涉中国"，以利台湾军民武装抗日保台。

"台湾民主国"是在特殊历史背景下被迫建立起来的一种临时性的地方抗日政权。它是《马关条约》签订后，中国人民反割台、反卖国斗争深入发展的产物，充分反映了以丘逢甲等为代表的台湾同胞无比炽热的爱国爱乡感情和不甘臣服日本侵略者的坚强意志。它的适时建立，起到了鼓舞台民士气、维系人心、稳定局势和打击日本侵略者凶焰的重大作用。

四、抗日事败，挥泪内渡

"台湾民主国"成立后，台湾军民士气大振，严阵以待，决心抵抗日寇的武装割占。正当台湾同胞准备同仇敌忾、厉兵秣马、誓死捍卫祖国神圣领土台湾、抗击日寇武装侵略的时候，清廷却派出"割台专使"李经方，于 6 月 2 日与桦山资纪在日舰"横滨丸"上会晤，草草订立了交接台湾的文据。

早于 5 月 29 日，"台湾民主国"成立的第 5 天，日军即已开始大举进攻。首先在澳底、盐寮一带登陆，随即进犯基隆。由于唐景崧软弱无能，调度无方，加之清军纪律松弛，一触即溃，致使基隆、狮球岭等战略要地很快丢失，台北告急。丘逢甲赶忙返回南崁元帅庙，部署义军，准备迎战。

前敌溃兵涌入台北，秩序大乱。一伙溃兵竟然闯入抚衙抢劫并纵火焚房。唐景崧慌忙化装出逃。6 月 6 日，乘坐德国轮船内渡厦门。6 月 7 日，日军未放一枪而占领台北。

日军既占台北，旋即沿铁路南侵。丘逢甲不顾自己势孤力单，毅然率义军"伏于途而击之，顾日军势张甚"，众寡难敌，势不能支，不得不饮恨率军退守台中。随即设义军司令部于大埔厝柏庄，继续筹划南北义军抗战事宜，协调指挥吴汤兴、徐骧、姜绍祖、丘国霖等各路义军前敌作战。

6月11日，丘逢甲部属、义军主要将领之一吴汤兴，邀集新竹、苗栗二县绅民在苗栗祭旗誓师，组成"新苗军"，图谋北上，收复台北。新苗军开抵新竹，屯驻于大湖口。探知日军分东西两路南侵，吴汤兴也将新苗军分作两路迎战。新苗军大败日军，极大地鼓舞了台中各县群众的抗日士气。台湾、彰化、云林、苗栗四县官绅筹集款项，招募土客勇7000人，编成"新楚军"14营，开赴前线与新苗军配合作战。7月10日凌晨，按预定计划，新苗军和新楚军分东、西、南三路同时进攻新竹县城，但在日军猛烈炮火的轰击下，久攻不克，伤亡惨重。激烈的战斗一直持续到晚间8时，新苗军和新楚军弹药告罄，才被迫撤退。

台中义军的英勇抵抗，迫使日军司令部放弃了在安平登陆、南北夹攻的原定计划，转而集中优势兵力由北至南进行陆路攻掠。沿途各地义军不断袭击南侵日军，他们以土铳、长枪、大刀为武器，利用熟悉的地形，出没无常，打得日寇晕头转向，胆战心惊。丘逢甲所部台中各路义军的顽强抵抗，有效地挫败了侵台日军妄图迅速南进的狂妄计划，为刘永福固守台南赢得了一段极其宝贵的时间。

直到7月中旬以后，日本派出2万大军增援台湾，军事形势才发生转变。经过近一个月激烈战斗的丘逢甲义军伤亡惨重，不少重要将领相继阵亡，饷竭弹尽，各部星散，柏庄司令部亦被日军纵火焚毁。这时候，丘逢甲的旧友、义军营务处帮办吕某经不起考验，叛变投敌，并恶意散布丘逢甲"私吞义军饷银10万两"的流言，以图掩饰其降敌的劣迹。谣言传开后，所部多逃亡，军心涣散，号令不行，而"日军复以台湾自主事为仓海所首倡，嫉之甚，严索之"。丘逢甲不得不带领少数亲信躲藏于"深箐穷谷间"，与日寇相周旋。他欲往台南与刘永福会合，图谋再举，但"道中梗，不能行。而台北已陷诸城邑，闻台南义声，咸跃跃思奋，仓海复与之约，定期起兵图恢复，为日军所侦知，防备周密，无隙可乘"。继而丘逢甲欲率众入山死守，与台共存亡。随从皆泣阻，"以为徒死何益"？这时，"诚"字营统领、好友谢道隆对丘逢甲说："台虽亡，能强祖国则可复土雪耻，不如内渡也。"丘逢甲才终于下决心率众内渡祖国大陆。

于是，丘逢甲通知各地义军自由抗战或内渡，"不限部勒"。随后，他随父母妻小及亲信部将谢道隆等一行约三四十人内渡大陆。这时候已是 7 月末，距唐景崧 6 月 6 日内渡已近两个月的时间。临行之际，丘逢甲遥望家乡宝岛，想到它即将沦为异域，虑及乡亲父老同胞正惨遭日寇铁蹄的践踏，心如刀绞，怒火中烧，禁不住潸然泪下。他写下了著名的《离台诗》六首，痛斥李鸿章之流的卖国罪行，表达他眷恋家乡父老的深情和渴望台湾回归祖国的强烈愿望。其中两首这样写道：

> 宰相有权能割地，孤臣无力可回天；
> 扁舟去作鸱夷子，回首河山意黯然。

> 卷土重来未可知，江山亦要伟人持；
> 成名竖子知多少，海上谁来建义旗？

内渡后的丘逢甲对清廷的失望，使他心急光复台湾遥遥无期，所以他暗中资助革命党。他办学校宣扬新思想，训练学生的体魄，教育他们为国家民族而奋斗。许多革命志士是他的门生。1911 年 3 月 29 日，黄花岗之役许多革命志士被捕。丘逢甲刚刚办完父丧，仍赶回广州，筹划营救被捕的学生邹鲁、陈炯明、古应芬、朱执信等人。

革命成功，丘逢甲寄望中华民族复兴后台湾能摆脱异族殖民。但是丘逢甲自己因为连年劳累，忧伤重病，于 1912 年农历正月初八病逝。病逝前，他仍嘱家人，死后必须将其南向台湾而葬。

（徐博东、丘秀芷）

丘念台

丘念台（1893—1967）初名伯琮、国琮，台湾台中县人，丘逢甲之子。入中学时更名琮，祖籍广东嘉应州镇平县人（现改为蕉岭县）。

一

1912年丘逢甲去世后，19岁的丘念台考取了上海大同学院。因为其四叔瑞甲鼓励他"以夷制夷"，父亲、岳父生前也主张效法日本维新运动，丘念台选择了留日。1914年，丘念台考取了东京第一高等学校预科，理工部第二名，成为广东省留日官费生。1919年进入东京帝大，开始组织台籍留日学生成立"东宁学会"。当时台湾雾峰林献堂主导台湾知识分子从事民族运动，而丘逢甲与林家结亲。丘念台因此与台湾文化运动分子密切往来，认识台湾抗日人士如林呈禄、蔡惠如、黄朝琴、蔡培火、蒋渭水等。他暗中指导台籍同学阅读祖国的课本，学习祖国的语言，以引发台湾同胞爱国爱乡的自觉。台籍留学生黄国书等还和他拜盟兄弟，同宣誓："务驱倭复台，不得有渝。"

丘念台在日本求学，一直读到博士班。他的研究报告论文《高州油矿研究报告》与《韩江流域的地质矿产研究》全没交给"东京帝大学院"。他宁愿放弃工学博士学位，也不肯缴上自己的研究心得。因为他已洞悉日本军阀会侵略中国，当然不能将自己的智慧奉送给敌人，更不能将自己乡梓（按：高州与韩江在粤境）的矿源告诉外国人。

二

丘念台于 1925 年初回国，受聘于广东大学，又赴东北 4 年，再回广东从事建设工作，并被聘为广东省府顾问。这时妻子亦已学成归国。1930 年，任广东省工业学校校长时，他又想起他的夙愿——复台工作。于是在妻子协办下，办华侨补习班，专收台湾学生，共约四五十人。一面鼓励他们发奋向上，另一方面逐步灌输爱国思想。

"九·一八"事变发生后，丘念台到了东北，深感东北的重要，因此有很大的感悟：台湾未光复，富庶的东北又沦于日军的铁蹄下。他因此觉悟不能再慢步骤地固守于自己的"文人"本行，应积极参与国事。

这时许多东北义勇军起而抗日，丘念台到上海与广州登高呼吁"支持东北塞外义勇军"。许多民众捐输财物，数名义勇敢死者愿随丘念台出关。

丘念台的妻子也把嫁妆财务典当掉，筹措费用，助丈夫成行。于是，丘念台带着捐款与财物，两度出山海关，三度出塞外，到与敌人激战最烈的游击区，协助义勇军作战，在精神、物质上给予支持。直到 1933 年《塘沽协定》签订后，他才回到广州。

回到广州，丘念台发觉日本间谍在广东港澳甚为猖獗，有的是日本人假扮中国人，有的是利用意识薄弱的台胞，有的是贪婪的汉奸。他一一去破

丘念台（左一）与家人合影

除，而且争取了不少台籍同胞倒过来做反间的工作。在铲除日谍与搜集情报上有很辉煌的成绩，因此甚受日本人的忌恨。日谍借刀杀人，用脚踏两只船的谍报人员向有关日本殖民当局密告丘念台意图叛乱，破坏中日邦交等重大罪名，致使丘念台受通缉。但当时的国民政府很快查明真相，还予清白，让他回到中山大学，担任地质学教授。

1938年2月，丘念台为了了解中共，专程到延安考察共产党的"抗大"和"陕公"学校。到了延安后，毛泽东还亲自跟他约谈，一直称赞仓海公丘逢甲的《岭云海日楼诗钞》，还背诵了其中几首。回到广东，他考虑再三，决定弃文从武。他认为抗战非常时期，一切以军事为前提，于是他出任第七战区第十二军的少将参议。

三

1938年10月，广州沦陷，接着一个个乡镇都被日军侵入。丘念台开始穿军服、草鞋到惠、潮、梅属廿五县组训民众，定名为东区服务队，号召青年，加以组织训练。他辅助政府动员人民，进行长期对日抗战。

丘念台与数十名有志青年，全体以步行方式，各个背包袱、毯子，到一个个乡村小镇工作。往往被不明就里的人误认他们是戏班子，更有人误认为是汉奸来刺探情报，或是游击队。他们一行人每到一地区，就要先费一番唇舌解释自己的身份和工作目标。

丘念台做了一首"东区服务队"队歌：

…… ……

步行二千里，东区服务队，动员民众自卫！

团结，严厉，自省，奋斗，牺牲。

岭外三州做根据，除人民疾苦，善人民生计。

大家齐奋起，老幼男女，

必收复失地。

　　1939年秋天，他在罗浮山区从事御侮、防匪、安政、教民的工作，尤其着重于民间武装组织，以实践第二期抗战要旨："政治重于军事，民众重于士兵，精神重于物质，组织重于征调。"

　　1940年，丘念台奉上级命令到较偏远的横坜从事教育工作，每保办一所战时小学校，教化文盲。1941年，又到罗浮山区前线工作，仍进行战地教育工作。东区服务队办了45所小学校，代替了教育局的功能，从事前线乡镇区乡教工作，并且办了罗浮中学。除了乡教，还从事消除奸伪、发动武装民众抵抗倭军。这些工作持续到抗日胜利。东区服务队收纳了许多台湾的青年学生，包括萧道应夫妇、钟浩东、蒋碧玉、郑品聪等。

　　1943年春天，中国国民党直属台湾党部在福建漳州正式成立，翁俊明出任主任委员，丘念台任执行委员。但是这时丘念台在战地山区工作，地点不一定，因此派令从春天传下，辗转到丘念台手中已是这年冬天。这时他已半百之年，还是日日穿草鞋，各地奔波。

　　适时，中、英、美三国首脑举行开罗会议，会后宣言："东北四省、台湾澎湖群岛等归还中华民国。"预期到台湾光复在即，当时国民党政府特别设立了台湾调查委员会，并派丘念台为调查委员之一。

　　丘念台连续得到重任，他想去漳州见翁俊明委员时，接到翁先生被暗杀身故的消息。不过他仍然将东区服务队的工作整理妥当，带了3位台籍队员，由广东惠州，步行20天，到福建永安，见闽省党政军界的朋友，拟定关于台湾党务的工作方针。

　　他回到惠州后，除了继续东区服务队的工作，并且马上成立台湾党部粤东工作队，联络各地台胞。他们常把通讯纸条藏在香肠中，秘密传递。这时广东很多地方有日军驻守，所以他们传递消息虽然大多数能完成任务，但仍有人遭日军逮捕杀害的。

　　国民党广东省党部委员高信曾问丘念台："很多人不了解你，

为何不随中山大学到后方做教授，也不随政府到重庆做官，却跑来沦陷区像苦行僧地工作，这是为什么？"丘先生微笑回答："家父为我取号'念台'。如今，台湾不但还没光复，连祖居地广东也沦于敌人铁蹄下。你想想，我哪有心情安居于后方做大官、做教授呢？我到前线工作，是抱着有如悼念父母死亡而'寝苦枕块'的心情去做啊！"

<h1 style="text-align:center">四</h1>

1945 年 8 月 15 日，日本无条件投降。丘念台马上想到：在广东有四五万台胞，有的做生意，有的是被日军强征来当兵的；这些台胞如果不赶快想法拯救，很可能被当日本人处置；这样将造成隔阂误会，以后光复台湾就很受影响了。于是他赶紧由永安到梅县，带领一些团员到惠州，下广州。另一些团员去汕头工作站，他们赶忙去协助接收与安抚台胞的工作。

丘念台到广州，换下穿了八年的草鞋和军服，改穿中山服和皮鞋，接见台胞。在广州市区的 2 万多台胞得悉丘先生来到，如见家长，非常欢欣。这其中有隶属日本军籍的 1600 多青年。丘先生为他们讲解台湾历史的演变以及中日之战前后许多惨痛史实，让他们明白：现在已回到祖国的怀抱，大家要共同负起重建台湾与中国的责任。

此外，丘念台各方面奔走，甚至于到重庆晋见蒋介石，请不要以"战犯"更不要以"汉奸"罪名处置在中国战场以及南洋许多被日军阀征调的台胞和旅居大陆的台籍人士。"政府"从善如流。当然，战时为虎作伥的小部分莠徒，仍然给予应有的处罚。其他大部分无辜的台籍人士，则受到和善的对待。一时许多台胞感激涕零，称丘念台先生为"台湾妈祖"。1945 年 12 月，丘念台出任监察院台湾籍委员。1946 年 1 月由重庆飞到上海。在上海等转飞台北时，却有个别有居心的盟军军官来找他，说："您回台湾后，如果感到民众不满现实政治，不妨和我们联络。"他心中随即警惕：这些居心叵测的外国人想分化台省同胞！因此，丘先生一到台湾，立即请当时台省行政长官陈仪特别注意这件事。

丘念台回台湾，立即回到出生地台中以及先祖居住过的苗栗、东势、丰原等地，到祖坟前祭扫。拜望各亲族后，又到全省各地乡间，联络民众。这时许多民众纷纷热烈地学国语，他反而学闽南语，为的是要深入各阶层，和省民交谈，以及纾解各阶层的隔阂感。

五

1946年8月15日，丘念台特组台湾光复致敬团，以便让台湾省民了解祖国，也希望中央政府接触台湾重要人士，能深入了解台湾，消除隔阂。全团以林献堂为团长，团员有李建兴、钟番、林为恭、姜振骧、黄朝清、叶荣钟、林淑桓、张吉甫、陈逸松、陈炘。他自己身为顾问，另有秘书林宪、李德松、陈宰衡。一行人除了到南京见到蒋介石等党政要员，还准备到西安代表台湾同胞祭拜黄帝陵。由于路途被大水冲垮，只能在陕西耀县遥祭黄帝陵。之后，丘念台留在南京监察院报到再回蕉岭祭祖，他特别仿父亲离台诗写了《复台祭父诗》以告慰父亲在天之灵。

1967年，丘念台为了说服日本的台胞放弃"台独"想法，到了日本，竟倒卧东京街头，客死在他一生对抗的地方——日本。不能说"马革裹尸"，应该是"遗志未竟"。

（丘秀芷）

邱凤扬

邱凤扬（生卒年不详），字亚六，世居台湾屏东长治乡（即火烧庄）。天性豪迈，身材高大魁梧，20岁即从军，志在保卫家乡。1895年清廷割台，前堆人士推举邱凤扬为大总理统率义军，保卫下淡水北面一带。

当时正值旗后炮台被攻陷，台南告急。日军在枋寮登陆，兵分两路，较大的一队包围、进逼六堆，而其左翼直接攻打凤山，并且乘胜以骑兵大队强渡淡水溪，取阿猴（今屏东）而攻前堆火烧庄。抗日义军与其遭遇，激战于屏东近郊。后义军被迫退守火烧庄防线，决堤放水阻碍敌军，更以伏兵突袭，杀敌骑众多，士气大振。

次日，日军派桑波田少佐率队从背后东面直击前堆阵地。邱凤扬派遣其子元添统领军队在乡郊迎战，后又再战于村垣。最终义军因孤立无援而战败，元添战死，义民也大多阵亡，村中房屋都被烧成焦土，整个村庄尽毁。

（台湾省文献委员会编印《台湾抗日忠烈录》第一辑）

邱先甲

邱先甲（1857—1917），出生于台湾彰化东势角（今台中东势大茅埔）。其父邱龙章出生于耕作山园人家，苦读经年，24 岁凭真才实学考取了秀才。他给儿子取名先甲以志功名顺遂。邱先甲 3 岁丧母。其父续弦陈掌妹。陈掌妹生下次子，取名逢甲，这时长子邱先甲已 8 岁。

邱先甲整日随祖父、堂兄在田里山里跑，个子高力气大，在山里能空手擒拿山猪，猎鹿、羌。父亲邱龙章在外开馆授徒，回东势角的日子不多，督促他念书的时间也有限。邱先甲书读得随兴，字却写得秀气。

1872 年祖父逝世，16 岁的邱先甲承祖业继续拓垦。18 岁成立"邱成记"，与林朝栋结为好友。林朝栋很看重邱先甲的拓垦本事。林朝栋接下父业后，私军名为"栋军"。他除了在兵力上与邱先甲互相扶持，在拓垦上也相约相帮。这是有清一代少有的福佬、客家人相互平等为友的事例。

邱先甲遗憾自己年少时没好好念书，因而在自己拓垦的鸳鸯湖建一别庄，设立邱家书塾，供乡人、族人、长工子弟念书和居住。

中日甲午战事初起，邱先甲从博学的父亲、二弟、三弟谈吐中得知日本觊觎台湾已久。他劝二弟逢甲出面号召组团练义军，平时可防盗匪和地方变乱，也有利拓垦。1894 年 8 月，邱逢甲奉旨办团练，一时客家人较多的桃、竹、苗中部、南投全加入团练。全台共编 16 营，每营设统领，邱先甲带信字营人数最多。

团练分工，桃竹苗中部防务由邱先甲、邱逢甲负责。邱先甲主力放在南崁到后垄，邱逢甲戍守桃竹苗一带。邱先甲为防务南北奔波。

1895 年 3 月 23 日，中日签订《马关条约》，将台湾与澎湖列岛割让给日本。24 日，邱逢甲兄弟得知《马关条约》内容后义愤填膺，上书给唐景崧，称"自开警以来，台民慨输饷械，不顾身家，无负朝廷"，"如日酋来收台湾，台民惟有开仗"。

5 月 6 日，桦山资纪登陆澳底，基隆瑞芳相继失守。邱先甲奉命军援台北，立即调兵。5 月 12 日台北发生兵变，随后被日军占领。于是固守南崁。旋及三角涌被血洗，日军已打下竹堑、北埔。义军姜绍祖、头份生员邱国霖都已牺牲。此时，唐景崧逃回南京，林朝栋回到福州，清廷电令台湾各级官员退回大陆。日本人悬重金通缉邱先甲、邱逢甲，形势十分危急。邱氏兄弟决定回大埔厝、葫芦墩，认为乡亲不会出卖自己。

邱先甲把信字二营撤回葫芦墩的顶角潭，认为随时可退守东势角内山据守。后听从表兄谢道隆劝说，决定先回原乡广东，从长计议。1895 年 7 月，一行人经泉州到厦门。这期间，攻台的日军大将桦山资纪，曾派一名海军少将请邱逢甲返台，诱之可保有山园田产并予与尊重，但都被邱家拒绝了。

但是，广东蕉岭原乡毕竟人稀地瘠，一下近百口人回来，生计自然成了大问题，只有各自想方设法。邱逢甲、邱树甲到潮州教书、做生意养家；邱先甲和邱清海等十多位决心马上回台湾。

历尽艰辛，邱先甲回到葫芦墩，计划重整义旗，以东势为据点，继续抗击日军。在葫芦墩邱祠时，有一次日本军来抓他，他跳过竹丛跑掉，最终被抓。邱先甲所以被执，一方面他曾率领义军信字二营两千多人强烈抵抗，重创日军；再者他是大垦户之一，"日本台湾总督府"希望他出来任官，可以作一个"指标"，安抚台湾人。但是邱先甲始终不予应合，所以一直被监禁。

1896 年秋天，邱先甲出狱，山产田园已被"大宝株式会社"夺走。此时义军散了，家族也被监视得无法动弹。邱先甲消沉一些时日，直到 1898 年。这时，儿玉源太郎接任台湾总督。他以谋略见长，到台湾后，任后藤新平为民政长官，扩大对台人"招

邱先甲墓

降"活动，以"和平建设"为口号，转移抗日分子的目标。

邱先甲决定乘时向日本人提出申请，要回曾开拓的山园田产，且以廊仔坑为优先申请。一方面这里原就建有房舍、汉学书房、长工居住所，而且有山有水，景致绝好。1903年6月，邱先甲将全家户籍由翁子社迁移到廊仔坑庄第一番户，迁移居前必须写信向台湾总督男爵儿玉源太郎知会，可见始终被监视。

为申请要回山园，邱先甲一次次提出细目、计划书、功能，除森林写明植木，相思树、樟树、防风林，田园包括甘蔗、胡麻，甚至烟草等细目，以及种子、垦具、水牛、开垦人员。1908年他把总成果写出来上交，台湾总督已换了两任。原就是自家开垦的地方，想要回来，却不得不一而再再而三地申请、付款、写报告表。尽管如此，也只要回一小部分。他虽气郁在心，但重压之下，唯有忍气吞声。

邱先甲在狱中饱受折磨，出狱后身体就大不如前，又连年费心继续拓植，据理力争想要回山园田产，心情抑郁，致身体每况愈下。1917年3月10日，邱先甲去世，得年61岁。

邱先甲一生育有五男八女。临终前留下遗言给儿子，汉文学堂不可废，族人、乡人、儿女一定要上课，连进门媳妇也要上学堂学汉文。

（丘秀芷）

日 阿 拐

日阿拐（1840—1902）是 1902 年 7 月发动的赛夏族"南庄事件"的主要领导人。"南庄事件"为日据时期台湾原住民族发动的第一桩抗日事件。

日阿拐原为张姓闽南人，8 岁时随父母移民赴台。在苗栗后龙溪上岸后，父母因水土不服而丧亡，遂先由泰雅族人抚养，后再被卖给赛夏族人日有来当养子。日阿拐长大成人后，成为南庄众多族群关系中最为杰出且拥有社会领导力的头目之一。

1885 年台湾建省，第一任巡抚刘铭传主张"开山抚番"。当时日阿拐开发南庄有功，而于 1887 年获赏六品军功，又响应山东赈灾捐银获得监生的功名。日阿拐的成功与致富，与樟脑产业有直接的关系。当时日阿拐开采樟脑的势力范围在狮潭、南庄、五指山及其后山前山等赛夏族与泰雅族传统的区域。因清代开采樟脑业者全为汉人，而日阿拐扮演着收取"山工银"的管理者兼保护业者，同时将所获利益分配给族人享有的双重支配者角色。当时日阿拐的住处，隔着溪流面对着来南庄专门收购樟脑的洋人住所红毛馆。

日据初期，日本人来到南庄时，为和睦乡邻，日本人赠送给日阿拐一把日本刀与枪支，双方往来密切且关系良好。然而，当"日本台湾总督府"决定采取垄断全台樟脑利益措施时，双方的关系产生变化，因为这就直接威胁

赛夏族壮丁

271

到南庄赛夏族赖以谋生的经济生活。1895年10月，日方公布日令第26号《官有林野及樟脑制造业取缔规则》，规定无主"野蛮地"为"官有地"的原则。这是完全否定台湾原住民的传统领域与财产权。

1898年，当日阿拐等赛夏族向日方提出经营制脑业许可申请时，日方只认可地上私人"民木"的利用来制造，与一般日本人或汉人业者之利用"官木"制造樟脑，分开处理。这是日方碍于直接否认赛夏族既得权利而采取的一种缓冲措施，同时，在法律上预备将采取否认野蛮"蕃人"财产权的动作。

另外，直接威胁到赛夏族既得利益的因素，是1902年6月新竹地区完成土地普查，使其土地上的清代因素厘清，且重新查定地主的业主权（私有土地权）时，日方对赛夏族的土地权以"未定论"来否认。既然赛夏族拥有的土地权被剥夺，日阿拐过去历年所收获的"山工银"也被否决了。

南庄赛夏族抗日事件，其实是与泰雅族、客家人联合对抗日本殖民暴政的事件。1902年7月6日，日阿拐率领800人包围南庄支厅，7日黎明再度袭击大南、凤尾及大河东的隘勇监督所，并趁着暴风、暴雨之际，切断隘寮之间的电话线，而且袭击日本军营。于是日军采取"阿拐居宅攻击计划"，从8月2日至9日派步兵第五中队、山炮两门、臼炮四门及工兵一中队来镇压，至9月1日完成任务归队，随即再派留守宪兵来继续压迫，促其投降。

日阿拐逃离故居后，躲藏在水源头现36、37林班地交界的森林深处，其遗留下来的6甲地与樟脑事业全被没收，甚至于埋在地下隐藏的银两也全被偷窃。1902年底日阿拐死亡时，内里穿上赛夏族的衣服，外面套上清朝赐给他的官服，头上绑着红布条，要求棺材里放入日本人赠送的日本刀与枪及50两银子，以明示对迫使他破产且无容身之地者要"报冤仇"。

日阿拐出身汉族却完全认同赛夏族，在被日本殖民统治之下为赛夏族争取利益而牺牲。

（傅琪贻）

施士洁

施士洁（1856—1922），字
应佳，台湾台南安平人，与丘
逢甲、许南英合称"台湾诗坛
三巨擘"。1877 年进士，官至中
书。无意仕途，归隐还乡，担
任山长，主讲于彰化白沙书院、
台南崇文书院和海东书院。甲
午战争前夕，入幕台湾巡抚刘
铭传参赞议事。日本占领台湾
后，施士洁等文士，纷纷组织
诗社，唱和联吟，抒发伤感，
维系文脉，抵抗外侵。崇正社、
斐亭诗社、牡丹诗社、菽庄诗
社等是他主要的活动空间，特

别是菽庄诗社。该诗社是林尔嘉先生于 1914 年在菽庄花园里创
立的。爱诗如命的林尔嘉邀请了施士洁等几位台湾著名诗人以及
几乎当时所有厦门的饱学之士参与，菽庄花园于是成为了名副其
实的"诗人园"、"文士园"。他们在此抒割台之恨，共发鼓浪之
鸣。诗社的规模由原来的三百多人发展到后来的近千人。诗社在
创立 31 年后于 1944 年解散。

（赵国辉）

宋斐如

愤日人之欺，只身回祖国

宋斐如（1903—1947），出生在台湾台南县一个农户之家。宋斐如青少年时，台湾人民在日寇铁蹄下过着苦苦挣扎的艰难岁月。血气方刚的宋斐如不甘当日本统治下的"二等公民"，工商学校刚毕业，就只身逃回祖国大

宋斐如（右）与妻子区剑华

陆，来到了"五四运动"的发源地北京。他自称福建同安人，在北大经济系随进步教授陈豹隐学习河上肇的马列主义经济学。大学毕业后留校任教。他与刘思慕、吕振羽等创立"新东方学社"，设书店、办杂志，支持和鼓吹东方被压迫民族反帝运动，决心让新东方屹立于世界之林。

在军阀横行的日子，他们的言论触犯了卖国统治者的利益。为躲避敌人的追捕，宋斐如常常搬家。每到一地，他总是伏案疾书，为《京报》《成报》写稿，对帝国主义侵略行径作无情揭露。与亲朋一起他亦多纵论国事，倾谈革命道理。

泰山讲学，跟随冯玉祥抗日

1929年，被迫解甲归田的冯玉祥将军"隐居"泰山。宋斐如敬佩富有正义感和爱国心的冯将军，而冯将军有强烈的读书愿

望。经陈豹隐推荐，宋斐如来到了泰山，一直到1935年，为冯将军组织了泰山的两次读书活动。在此期间，宋斐如先后邀请著名进步学者为冯将军授课。宋斐如和赖亚力先后担任了冯将军的社会科学研究室主任。他们有计划地安排了冯将军的读书活动。当时开设的课程有"经济学原理"、"政治学概论"、"辩证唯物主义"、"国际政治"、"古典文学"及数理化、史地等。宋斐如亲自为冯将军讲授经济学、日语及介绍日本国情。冯将军是每课必到，冯夫人李德全及一些部属也都是课堂上的"学生"。在宋斐如和大家的努力下，泰山的读书活动搞得有声有色，学习气氛十分浓厚。正像他们所说："立原祠下人才济济，普照寺旁是学府。"几年的读书活动，对日后冯将军倾向革命、积极抗日作用甚大。

1935年，中国共产党的地下工作者刘思慕（刘燧元）因把有关国民党对中央苏区的第五次"围剿"的绝密计划交给共产国际而遭到特务追捕。他从上海、苏州到太原、天津、济南，最后来到泰山脚下，找到了宋斐如。宋斐如深知冯将军尊敬有学问的人，对抗日民主进步人士更是关怀备至。于是他毅然把自己挚友的情况告诉了冯将军，请求他相助。冯将军欣然应允。果然冯、刘二人一见如故，相谈甚洽。但不久，风声越来越紧，宋斐如、刘思慕考虑再三，认为长留泰山终非上策，对冯将军亦无好处。冯将军听取了俩人的意见，作了妥善的安排，派冯夫人的弟弟李连海化装护送刘思慕下山。

"九·一八"事变后，宋斐如毅然辞去了北大的教职，到主张抗日救国的冯玉祥将军处任职。他随同冯将军一道赴张家口，与抗日志士讨论抗日形势，商谈抗日大计，主办《抗日救国》刊物，唤起民众，奋起抗日。1933年，冯玉祥与吉鸿昌、方振武等在共产党支持下，联合抗日救国军、东北义勇军、蒙汉进步力量、平津爱国学生，在张家口组成察哈尔民众抗日同盟军。抗日军民同仇敌忾，一举收复了沽源、多伦等4个县，军威大振，民心大慰。

1932 年，帝国主义操纵下的"国联"派出所谓调查团来调查"九·一八"事变真相。出于帝国主义瓜分中国的丑恶目的，由李顿所率领的调查团歪曲日本强盗侵占中国国土的事实真相，反而污蔑中国人民的抗日斗争，要中国人民承认日本帝国主义在"满洲"的合法地位。这激起了中国人民的无比愤慨。宋斐如和张勃川针对李顿的所谓调查报告书，与冯将军多次分析、讨论，书写了《国际调查团李顿爵士报告书批判》，逐一驳斥了报告书的歪理，揭露了帝国主义侵略中国的行径。

宋斐如跟随冯玉祥将军多年，1938 年，冯将军在武昌任军委副委员长时，宋斐如、张铁生、张凌青、赖亚力、老舍、刘思慕等经常聚会武昌福膏堂，为冯将军筹划、草拟宣传文字，组织时事座谈会，分析抗日形势。为了抗日，他们不辞辛苦，竭尽全力。

创办《战时日本》，坚持抗日宣传

抗战前夕，宋斐如东渡日本在东京帝大研究院深造，更清楚地了解了日本国情。在八年抗战期间，宋斐如满腔热情，为发动民众，宣传抗日，而四处奔忙。宋斐如在汉口创办《战时日本》半月刊，后迁香港。香港沦陷后，全国各地的文化界、知识界人士云集桂林。宋斐如也离开香港到桂林，暂时中断了他主办的《战时日本》的出版工作。《广西日报》社社长仰慕宋斐如的才能，尤其钦佩他致力于抗日救国的热忱，遂聘请他当了《广西日报》社的总主笔。宋斐如走到哪里，就宣传抗日到哪里。在桂林，他的笔锋直戳日寇，宣传抗战必胜，深得同仁的信赖与好评。

1941 年，宋斐如又随着逃难的人群到了重庆。他临时在中苏友好协会工作，但仍念念不忘抗日宣传。几经曲折，《战时日本》终于复刊，对宣传抗日发挥了很大的作用。

宋斐如不但在报刊上发表文章，宣传抗日，而且在与亲戚朋友的交谈中也三句不离抗战。其妻舅区晓曾对宋亮（宋斐如遗子）说："我第一次见到你父亲时，他就叫我学习马列主义，学习唯物辩证法。在重庆时，他工作很忙，每天上班都经过我们的驻地，每次见面都匆匆忙忙得很，了解一下我们的学习，讲些抗日的事就走了。"宋斐如还常常与台湾老乡李纯青、李万居、谢南光等聚集在一起，谈论国事，痛斥日寇，盼望着早日把侵略者从中国的土地上赶出去，渴望着早日光复台湾故土，重建家园。

1945 年 8 月，日本宣布无条件投降。宋斐如离台近 20 载，如今归心似箭，恨不得马上飞回故乡。当时，他那刚出生的孩子还未满月，但他全然不顾，自己先走，妻儿随后。临走前，他还特意交代区严华别忘了带上他俩结婚时朋友同事送的礼物。这不是什么金银珠宝，而是一块 40 厘米见方的白绸布，上面画着一枝梅花，书有："勿忘台湾台南开元寺的古梅。"这是朋友同事对他俩的鼓励、期望与嘱托。

1945 年 10 月 5 日，宋斐如和李纯青、李万居、黄朝琴、游弥坚等几十位台湾人，和接收台湾的前进指挥所第一批官员一同搭乘飞机，抵达松山机场。

他们久别归来，不少乡亲父老从老远赶到台北看望他们。宋斐如常常说："我是回来为家乡服务的，不是回来做官的。"这就是他回台后的行动准则。

宋斐如决心致力于家乡的文教事业，尽快恢复民族教育。1945 年 11 月，他担任了台湾行政长官公署教育处副处长，与正处长范寿康先生一起组建学校、编教材、健全制度……勤勤恳恳，忘我工作。当时师资奇缺，宋斐如还亲自到省立工商学院为青年们上课，即使暑假酷热也不中断。由于他们的努力，台湾的教育状况有了初步改观，建立了自己的民族教育体系。

宋斐如在"二·二八"事件中被国民党当局杀害。

（宋　亮）

苏根铨

苏根铨（？—1895），台湾台北县人，抗日志士苏力之子，家住台北县海山堡的三角涌街，世代务农。苏力略读诗书，身材魁伟。当时刘铭传任台湾巡抚，励精图治。苏力勤于耕种，家境日渐富裕，而且接济周围的贫困乡亲，还常见义勇为，深受乡人敬重。1895年，日本人攻陷台北，苏力号召乡民誓与日本人不共戴天。不出数日，苏力即召集志士千余人。当时粮饷不足，苏力倾其家产以补贴。志士感于苏力的精神，个个视死如归。当时的苏根铨亦随父抗日。

当时日军南下，苏力数次率众袭击日军后方，令其苦不堪言。当年闰五月二十一日，日军主力从水、陆两个方向进犯。苏力闻之，设埋伏于分水岭及大崁的隆恩埔。苏根铨则驻军在白匏湖山，阻挡日军陆军的正锋。苏根铨正面迎击日军，而苏力攻击日军的背后，致日军首尾不接，陷入重围。白匏湖山是日军突围的必经之路，日军决死突奔，苏根铨奋战而阵亡。

（台湾省文献委员会编印《台湾抗日忠烈录》第一辑）

苏 力

苏力（1838—1910），全名苏马力，字存仁，兄弟8人，排行第六。台湾淡水厅海山堡三角涌街人，祖籍福建省泉州府安溪县横山乡感化里张苍厝。先世赴台，世业农，家道平实，略读诗书，明义理，伟躯干，赋性刚毅豪爽。1885年，刘铭传首任台湾巡抚，苏力响应政策，经营樟脑事业，勤事积功，家计以饶。苏力生平疏财重诺，见义勇为，热心公益，恒常周济贫困，故不仅为地方乡人戴焉，当途亦倚以办理地方事。

马关条约定局消息传来，苏力号召地方人士守土御侮，集众五千余人。一时地方英俊咸集，当即成立三角涌联甲局，推苏力为统领。他们约定律法，妥为部署，歃血盟誓。苏力时常慷慨陈词，誓不与共戴天，乡老或质之，曰："朝廷割地未我闻，是以抗也。"且散其家财，充为饷糈。及日军犯境，苏力指挥所部辄予敌人以重创。尤其是闰五月廿一日白匏湖山一役，其子根铨迎击日军于前，苏力冲杀其后，致日军首尾不继，陷重围，使敌人伤亡逾半，誉称为台北抗日第一大役。其子在此役中不幸阵亡。

1896年春，日军援队大增，义军局势日趋恶化，少数部队不得已退入内山，其余化整为零。冬，时势益迫，苏力见大势已去，只好偕妻陈意、苏俊夫妇及其三子等人内渡厦门开中药店，时谋再起不遂。日人法网渐疏，遂得其女苏拉之迎，返回故里晦居，1910年11月17日病殁。世称"三角涌抗日三杰"之首。

（赵国辉）

苏清江

　　苏清江（生卒年不详），台湾台南县新营番社（东山）人。公学校毕业后，考进台南师范学校。台南师范附近有一位开业医生吴起春，是彰化人，也是文化协会的会员。台南师范的学生去看病的时候，他常讲述日本对台的种种剥削情况，血气方刚的苏清江很受吴起春的影响。

　　苏清江年幼时印象最深刻的是日本人高高在上的态度，自然产生义愤不平之感。1923年，由于日本老师殴打台湾学生，引起苏清江所在台南师范全校学生的不满及罢课。

　　苏清江不满殖民地的教育，离开学校到日本留学。在日本期间他与旅日的台湾同学许乃昌、赖贤埔等人在课余讨论社会问题，还参加了"社会科学研究会"，研究了马克思的《资本论》及《政治经济学》。受此影响，他特别关怀会中的工农大众。

　　1926年，简吉与赵港赴日演讲，邀请留日的台湾学生返台加入"农组"的阵营。1927年，苏清江自日本返台后，立刻到凤山"农组"报到。此时随着"农组"的迅速发展，本部已转移到台中。凤山"农组"极缺乏人手，于是他就留在凤山支部，负责南部的农民运动。

　　苏清江在屏东时，还成功地将研究汉文的团体——"屏东励社"转化为支持"农组"的外围团体。每个晚上，他与"农组"的干部三三两两一起到农村开座谈会，以了解台湾农民生活的疾苦。他认为"台湾农民组合"能发展如此迅速，就是"农组"实实在在地为农民办事。

　　1929年底，"农民组合"第二次代表大会召开时，苏清江担任大会的审查委员（由于"农组"的干部思想已左倾，所以第二次代表大会的宣言明确反日本帝国主义及资本主义）。没开会之前，警察就放言威吓，特务和警察早已虎视眈眈密切注意。所以开会不久即提出动议"宣言和纲领委托中央委员会全权处理"。因为事前早有默契，这个提议获得一致的通过。但这次大会召开不久就被警察强制解散了。因为事前"农组"已通知各支部万一大会解散，代表不散开，大伙儿手紧牵着手，井然有序地在台中街头示威。因为团结一致，所以警方一个人也无法逮捕。警方的大逮捕是在事后利用过春节期间进行的，以"违反出版法"为由，将他及"农组"的数十名干部逮捕，并判刑10个月。待他出狱后，"农组"已转入地下活动。由于家庭的原因，苏清江从此淡出台湾的社会运动。

（韩嘉玲）

苏　新

　　苏新（1907—1981），台湾台南人，祖籍福建同安。1921年苏新考入台南师范学校后，积极参加台湾文化协会组织的抗日演讲等活动。1924年他赴日留学，领导东京的台湾留学生运动，主编《大众时报》。1928年加入台湾共产党，1929年返台从事工运。1931年苏新当选为台共中央委员，因"台共事件"被捕入狱，1943年获释。台湾光复后，任台湾《政经报》《人民导报》《台湾文化》《自由报》《台湾评论》主编、总编辑等职。1947年参加"二·二八"起义，受国民党当局通缉，转赴香港。1947年参加台盟创建。

　　1948年加入中国共产党。1949年3月由香港抵北京。1949至1954年先后在中共中央统战部研究室、中共中央华东局台湾工作委员会、上海人民广播电台、华东人民广播电台任职。1954年调到中央人民广播电台台播部工作。1978年任台盟总部常务理事、全国政协委员等职。1981年在北京逝世。苏新是台共领导人之一，他怀着强烈的使命感和责任感，投身于台湾的抗日解放运动。他参与创建台湾民主自治同盟，为海峡两岸和平统一倾尽全力。

（徐康）

苏有志

苏有志（1863—1915），号春明。台湾台南大目降街观音庙人（今台南市新化区观音里）。他是 1915 年"西来庵事件"参与者，该事件为台湾日据时期最大规模的反日斗争之一。

苏有志家世殷富，为台南糖业巨子，有糖厂 13 处，田地、鱼塭 500 甲。台湾日据时期，一度拜为台南厅参事。后被一日本商人设局诈骗，大购股票，亏损连连，家道中落，因而怀恨日本人，时图报复。有志笃信王爷神，时任西来庵五福王爷庙董事，遇余清芳。余清芳以扶乩募众，自称神示，可除"日本台湾总督府"，并约以合谋抗日。苏有志素有愤怼，立即加入余清芳的行列。"西来庵抗日事件"中苏有志被逮捕，日本警察也从苏有志身上找到了同谋者郑利的证据。不久后苏、郑二人皆以绞刑杀害。

台南的台语俗谚曰："余清芳，害死王爷公。王爷公无保庇，害死苏阿志。苏阿志无仁义，害死郑阿利。"就是在讲述此事，民间之所以言"王爷公无保庇"者，乃因苏有志藏身于王爷神案底下，却遭揪出。另说则是苏有志命郑利将起义的银钱、账册放在王爷神案的夹层，但是事迹不密，遭到警方查获，成为法院判决死刑的证据。

（赵国辉）

瓦丹阿目伊

　　瓦丹阿目伊（生卒年不详），台湾新竹大溪郡角板山台湾原住民山地同胞的头目。阿目伊头目所统治的为前山的山胞。日本人侵占台湾，阿目伊召集巴亚斯阿目伊等20人奋勇抗日。本乡的前山山胞纷纷起事响应，组成山地青年义勇队。与日军交战1年有余，日军节节败退。于是日军指挥官瓦丹巴度与阿目伊谈判，约定以大溪与复兴间的洞口山为界，互不侵犯。双方相安仅仅两月有余，正当山地同胞安居乐业之时，日军数十人突然背弃约定炮轰山区。阿目伊召集山地青年奋勇与日军交战，相持3年有余，但终因粮草、弹药匮乏，人力不足而溃败，阿目伊壮烈战死。

（台湾省文献委员会编印《台湾抗日忠烈录》第一辑）

5年理蕃计划以征服台湾原住民为目的，故须将之缴械令其屈服于日本人统治

瓦旦燮促

瓦旦燮促（1861—1908）是捍卫泰雅族民族利益的英雄。

瓦旦燮促的祖先来自台湾南投雾社的马贺坡社。当时因故离乡背井而参与泰雅族北迁，抵达现今新北市三峡的大豹溪流域，成为大豹群的一份子。

瓦旦燮促骁勇善战，善于谈判，在汉人心目中也是非常了不起的厉害角色。他年幼时部落曾遭汉人袭击而被掳走带到大溪街。当他双手被铁钉子钉在十字架、吊起展示"番肉"而将分割贩卖时，有位汉佃见其不寻常的气质而表示想收养当义子。于是，通事协助使他脱困，逃到那位汉人家躲藏了几年。之后经部落头目拿出大量兽皮与蓝染等赎身，又回到部落。长大成人后，瓦旦燮促成为北部泰雅族的大头目。

大豹社地理位置邻接平地汉垦民地带，且与首府台北城很近，加上该地为千年樟树密生地带，因此容易被外界觊觎。日本从1900年以来以军警入侵，瓦旦燮促在一连串的武装抗战中，始终是部落攻守同盟所推举的领袖，勇往直前，抗战到1907年战败为止。

1906年9月，大豹社遭受日军警双面包围夹攻。瓦旦燮促在孤立无援的情势下被击败，被迫放弃大豹溪流域的领土，退到祖先留下的旧部落。日方占领大豹社领土之后，其管辖权划分给三峡，土地即交由日资三井合名会社来经营樟脑制造业、制茶及水田。

瓦旦燮促在1907年5月枕头山、插天山攻防战中，展现了优越的战斗领导力，事后又展现出谈判高手的技巧，为大嵙崁前山群泰雅族人争取到权益。

8月19日，在瓦旦燮促等部落头目向导带领下，桃园县插天山隘勇线终于完工。这是日方所获最高警备密度的桃园、深坑两厅连结插天山隘勇线，长11里，15方里。

被日军抓捕的泰雅族义军及其家属

然而，该年10月，瓦旦燮促再次发动抗日战役，结果惨遭败战。瓦旦燮促被击败后逃到地名叫 Tayah 的地方。Tayah 位于险峻高崖的上坡上，耕作地狭小，无法养活众多逃难者。鉴于族人逐渐陷入饥饿困境，瓦旦燮促于是决定向日警表明放弃抵抗与"回归故土"之意。但是日方早已将土地给三井而堵住了大豹群的回家路，但为促成和解叫瓦旦燮促交出不再反抗的人质。据其孙子林昭光、林昭明说，原先携一女来当不再反抗的人质，但日方要求交出两个儿子，于是将10岁的 Losin 和9岁的 Tanga 兄弟交给日警。1908年瓦旦燮促生病，在自己耕作地的工寮内过世。

（傅琪贻）

汪春源

汪春源（1869—1923），字杏泉，号柳塘，台南府安平县（今台南市）人。1882年考取秀才，1888年中举人，1903年中进士。工诗工文亦工书法，著有《柳塘诗文集》（已佚）。其生平事迹，见诸《台湾省通志》《台南市志》《台湾人物志》《台湾文学史》等多种史书。

汪春源世居台南府城柱子巷。他天资聪颖，少年即以文才得名，深获台湾知县祁徵祥的赏识与擢拔。

汪春源曾先后加入台南崇正社和斐亭吟社。这两个诗社在台湾近代文学史上占有相当地位。当时，与汪春源、许南英等海东书院师生来往密切而活跃于诗坛。

台湾知名史学家黄典权教授曾撰文指出："清代末期，台湾文风大盛，而以台南为最。自道光以降，人才辈出，科名联翩。到1895年割台，安平县籍的进士健在的一时有陈望曾、施士洁、许南英、汪春源诸先生。他们都是志士，加以身登科甲，自然不愿为异族之民，故前后内渡，分别居闽粤两省，都替国家做了不少事情。他们都是值得国家纪念的人物。尤其在台南市，更应尊为乡贤而永志勿谖。"

甲午中日战发，1895年割台祸起。时值北京会试。割台之议甫定，在京参加会试的汪春源、罗秀蕙、黄宗鼎等台湾举人，愤然而起，立即会同任职朝中的台湾进士叶题雁、李清琦，联名

上书都察院，表示强烈抗议：

"……今者闻朝廷割弃台地以与倭人，数百万生灵皆北向恸哭，闾巷妇孺莫不欲食倭人之肉，各怀一不共戴天之仇，谁肯甘心降敌！纵使倭人胁以兵力，而全台赤子誓不与倭人俱生，势必勉强支持；至矢亡援绝，数千百万生灵尽归糜烂而后已。不知弃此数千百万生灵于仇仇之手，则天下人心必将瓦解，此后谁肯为皇上出力乎？……夫以全台之地使之战而陷，全台之民使之战而亡，为皇上赤子虽肝脑涂地而无所悔。今一旦委而弃之，是驱忠义之士以事寇仇，台民终不免一死，然而死有隐痛矣！……与其生为降虏，不如死为义民！……但求朝廷勿弃以予敌，则台地军民必能舍生忘死，为国家效命。职等谊切君亲，情关桑梓，不已哀鸣，沥恳据情代奏，不胜惶悚感激之至！谨呈。"

呈文字字血泪，爱国爱乡之情溢于辞表。《台湾通史》记载：1895 年割台，"台湾举人会试在北京，闻耗，上书都察院，力争不可"。当时在京应试的各省举人，亲眼目睹"台湾举人垂涕请命，莫不哀之"。他们深为台湾举人的赤诚所感动，于是纷纷聚会上书以示声援，一时之间，"章满察院，衣冠塞途"。

反割台的怒潮迅速高涨，不久，汪春源等人又参加了康有为、梁启超发起的著名的"公车上书"义举。这是一场声势浩大的知识界的爱国请愿运动，包括台湾举人在内的各省举人约 1300 余人，联名上书，共赴国难。汪春源《窥园留草·汪序》记载："割台祸起，时春源以公车诣阙上书，不报。"

由于清政府的软弱无能，台湾最终还是沦陷了，但丘逢甲、许南英、施士洁等人率领台湾军民抵御日寇入侵的英勇事迹，以及汪春源、罗秀蕙、黄宗鼎等人泣血上书的悲壮义举，则高扬起坚毅不屈的民族精神，是台湾同胞抗日爱国史上极为光辉的一页，也是台湾近代文学史上极为光辉的一页。

台湾失陷后，汪春源不愿作异族臣民，乃内渡祖国大陆，寄居闽南。《台湾人物志》记载：汪春源于"乙未割台后，耻为异族奴，

"五人上书"雕塑（中间为汪春源）

尽弃田园，举家内渡"。怀抱同样的爱国心志而内渡大陆的台湾诗人，尚有丘逢甲、许南英、施士洁、陈浚芝、郑鹏云、黄宗鼎、黄彦鸿、林鹤年、林尔嘉等数十人。这批内渡诗人主要寄居闽粤两省，他们虽然人在大陆，却始终关注着台湾，思念着台湾，常常通过诗文表达对乡土的无限眷恋。

汪春源等人不仅自身的创作活动与台湾有关，有不少诗文相继传入岛内，而且对台湾文学作品的汇编、出版与传播，也给予关心和支持，并为一些台湾文学作品的别集和总集，题写了序跋。1903年，郑鹏云编录的《师友风义录》在厦门刊行。该书收录了丘逢甲、汪春源等127位诗人的诗作270首，是台湾近代诗人的诗歌总集，具有较高的文献价值。

1913年，林尔嘉、林景仁父子于厦门鼓浪屿创立菽庄吟社。汪春源率先加入，台南乡贤施士洁、许南英先后入社，被尊为社中三老，深受诸社友的敬重。"他们在社中吟咏唱和，每多思念台湾故土，盼望江山一统之音。由于菽庄吟社的发起人和主要成员均为台湾内渡诗人，它历来也被视为'台湾诗社'之一。"

厦门与台湾仅一水之隔。汪春源等台南三进士，时常驻足于当年郑成功为收复台湾而操练水师的故址前，频频东望，深情怀念彼岸的山川人文，为国家破碎、身世飘零而仰天浩叹。1923年，汪春源逝世。林景仁所作《汪杏泉丈挽词》，有"海外再无前进士，社中群惜古先生"之句。

（汪舟）

王敏川

　　王敏川（1889—1942），台湾社会主义运动的先驱。字锡舟，笔名"锡"，台湾彰化人，为"汉学仔仙"王延龄之次男。王敏川从小就受孔孟之教，读汉诗、古文，终身以汉民族自居。

　　1909年毕业于师范学校，即在母校彰化公学执教。1919年赴东京就读于早稻田大学政治经济科。时值第一次世界大战后民族自决浪潮高涨之时，东京之台湾学生受此影响亦开始民族民主运动。王敏川和一些留日同学积极参加民族自觉运动社团"启蒙社"、"新民会"。1921台湾文化协会成立后，王敏川任理事，并参加台湾议会设置请愿运动。1923年4月《台湾民报》创刊于东京，王敏川担任干事，与社长黄呈聪连袂返台"宣传民报使

图为"文协"的左派青年干部，坐在中央者为王敏川

命，并劝募读者"，开始以文字唤醒民众，并积极推展"文协"活动。同时与蒋渭水组织"台北无产青年会"。《台湾民报》原先支持者、创办者多资本家，而王敏川一直是站在农民和劳动者一边。例如1925年12月的"二林事件"，他和赖和就是站在蔗农这一边，与地主对抗。

他反对说日语，提倡地方文化，鼓励体育，旋被日本殖民当局禁止。他又组织"台北青年读书会"，讨论各种社会问题，并吸收各种主义思潮，支持台湾议会设置请愿运动。日本人以违反《治安警察法》的罪名，将为首的王敏川及蒋渭水等29人投诸狱中，是谓"治警事件"。王敏川坐牢数月，于狱中读书打坐，有"狱中杂咏"十余首。出狱后仍以记者为业。由于对总督府的失望，让他逐渐抛弃日本人赐给平等相待之幻想，开始采取针锋相对的抗争路线。

他深耕社会基层，利用"文协"举办各种活动以唤起民众。1927年1月3日文化协会分裂，王敏川当选"新文协"的中央委员，后"新文协"又因台湾共产党的参与，王敏川在"上大派"（上海大学毕业）的支持下，其势力逐渐强过非上大派的连温卿。此后，台湾共产党提出解散"文协"，但王敏川予以反对，认为"文协"应作为小市民的大众团体而继续存在。1931年1月5日"新文协"第四次大会时，为总督府所禁止。6月总督府开始检举台共，12月又逮捕赤色救援会，王敏川及"新文协"绝大部分中央委员都遭到逮捕。王敏川被判刑4年，连未判刑前的2年，实则坐牢6年，1938年才得以出狱。多年的牢狱生活，使王敏川身体受到极大伤害，于1942年病故。王敏川在日本投降后，曾一度入祀台湾彰化忠烈祠，但在1958年以"台共匪干"之罪名遭官方撤除，直至2010年才得以平反。

（丘秀芷、李理）

王万得

　　王万得（1903—1985），台湾台北人，原台湾共产党书记。

　　王万得于 1918 年毕业于台北大稻埕公学校，后又入"日本台湾总督府"交通局递信部通信练习所甲科进修，1919 年毕业。先后在新营、淡水、台北等地邮政局工作。1922 年时加入台湾文化协会。1927 年时曾来到大陆，加入中国共产党。次年转籍加入台湾共产党，1929 年返台，1931 年在台共第二次大会中被选为常务委员兼书记长。是年，台共遭日本警察镇压，于 7 月被捕，入狱 12 年。台湾光复后，于 1946 年任台湾省政治建设协会常务理事、台湾革命先烈遗属救济委员会常委。"二·二八"事件后逃往大陆，加入台湾民主自治同盟，并任台盟华东总支部委员。中华人民共和国成立后，历任台盟总部理事、顾问。1983 年，当选第六届全国政协委员。1985 年逝世。新华社的讣告中称其为"台湾知名政治活动家、爱国老人"。

（赵国辉）

王耀庭

王耀庭（1889—1937），原籍福建晋江，毕业于晋江高小，国民党党员。王耀庭早年随父亲赴台经商，1927年，加入中华总会馆，被推为常务委员。1931年"九·一八"事变爆发，王耀庭与革命同仁一起秘密组织抗日救国会，致力于抗日革命。直至1937年"七七事变"，王耀庭被台北州外事课逮捕。严刑之下亦不屈服，后被押解至台南刑务所，更是惨遭酷刑，殉难于狱中。时年48岁。

其革命事迹经由台湾有关部门明令褒扬，其生平史实经勘查核定后列入其原籍县志，并入祀忠烈祠，以昭其忠烈。

（台湾省文献委员会编印《台湾抗日忠烈录》第一辑）

王正南

王正南（1926—2010），后更名林云，台湾台南人，祖籍福建晋江。

1926 年，王正南出生于台南一个普通教员家庭。1936年，因不满日本殖民奴役，王正南的父亲王逸客参加反抗殖民统治的活动，被日本殖民当局通缉，遂举家迁往福建，在祖居地福建省晋江县金井镇落

1949年，王正南以台湾队代表身份向毛主席和朱总司令献旗，向新中国献上台湾同胞的衷心祝福

户。1938 年，得知李友邦筹建台胞抗日队伍——台湾义勇队的消息后，王父积极响应，参加筹建工作，并携四个孩子参加这支抗日队伍。他为孩子们起了四个新名字，分别叫王正东、王正西、王正南、王正北，冀望子女们志在四方。

1939 年王正南成为台湾义勇队少年团的一名抗日战士。1944年，他在抗战烽火中加入中国共产党。台湾光复后，随台湾义勇队返台，从事中共地下工作。1947 年参加"二·二八"起义，起义失败后撤离台湾赴沪。后在鄂豫二分区政治部、司令部工作，在华北军政大学任教。1949 年新中国即将成立之际，王正南以台湾队代表身份向毛主席和朱总司令献旗，向新中国献上台湾同胞的衷心祝福。新中国成立后，任台盟总部特派员、台盟驻京办事处主任、台盟华北总支部代主任委员、台盟第四届中央委员会常委、台盟第二届中央评议委员会委员、全国台联理事。

（徐康）

魏忠铨

魏忠铨（1902—1945），原籍福建林森。年少时家境小康，就读于私塾，后因父亲亡故，家道中落而辍学，转而学习裁缝。魏忠铨为人忠直，有朝气，有魄力，领导力极强。

1926年，魏忠铨携眷赴台，在屏东中正路开设洋裁缝店，克勤克俭，积蓄了一些家财。1934年被选为中华会馆评议委员兼青年团组训组长，对于推进会务发展不遗余力。更加难能可贵的是，魏忠铨所经营的小店，收入有限，其平日节衣缩食，但是对于汇款支援祖国他则慷慨捐助，以致其周转不灵，但仍无怨无悔。抗日救国会成立后，魏忠铨担任总务组长，负责印刷及传递传单，从来没有一次失误。日本人表面上与其友善但暗地里却对其进行跟踪。最终魏忠铨被日本人逮捕。

在狱中，魏忠铨受尽酷刑仍坚强不屈，被关押了3年多，最终因伤势严重而准其保外就医。

台湾光复时，魏忠铨仍然协助政府办理接收工作，被日本浪人攻击，旧伤复发而不幸去世，年仅43岁。

其事迹经由台湾有关部门明令褒扬并入祀其原籍忠烈祠。

（台湾省文献委员会编印的《台湾抗日忠烈录》第一辑）

翁俊明

翁俊明（1892—1943），原名寅清，后改为俊明，取接续明郑、光复汉室之意。先祖明郑时由广东潮州迁移至台，到他已是第十四世。其父翁绍焕是生员（秀才），精通歧黄，行医济世。

翁俊明3岁就能认字，6岁就在父亲启蒙下，开始习诗文汉学。翁俊明在身为秀才的父亲亲自教导之下，除了习读诗书，也自幼明了民族大义。翁俊明15岁进入台南公学校读书，18岁考入"日本台湾总督府"医学院（台大医学院前身），和杜聪明同窗。他成绩非常优异，第二年任级长，具有领导长才。

这时同学中有由福建漳州赴台的王兆培，他们常在一起。他们加入同盟会，翁俊明和杜聪明、曾广福、苏樵山、蒋渭水、黄调清、王兆培，都拒绝入日籍。

1910年9月，翁俊明奉孙中山之派令为同盟会台湾通讯员。他又召王传薪和刘兼善加入。他们常聚会，有时在艋舺，常去和尚洲（芦洲）柑仔园，以避日人耳目。会员增加得很快，到1911年已有76人。宣传文字均由翁俊明亲自撰写。他们在一起不用日本所语"明治"年号，一律以祖国光绪、宣统的年号，言必祖国。1911年10月，武昌起义成功，他们大受鼓舞。

1912 年，孙中山辞去临时大总统职务，袁世凯窃取辛亥革命的胜利果实后，于 1913 年镇压了"二次革命"。孙中山先生于 8 月曾赴台。翁俊明和同志想见孙先生一面未成，于是和杜聪明等人谋划毒杀袁世凯。当时台湾、大陆不能随意互航，须有"渡华旅券"。所以他们先去日本神户，正好得见也去神户的孙中山先生，但因语言不通，只能简略报告。

翁、杜二人到北京后，投宿东单牌楼大街。谋取活动未果，只能折返。杜聪明经厦门回台，翁俊明先赴上海，会革命党人，被县衙捕捉，幸好朋友相助获释。他回台后，与同志立志学北京所用语言，以利日后行动。

1914 年，23 岁的翁俊明从医学院毕业，到马偕医院实习，很快就升任外科医长。他仍常与同志共同活动。这时，孙中山正在策动再次讨袁。他和在台同志将 2600 元捐款交王传薪赴广州，仍未果，只好将这笔钱用在台湾为祖国宣传设书坊之经费。

1914 年，罗福星受绞刑；次年噍吧哖"西来庵事件"，株连甚广，许多民众被屠杀，数以万计。翁俊明等警觉，革命事更难，于是决心回祖国。他带着新婚妻子，回到厦门，于山仔顶开设"俊明医院"，不久王传薪也到厦门。

这时，日本在厦门有领事馆，常将在台湾的大批流氓送来此地惹是非，想将厦门弄得跟台湾一样成为殖民地。

翁俊明与王传薪特为此居中调解，免除台湾不良分子与厦门人之纷争。

1917 至 1920 年，翁俊明除行医之外，致力中药西化研究，以科学方法研究汉药，他甚至发明了香原油（1920 年）。1921 年任浙江樟脑总局局长，趁赴日工作之便，资助台湾旅日抗日志士。

翁俊明在日本一个月，讲学阐扬"神农本草"的精义，及分析"当归"等汉药之心得。日本学术界想赠予博士学位，他坚辞不受。回国后，他制造香原油，广为流传，甚受欢迎。对台湾志士之金援，源源不绝。

　　1925 年，翁俊明转赴上海设俊明医院，一方面继续他的化工事业，并创办了中华医事专科学校，为中国医药史上名校之一。他又经营书局、船务，为革命事业筹款。1927 年，国民革命军北伐。翁俊明在化学上致力，和杜聪明始终互有联系。虽然两人研究方向不一样，但都以对人类有益为职志，对台湾光复一事也抱着同样的志业。台湾这时许多同志办《台湾民报》，各处奔走演讲，翁俊明都一再资助。

　　1930 年，翁俊明在厦门创办中华医学校。1933 年，又创办厦门美术学校，始终不懈支持台湾抗日志士。

　　1937 年，全民族抗战爆发，翁俊明撤退至香港。1939 年主动联系国民党中央组织部港澳支部，为统一台湾抗日革命力量尽力。翁俊明以"打倒倭寇，收复台湾，归宗祖国，还我自由"为信念，以行医掩护对敌工作，吸收台湾志士在港秘密组织"健行社"、"思宗会"，甚至到上海、南京、华北等沦陷区设点。也到四川与留渝台湾志士刘启光、林忠、李万居、宋斐如、郭天乙等接触。

　　1940 年 9 月，翁俊明被任命为国民党台湾党部筹备主任，积极于香港、澳门、厦门、上海展开工作。

　　由于沿海为沦陷区，最初 1942 年台湾党部设于广东韶关，为训练基地。12 月训练班结束，学生 60 人毕业，分散各地展开工作。

　　台湾革命同盟会，最初为主席团制，谢南光、李友邦、张邦杰 3 人为主席。第二届取消，改为常务委员，各地设分会。李友邦于金华、闽南、闽西；谢南光于福建崇安，另有于柯台山、陈友钦、刘启光、蒋渭水等参加。

　　这时台湾革命同盟总部设于福建漳州，翁俊明为执行委员会主任委员，林忠、郭天乙、丘念台、谢东闵为委员。有完整的内部组织，开始沦陷区组训工作。这时，已吸收台籍党员 689 名。组织隶属国民党中央组织部台湾党部。翁俊明眼见胜利可期，先增设台湾建设设计委员会，在各地区设宣传队，并刊印刊物。组织分布很广，除了福建、曲江、广州、汕头、厦门、上海，甚至包括西南川、青、黔、桂地区。各地都有抗日志士，不畏苦难，风尘仆仆各处奔波，联络台胞。

此时日军由于在太平洋、南洋、中国大陆各地，恣意扩张侵略，已成强弩之末，败相日显。国际间却冒出"战后共管台湾论"。台湾革命同盟会为纪念马关签约48周年，于1943年4月17日特别发表宣言驳斥国际谬论。这一年11月21日至28日，举行第二次代表大会。会期中欣闻中、美、英开罗会议决定"台湾战后归还中国"，即致电蒋介石同表振奋。

翁俊明正期待抗战接近尾声，台湾光复指日可待，1943年11月18日却被下毒身亡，时年52岁。身后，家无长物，十分萧条，同志设法为之下葬。

翁俊明的老同学、老战友杜聪明在84岁时为翁俊明赋诗，最后一句"立功立德永勋业"正是对他一生作的最佳批注。

（丘秀芷）

翁泽生

翁泽生（1903—1939），台湾台北市永乐町人，祖籍福建同安。曾化名翁振华、翁定川、翁国生、李国梁、陈祥麟、龚聪贤、张平凡、张青春等。

1921年，奉父翁瑟士之命回大陆念书。1924年毕业于厦门集美中学，旋考入厦门大学，不久后转学私立上海大学社会学系。翁泽生曾在其老师瞿秋白等中共党人领导下参加"五卅惨案"后的工人和学生运动。1925年加入中国共产党。1926年12月，参加中共江浙区委组织的旅沪福建籍学生回乡工作团，更名翁振华，与妻谢志坚到福建漳州任汀漳龙政治监察署青运指导员，从事学生与青年运动。1927年中国国民党清党后，返回上海。1928年与谢雪红、林木顺等人在上海创立台湾共产党，任候补中央委员，留在上海负责与共产国际东方局、中共中央联络。1930年底，以中共中央巡视员身份到广东指导工作。次年回上海，以后任中华全国总工会党团秘书长。1932年3月4日在上海被捕，5月17日由上海警察部门将其引渡给日本警察，于翌年3月押回台湾，被判处13年徒刑，监禁于台北监狱，受尽严酷刑罚折磨。但他坚忍不屈，决不肯向日本殖民当局写悔恨书。1939年3月19日病逝于狱中，年仅37岁。

（赵国辉）

吴得福

吴得福（生卒年不详），台湾台北市大安人，原本是一个道士，兼顾行医，家庭属于中等小康。

1895年，日军进攻台湾，台北绅民组成义军，吴得福抛妻弃子，率先加入义军，任哨长。在基隆保卫战中，吴得福被日军所俘。日军将数个俘虏的发辫绑在一起，缚于木桩之上受审。吴得福伺机用小刀截断辫子，逃至三角涌，再次集合志同道合的义士继续抗日活动。

当时，日军已经占领台北，继续倾巢南下攻打新竹、台中各地。台北城内军力单薄，抗日义军时常出没打游击，日军不堪其扰。当时还有祖国军政要员暗中支持义军的传言。吴得福也奉命潜回大安庄集合义士三千余人，欲乘虚收复台北，只可惜因缺乏军火弹药，无法即时起义。不久后，某洋行买办薛棠谷因为从厦门偷运军火接济义军的嫌疑被日军逮捕。日军则更为严加戒备，极力地收买线人进行侦查。

当年的8月上旬，吴得福为了激励士气，在自己的住宅内举行集会，慷慨陈词，誓言抗日到底，解救同胞于水火。为表决心，吴得福在神前歃血为盟，以巩固同志们的意志。又自觉驻守台北的日军虽然不多，但是仍难与其正面为敌，于是拟定悬赏捕获日军的办法，其悬赏原文如下：

生擒日酋总督者赏银二千两；

生擒台北县知事者赏银八百两；

生擒各将领者自二百两至一千五百两；

生擒日兵者赏银一百五十两。

此事一经传出，就被日本宪兵得知，于是他们利用密探接近吴得福和他的同志，暗中侦查。待查明来龙去脉，日军便教唆密探用计诈骗吴得福到台北城。8月底，吴得福及其同志9人潜藏在大稻埕密探的家中，举行秘密会议。日本宪兵数10人早已在周围化装埋伏。密探假意殷勤款待，吴得福等人毫不知情，一如往常地开会。突然数十军警闯入，吴得福等人虽知已难脱身，仍然尽力反抗，但最终不敌被捕。日警在吴得福家中搜出一支枪及子弹；在其同志王清家中搜出盟员名单；另一同志周扁家中搜出官方发出招募1000名参战的指令。日警将其全部送入军事法庭审判，吴得福、周扁、王保、王清均判处死刑，其余同志也悉数判刑。吴得福在狱中自杀就义，其他3位同志押赴刑场时，亦泰然自若，慷慨就义。

（台湾省文献委员会编印《台湾抗日忠烈录》第一辑）

吴宽木

　　吴宽木（1865—1896），字翠岩，原籍福建同安。吴宽木祖上赴台，世代皆有功名。其父为武秀才，吴宽木亦习武。台湾民主国成立时，吴宽木亦参与对日抗战，任哨官。当副将杨再云统领新楚军会同各路抗日队伍反攻新竹城时，吴宽木在前线奋勇杀敌。兵败后，伺机潜入新竹城中，隐迹数月。日军在城内大肆搜捕，吴宽木决定内渡大陆，暗地潜入旧港，但其念及老母年迈在家不忍远离，于是中途折返家中，潜伏在家里。后被密探诱出自首，于1896年4月10日被日军杀害，遇难时仅31岁。

　　　　　　（台湾省文献委员会编印《台湾抗日忠烈录》第一辑）

吴明美

　　吴明美（1890—1939），原籍福建晋江，国民党党员。幼年就读于私塾，古文造诣颇深。日本据台时，吴明美随兄赴台南经商，曾一度往菲律宾谋生。后返台转往屏东居住，独自经营明记碾米厂及明记青果批发，曾任屏东中华会馆会长达 10 年之久。吴明美为人忠厚，富有爱国侨胞的爱国热忱，经常领导侨胞秘密从事爱国运动。

　　抗日战争爆发前夕，台湾中华总会馆曾以开发海南岛为名，发起组织"华侨兴业垦殖股份有限公司"，向侨胞募集股金，实则借此捐款回国，贡献政府。吴明美立即慷慨认捐 50 股（每股 50 元），数目可观。

　　"七七事变"后，吴明美更是积极发动捐资援助祖国，另一方面他还搜集情报秘密报告祖国政府。后被日本人发现，被捕入狱，饱受酷刑仍然不为所屈，最终因证据不足，得以保释。吴明美出狱后抗日救国的志向不改，抱着必死的决心，继续从事抗日工作。最终于 1939 年 11 月间再度被捕，同月 24 日殉难于高雄刑务所。

　　吴明美事迹经由台湾有关部门明令予以褒扬。

（台湾省文献委员会编印《台湾抗日忠烈录》第一辑）

吴彭年

吴彭年（？—1895），汉族，字季篯，原籍浙江余姚，后客于广东顺德，清末台湾清军将领，黑旗军主要将领，阵亡于1895年战争中，民族英雄。

1894年（光绪二十年）吴彭年任县丞，具有强烈爱国意识。1895年战争开战，日军攻陷台北城后，刘永福接手主导台湾民主国，所率领的黑旗军向来以善战而闻名。农历五月，与苗栗义民吴汤兴和徐骧合力抵抗日军。刘永福唯恐台中有所闪失，遂商议派兵支援。吴彭年自愿前往，率领七星旗兵700人，加入李惟义的阵营。农历闰五月二十九日到达彰化时，李惟义之新楚军已部署于苗栗。6月15日，吴彭年又接获苗栗人之请托，率屯兵营管带徐学仁至大甲屯兵营管带袁

黑旗军战士

锦清、帮带林鸿贵等带兵前往，并于隔日进驻当时属苗栗县管辖的大甲。6月18日，新楚军副将杨载云在头份庄战死，日军大举南下。

数日后，日军抵达大甲与守军交战。吴彭年所部之兵力不足，新兵召募又尚未完成。吴彭年骑马掠阵，马悲鸣而无法前行，遂易马再出阵。在郑以金等义军的协助下奋勇力战，袁锦清及林鸿贵皆战死，吴彭年只得收兵返回大甲。

23日夜间，苗栗被占，吴汤兴及徐骧率军南下台中，吴彭年则率兵赶到彰化，并发电报给台南告急。初七日，日军以两队进攻彰化，吴彭年以王得标率七星旗兵300守中蒙、刘得胜率先锋营守中庄、孔宪盈守茄苳脚、李士炳和沈福山各率所部守八卦山。初九日黎明，日军以一中队涉溪攻黑旗营，又以一中队攻其背后。吴彭年率兵出战，而日军大队已从间道直捣八卦山，吴汤兴和徐骧紧守阵地并开炮轰击。日军冒险登山进攻，吴汤兴阵亡，徐骧不支而败走。当时吴彭年正率领部队于大肚溪畔与日军交战，遥望八卦山已树立日军旗帜，急率全军回救。至山麓处，吴彭年中弹坠马，身边亲兵4人亦死。在日军炮火猛烈攻击下，吴彭年身负重伤，裹创再战，直至弹药告罄，最后壮烈牺牲。李士炳和沈福山俱殁于东门外，死者数百人。日军遂入城，黎景嵩与树勋各自微服逃亡。

安邑庠生陈凤昌听闻吴彭年战死，洒酒为文祭拜之。数年后，为其携带遗骨归乡，开挖遗体时，衣带犹存，其上尚有血痕斑斑。

（赵国辉）

吴清波

吴清波（1880—1928），祖籍福建安溪，其先祖自闽迁台，居彰化。其父水苍公经商，其母张氏，以贤德著称。吴清波9岁入台湾特设书房研修国学。1895年《马关条约》签定，清廷割让台澎给日本。当时吴清波虽然只有15岁，但因受家教熏陶，小小年纪的他即抱有抗日的大志。

吴清波成年后，自营皮革生意，其足迹遍布日本各地及我国的港、粤、闽等地，表面上以商贾考察为名，实则秘密与祖国的抗日志士联络。

1921年，吴清波结识了林献堂、蔡培火、蒋渭水等，并商讨组织"台湾议会设置期成同盟会"，反对日本驻台湾总督的经济榨取政策，提倡尊重民意，谋求政治平等，反对日本的殖民政策。他曾作诗明志：彰城别号是矿溪，民智高低尚不齐；可恨凡才堪自愧，山鸡敢代凤凰啼。

1923年12月中旬，日本驻台湾总督内田嘉吉以残暴手段解散该同盟会并下令逮捕该同盟会志士一百余人。吴清波与蔡培火、蒋渭水、韩石象等均被冠以政治犯罪的罪名下狱，在狱中饱受侮辱，直到1924年1月底，经日本法庭宣判无罪，释放出狱。吴清波不屈于日本暴政的淫威，与同志努力扩充《台湾民报》并参加创立台湾文化协会，提倡民权的启蒙运动，号召广大台胞认清日本人的狰狞面目，从中策动反日工作。虽然屡遭阻碍，仍然不能动摇其意志，吴清波抱着牺牲小我成就大我的精神，从未中断过鼓吹革命工作。终因积劳成疾，于1928年12月20去世。

吴清波事迹经由台湾有关部门核准列祀彰化忠烈祠。

（台湾省文献委员会编印《台湾抗日忠烈录》第一辑）

吴三连

吴三连（1899—1988），生于台南州北门郡。"日本台湾总督府"国语师范学校、一桥大学商科毕业。他历任大阪《每日新闻》记者，《台湾新民报》总编，第一届"国大代表"，台北市官派市长，第一届民选市长，第二、第三届省"参议会议员"，台南纺织董事长、环球水泥董事长，自立晚报发行人，延平中学董事

长等，曾参与东京台湾青年会、新民会、文化协会、台湾议会设置请愿运动、反对米谷统治运动等。

1915年，吴三连考入台北国语学校。1919年毕业，并获得"林熊徵先生奖学金"的资助，赴日前往"东京高商预科"（后来改为"东京一桥商科大学"）留学。1920年，吴三连加入东京留学生组织"新民会"，并认识林献堂、蔡培火等抗日人士。1920年4月中旬，"日本台湾总督府"总务长官下村宏由台湾返回日本，在小石川植物园举办留学生招待会。吴三连在会上批评总督府的种种压迫政策，包括"同化政策"，以及统治上的差别待遇，并对日本警察的高压态势提出批评，引起下村宏震怒，同时也在留学生中引起强烈反响。

1925年，吴三连自一桥大学毕业后，进入日本第一大报——大阪《每日新闻》担任记者，成为当时日本媒体界的第一个台湾

记者。由于他报道中日冲突，同时还参加了台湾的各种政治请愿运动，被列入日本的政治黑名单。1928年的时候，台湾的议会设置请愿运动需要在台湾岛内先连署，再派代表到日本众议院去请愿。请愿代表希望吴三连在《每日新闻》上刊登台湾请愿活动的报道，引起日本警方的注意。吴三连每天被调查，不得不准备辞职。

1932年，吴三连应林献堂、蔡培火的邀请，返台担任《台湾新民报》编辑总务、论说委员、整理部长、政论部长等四个职务。他在此期间，主要撰写"爆弹"专栏，以影射的方式，批评日本殖民当局的压迫及其侵略，争取台湾的自主地位。"日本台湾总督府"对《台湾新民报》进行言论压制，要求报社必须在发报前一天将新闻稿送到总督府检查，如有不符合总督府要求的内容，就会被删除。对于此种黑暗政策，吴三连他们留下"挖版"的乌黑记号，以此来表示对殖民政权压制新闻自由的无言控诉。

1933年，吴三连返回日本担任新成立的《台湾新民报》东京支部的支局长。1936年，"日本台湾总督府"为限制台米输出日本，拟定"台湾米谷输出管理法案"，引起所谓"米谷案"。以吴三连为首的"三勇士"，在东京进行反对活动，并向日本舆论与议会请愿。结果，1938年吴三连与蔡培火被捕，最后，不得不被迫离开《台湾新民报》，但是他们的《台湾米谷政策之检讨》小册子得以出版，还是起到了反对日本统治台湾米谷的作用。

（李理）

吴思汉

吴思汉（1933—1950），原名吴朝和，台湾台南县白河镇人。

吴思汉从台南二中毕业后考上了台北高等学校理科乙。1943年7月吴思汉离台去日本，10月考上了京都帝国大学医学部。吴思汉具有强烈的民族意识，热爱自己的祖国，热切地希望为祖国做出自己的贡献。为了了解祖国情况，他尽量接近从大陆来的中国留学生。当时他认识了和他住在一起的姓戴的同学，两人感情融洽，无所不谈。当时日本形势很紧张，在中国台湾、朝鲜也开始征兵。吴思汉原想大学毕业后做一个医生，为祖国效劳。后来他感到不可能，而很有可能做为日军到祖国大陆去打中国，但自己的汉民族血统是不允许这样做的。为了逃避日本的征兵，同时为了参加抗战，他想回到祖国。他把此愿望与戴谈了，戴很赞成。吴思汉于1944年元旦开始做准备工作。他弄了个假证明，经过下关到釜山，然后进安东（沈阳），入山海关到北京。在北京呆了半年后，吴思汉去山东，转河南开封、叶县，找到了当时的河南省政府，后被送到西安而后转到了重庆。

经历了1年零3个月，从京都开始，经过了朝鲜、中国东北、华北、中南、西南，行程万里，吴思汉所遇到的困难和艰险是难以形容的。首先是语言上的困难，为此，吴在北平学了半年的北京话；其次是经济上的困难，他开始从日本买了药充当旅费，但却被没收了，只好到处借钱；再次是日军和伪军的追查，他都设法应付过去，好几回险遭杀害。正如台盟中央原副主席李纯青在文章中所说的：吴思汉"严冬泅渡，仲夏爬山，一关比一关难闯难越，其曲折惊险有如希腊神话英雄攸力栖滋（尤利西斯）还乡记"。

吴思汉到重庆后，接待他的是国民党的情报机关。他们还是怀疑吴是日本派来的间谍，想找一个堂皇的理由把吴除掉。当时太平洋海战正酣，美军反攻已到了菲律宾，雷伊泰一战取得胜利。传说下一步准备在台湾登陆。国民党军方已与美军驻华机构接头停当，要用美军飞机把这位台湾青年投落在台湾，叫他与阿里山的抗日游击队联系，以配合美军登陆作战。实际上，国民党也知道，阿里山是没有抗日游击队的。其结果，将是用日本人之刀，杀台湾的抗日分子。李纯青、李万居、谢南光、宋斐如等当时在重庆的台湾革命同盟会的领导成员商量，决定把真实情况告诉吴思汉，以免他受骗被人杀掉。当李纯青把此事告诉吴时，吴认为为抗日赴汤蹈火，在所不辞。他用简单的答复回绝了李纯青等人的劝告。他准备去接受训练了，正高兴地在等待着接受一支卡宾枪、一套日本军官制服。李对这颗赤子之心"肃然起敬，无法再多说话"。后来由于美军还未在台湾登陆，日本已无条件投降，吴思汉才幸运地活下来了。

日本投降后，吴思汉从重庆来到上海。在此过程中，他看到国民党大量的腐败现象，听到了解放区光明情况的介绍，思想上对国内的形势有了比较全面的认识。此间他开始接触了马克思主义。他回台湾后，任台湾《新生报》记者。1950年吴思汉被国民党当局逮捕，英勇牺牲。

吴思汉是热爱祖国、苦苦追寻真理的台湾知识分子的典型代表。他经历了各种困难和艰险，从日本跑到重庆，后来又为了抗日赴汤蹈火，在所不辞，愿意空降到台湾阿里山，这体现了中华民族的正气。他为了追求台湾人民的利益，参加了反蒋反美的爱国民主运动，并献身于祖国的统一事业，他是台湾知识分子的一个典型代表。

（徐萌山）

吴汤兴

　　吴汤兴（1860—1895），字绍文，台湾苗栗铜锣人，以侠义闻里中。1895年，台湾割让给日本后，他与生员邱国霖、吴镇洸等招募乡勇。6月中旬，日军攻打到新竹时，吴汤兴以游击战的方式屡次骚扰日军。7月上旬，多路抗日义军合力进攻新竹，与日军争夺十八尖山要塞，最后失败。8月中旬于尖笔山再败后，吴汤兴与其他义军退至彰化。8月28日，他与日军战于八卦山，不幸中炮阵亡。其妻闻报，亦投水而亡。

（赵国辉）

吴新荣

　　吴 新 荣（1907—1967），字史民，号震瀛、兆行，晚号琑琅山房主人，台湾盐水港厅人（今台南市将军区人）。

　　吴新荣的父亲吴萱草原本姓谢，七岁时过继给将军庄的富豪吴玉瓒作为养子，因此改姓吴。1922年吴新荣进入"日本台湾总督府"商业专门学校预科，之后进入本科；但是该校不久裁撤，因此吴新荣1925年赴日本留学，进入日本冈山金川中学，作插班四年级生。

1927年他毕业返台。1928年他考取东京医专，办《苍海》《南瀛会志》《里门会志》等杂志，并发表作品。1928年吴新荣加入左派领导的东京台湾青年会与日本共产党领导的台湾学术研究会，被捕，入狱29天。1930年左右他开始发表新诗。1932年吴新荣从东京医科大学毕业，9月旋即返台接替其叔父于台南佳里执业，经营佳里医院，并且与毛雪芬女士结婚。吴新荣自许"医学为本业，文学为情妇"，开始积极文学创作与活动。1933年他与郭水潭等当地青年发起"佳里青风会"，为"盐份地带"文学集团的前身。之后，吴新荣参与台湾文艺联盟，与郭水潭、徐清吉、林芳年、王登山、庄培初等原佳里青风会成员，成立"台湾文艺联盟佳里支部"。文联解散以后，吴新荣仍然在《台湾新文学》《台湾文学》《民俗台湾》等文学杂志上发表作品，被后人称作"北门七子"之一。吴新荣在 1939 年当选佳里街协议会员。1942 年与《民俗台湾》杂志合办佳里专辑，调查平埔族，为日后文献调查打下基础。是年其妻毛雪芬去世，吴新荣撰写名作《亡妻记》。次年与林英良小姐结婚。

吴新荣在"二·二八"事件以后，除了行医，还投入台湾地方文史工作，担任台南县文献委员会编纂组组长，主编《南瀛文献》季刊 12 卷 18 册（1952—1966），主修《台南县志稿》13 卷（1955—1965）、《金唐殿善行寺沿革志》《南鲲鯓代天府沿革志》等书。吴新荣将自己的单篇文章编辑成《南台湾采风录》《震瀛采访录》。1967 年吴新荣过世，享年 61 岁。吴新荣死后，张良泽将其作品编为《吴新荣全集》（远景出版社），又有吕兴昌编订《吴新荣选集》（台南县立文化中心，1997 年）三册。

吴新荣在遗著《震瀛随想录》的"光复当初"章节中，述及终战之际的"台湾行政区域割分案"构想时，除指出"基隆县涵括：基隆市、七星郡、淡水郡"等廿一县一市（台北市及州辖市）制外，最令人讶异者，莫过于台湾"最后一县"竟是记载"琉球县（县治石垣）：石垣厅、宫古支厅"，透露出台澎地区"光复当初"的重建远景中，琉球列岛最南部的先岛群岛（即上述的琉球县范围）也包括进台湾版图中。

（赵国辉）

吴浊流

吴浊流（1900—1976），本名吴建田，台湾新竹县新埔镇人。台湾早期的乡土文学作家。毕业于"日本台湾总督府""国语"学校师范部，做过教谕、小学教员，后来因郡视学凌辱台籍教员，抗议无效，愤而辞职，结束了近二十年的教师生涯。

1941年，赴南京任新报记者，一年后返回台湾，先后任台湾《日日新报》《台湾新闻》《新生报》《民报》记者，后转任台湾机器同业公会专门委员（1949—1965年），曾参加诗社，1936年开始写作。吴浊流是台湾早期的乡土文学作家，也是台湾现代、当代文学史上承前启后的一位作家。他的作品具有鲜明的反对奴役、争取独立和自由的立场和政治倾向，充满着强烈的民族意识、时代精神和热烈的爱国情感。他前期的小说以日据时代生活为背景，代表作为《亚细亚的孤儿》。

《亚细亚的孤儿》原名为《胡太明》，是书中主人翁的名字。后来又改成了《亚细亚的孤儿》。因为台湾是亚洲的一部分，地处边陲地带，受到日本的统治，离开了祖国的怀抱，就像一个孤儿一样。当时台湾老百姓被日本人压榨得十分凄惨，生活在水深火热之中。更可怜的是，那个时候台湾人到大陆还会倍受歧视，甚至要隐瞒身份，不能承认自己是台湾人。

　　吴浊流先生说:《亚细亚的孤儿》是透过胡太明的一生，把日本统治下的台湾，所有沉淀在清水下层的泥污渣滓，一一的揭露出来。登场的人物有教员、官吏、医师、商人、老百姓、保正、模范青年、走狗等。将中国大陆人、台湾地区人和日本人各个阶层，都网罗在一起，不异是一篇日本殖民统治社会的反面史话!

　　吴浊流在写《亚细亚的孤儿》时，深怕被时时往他家跑的日本特务发现，必须在写好两三张稿纸时，小心翼翼地藏到炭笼里，等累积到十几张时，再藏到隐秘的地方。第二次世界大战爆发后，他更是一面躲警报，一面躲日本特务，冒着生命危险，一字一句地写完这本《亚细亚的孤儿》。他用笔当武器，极力反抗日本对台湾人民的欺压。他的作品中充满了正义，也给人是非不容混淆的感觉。

　　后期的作品以反映战后台湾社会为主，代表作有《波茨坦科长》《狡猿》。除文学创作外，吴浊流还创办《台湾文艺》杂志(1964年)，设立台湾文学奖(1969年)、吴浊流文学奖(1969年)，奖励后进，不遗余力。

(李理)

萧大成

萧大成（？—1915），台湾彰化人，居住在彰化田中镇卓乃潭，从事农业生产，为罗俊的得力干部。

1915年2月间，罗俊前往拜访余清芳并宿其家中，商议革命及抗日大事。萧大成加入国民党，并内定为举事后该地的地方领袖。由萧大成直接介绍入党的有7人。革命行动失败后，罗俊曾数次在萧大成家中躲避追捕，并且由萧大成掩护四处隐藏。

萧大成最终因行动暴露，被捕并判处死刑，1915年9月6日在台南监狱遭日本人杀害。

（台湾省文献委员会编印《台湾抗日忠烈录》第一辑）

萧道应

萧道应（1916—2002），台湾法医界的先驱，民族主义者。1916 年，萧道应出生于台湾屏东佳冬。萧家在当地是世家大族，清代中叶之际，自广东梅县迁居而来，历代以耕读传家，兼营染坊，以忠厚训勉子孙，代出杰出子弟。1895 年清政府签订《马关条约》，将台湾割给日本。日军到台湾接收，南路从屏东东港一带登陆。萧家以民族大义，不愿被日人统治，响应"台湾民主国"之号召，集合里人起兵抗日。萧道应的祖父萧升祥就是佳冬地区的抗日义军领导。他率领义军在佳冬土地公庙与日军激战，不幸寡不敌众，兵败被日军杀害，壮烈牺牲，年仅三十出头，留下寡妻幼子 2 人。

萧道应长大懂事之后，从祖母口中得知祖父因为抗日而牺牲生命，这段家族的悲惨而光荣的历史后，便深深印在他的脑海中。他的心田里逐渐养成不满日本、痛恨日本的思想。萧道应力争上游，读书非常用功，以优异成绩毕业于台北帝国大学（今台大）医学部医科。不仅赢过同班台籍同学，并且压倒日籍同学。在学期间，他在病理学领域的课程特别用心，成绩特别突出，教授对他刮目相看，尤其是杜聪明特别爱护他。

险被当成日本间谍枪毙

就在萧道应就读台北帝大时，反日思想更趋浓厚。大三时，一位自大陆来的年轻小姐黄素贞，在台北教人家北京话。萧道应因为原本就有浓厚的祖国意识，听说有这么一个学习祖国语言的机会，便欣然前往报名学习。黄素贞教学生动活泼，除了一般教学以外，还会教唱歌曲，特别是当时中国耳熟能详的抗战爱国歌曲，例如著名的《义勇军进行曲》，深受学生欢迎。几位受教的学生不时高唱那首雄壮的歌："起来，不愿做奴隶的人们，把我们的血肉筑成我们新的长城，中华民族到了最危险的时候，每个人被迫着发出最后的吼声……"激昂澎湃的抗日情绪，一天天地高昂起来，萧道应也因此萌发了想要回到祖国参加抗战的念头。

1940年春天，萧道应自台北帝大毕业，与教授北京话的黄素贞小姐志同道合，结为夫妻。他们决定脱离日本殖民统治，离开台湾回到大陆参加抗战。当年8月，萧道应夫妻自基隆乘船离台航向上海。登船之前，为免日人盘查，特别将黄金烧成条状，塞到屁股里面，以便到大陆后当旅费。到了上海，换穿中国衣服，转往香港。南下途中，他勇敢地把日本护照丢入海里，以示决绝，表明永远不作日本二等国民的决心。当到香港后，他会齐钟浩东、蒋碧玉、李南锋。5人遂经由九龙进入沙渔村，步行了5个多小时，到达惠阳。

萧道应本以为就此踏上祖国的抗战之路，哪知他们5人好不容易走到惠阳后，没想到因为身上拿不出任何身份证明文件，被惠阳的国民党军队认为是日本间谍，扣押在指挥部里，幸得丘念台相助。当时丘念台在广东博罗领导"东区服务队"，萧道应5人被监禁准备枪毙时，丘念台正好到惠阳洽公，领取服务队的薪饷。他一到惠阳，就听说抓到5个台湾来的间谍，即将以汉奸之名枪毙。他一听感觉不对，就要求让他重审一次，以明实情。丘念台明白了他们的情形与志向，对他们说：你们不谙国情，冒险回国参加抗战，虽然热情可嘉，但入国手续不清楚，又不认识任何人，只能以行动来自保。丘念台又告诉他们说中国的抗战是长期的，问他们能不能吃得了苦？获得萧道应5人承诺后，丘念台遂保了他们，但他们还是被送到桂林复审。1941年年初，他们经过层层考核后，终于获得正式释放，送回广东曲江，分派工作。萧道应、黄素贞、蒋碧玉被分发到陆军总医院，担任医护工作；钟浩东与李南锋分发到民运工作队。

萧道应被派担任外科上尉医官，黄素贞和蒋碧玉担任护士，没多久黄素贞就学会了打针等护理技术，3人都热爱这得来不易的工作。此时萧道应和黄素贞的儿子继诚出生，一家和乐，萧道应因为病理学涵养丰富，受到器重，又被派担任外科门诊部主任。萧道应正高兴可以为军民同胞服务之际，救命恩人丘念台来信，希望他们到东区服务队工作，于是离开陆军总医院，前往位于罗浮山脚的东区服务队报到。

"东区服务队"成立于1938年，是丘念台奉广东军政当局准许成立，专门从事民运组训工作。萧道应他们到达队部，是1941年10月中旬。该队有队员30余人，男队员20多名，女队员仅有5人，他们的加入使"东服队"增添了生力军。他们是队上仅有的台籍队员，尤其是萧道应身为医生，更受欢迎。"东服队"过的都是团体生活，队员同吃同住，每天早上6点就要起床开始一天的工作，一天只吃两餐，工作到晚上，睡前还要开会检讨一天的工作。因为这个工作，萧道应夫妇认识许多民众，除了藉由行医为民服务，与民众打成一片外，还做文化表演工作，教唱抗日歌曲，演出抗战戏剧。他们夫妇如同当时一般民众一样，生活清苦，他们甚至运用所学医学常识，教队员们自制肥皂。

罗浮山当时处于前线，日军时有侵扰，奸淫掳掠，无所不用其极，有一次萧道应亲眼目睹一位老太太被日军强奸致死，痛恨日本之心有增无已。

投入落后地区文化教育工作

1942年，东区服务队转移到罗浮山区的横沥镇。该地文化教育落后，服务队因此筹划办理"保国民学校"，以教育当地民众的失学子女，每一保设立一个国民学校，总共办理了45所。东服队队员全部投入筹备工作，学校成立后，队员义务担任教师，师资还是不够，队员乃到梅县、蕉岭一带招募新血。

有了小学，接着就筹办"罗浮中学"，校址设在一家道观

"冲虚观"，于1943年筹备。由于太过忙累，萧道应与太太黄素贞先后都病倒，为恶性疟疾所侵扰，辗转病榻许久，好不容易才得以痊愈。

罗浮中学1944年成立，丘念台担任校长，萧道应担任总务主任。除了为学校的经费事情忙碌，他还要上课，教"生理卫生"课程。太太黄素贞身为"东服队"队员，也投入教学工作，身上背着大女儿惠枝教书上课。小小年纪的惠枝，也品尝到抗战的辛苦。东区服务队在1944年结束，学校只好停办。丘念台被任命为国民党台湾党部执行委员，带领萧道应到福建永安洽公。

抗战结束，丘念台奉命在广州成立"台籍官兵集训总队"。萧道应与妻子赴广州，他被任命为中校训育主任，黄素贞则出任女子大队的副大队长。队部设在广州花地一家工厂里面，队员有军夫、军属、护士等，总共有三千多人。萧道应认真照顾队员的健康，还负担教导集训总队队员有关中国历史文化的课程，让队员对祖国有正确认识，并且还不时要安抚队员们不稳的情绪。抗战胜利后1946年，萧道应才回到台湾，结束6年的大陆抗日生涯。

（林德政）

萧光明

萧光明（1841—1911），台湾著名客家抗日志士。

1895年10月11日早上，日本乃木希典所率领的第二师团从屏东枋寮登陆，自南而北，展开日本帝国主义侵占台湾的最后一战。南部客家人聚居的六堆地区首当其冲，战火从左堆的佳冬向前堆的长治蔓延。为了自卫，更为了民族大义，左堆总理萧光明领导族人与乡亲，在佳冬萧家古厝的步月楼谱下一页悲壮而不可磨灭的抗日史迹。

六堆

茄苳脚原为马卡道平埔族茄藤社故址。台湾府志载有"茄藤社离府二百七十里"。1684年，清廷将台湾归属福建省；福建水师提督施琅奏《开海禁疏》，严禁潮、惠之民渡台。其后海禁废除，闽、粤人民因生活困苦，大量渡海赴台谋生。粤东客家人因赴台较迟，且受各种政令限制，初到嘉南平原时已无地可垦，只好在今台南市东门外，垦辟菜园维生。

1688年，原施琅部队遣散从嘉应州征募的约100名客家兵，安置于滥庄（屏东万丹乡附近）屯田，是为最初进入下淡水溪流域开垦的客家人。其后，大约在1691年（康熙三十年）左右，客家人闻悉下淡水溪东岸有大量未垦荒埔，于是甘冒瘴疠、"番害"之险，相率迁往开垦；而其在大陆原乡的乡亲也闻风接踵而来。于是人口骤增，垦区日扩。

1721年（康熙六十年）3月，屏东内埔客家好汉杜君英率领客家子弟攻打清朝兵营。4月19日，福佬人朱一贵也在罗汉门（今高雄县内门乡）起义；失败后越过下淡水溪（今高屏溪），跟杜君英结合。客闽联军再越下淡水溪，攻打凤山县城（今左营）。5月1日，攻陷台湾府城（今台南市）。5月3日，朱一贵为中兴王，建元永和。杜君英不服，在赤嵌楼内斗后败走虎尾，并引起闽客分类械斗。朱一贵决定派兵攻打南部客家庄。南部客家各庄代表闻讯后于5月10日齐聚内埔妈祖庙，共商对策，决议组织义军，将各庄布置为六个防卫队（堆）：中堆（今屏东县竹田乡）、前堆（今屏东县长治、麟洛两乡）、后堆（今屏东县内埔乡）、左堆（今屏东县佳冬、新埤两乡）、右堆（今屏东县里港乡武洛；后含1736年及次年先后开基的美浓和高树）、先锋堆（今屏东县万峦乡）及巡查营等防御系统，保家卫乡。这就是"六堆"的由来。

茄苳脚萧家

1786年（乾隆五十一年），萧光明的祖父萧达梅（松源19世，1768—1836）由广东梅县渡海赴台，是为萧家赴台祖。最初落脚于台南，以酿酒为业，后又迁至打狗（今高雄）、凤山一带，最后定居茄苳脚（今屏东县佳冬乡）。

萧光明的父亲萧清华（1801—1872）因襄助当时驻扎大响营的李洸将军抚番及开拓恒春、车城和枋山等地，闻名于世，并娶台南回民杨氏为妻。

1841年（道光二十一年），萧光明生于台南府。早在青少年时期便跟随母舅从商，经常往返茄苳脚、台南之间，利用当地盛产可染色的筄藤树皮，从事染布生意。其后在台南开设"萧协兴号"，经营米谷生意，获利甚丰，因而有"府城外甥"之美誉。他秉持客家人刻苦精神，经商有成，逐渐累积财富，购置大批田产，奠定基业。1860年（咸丰十年），他请唐山（中国大陆）师傅，采用唐山进口建材，开始兴建一栋占地四千多平方米、五堂六院、双回字型、具有客家民居所强调的内聚性与防御功能的完整封闭的围龙屋。这栋历经三代才兴建完成的大宅也就成为今天的萧家祖屋。

步月楼之战

1895 年（光绪二十一年），清廷在甲午战争中战败；4 月 17 日，被迫签下一纸《马关条约》，台湾割日。日军近卫师团进兵台湾，5 月 29 日，登陆澳底；6 月 17 日，在台北举行始政式。

据"日本台湾总督府"警务局编《警察沿革志》所载，10 月 9 日，嘉义陷落。日军"根据侦查结果和当地人的报告"得知，"目前刘永福的主力（约 10000 人）在台南附近，另有五千在凤山附近驻扎。在枋寮、凤山之间还有若干客家兵贼（义军）"。第二师团长乃木希典中将在澎湖接到指示后马上下令："南进部队混成第四旅团 11、12 日在布袋口附近开始登陆"，与攻取嘉义的近卫师团"会合，向台南前进……各部队集结后即从本港出发，在舰队的支持下，于枋寮附近登陆……（步兵）占领东港之后，军需第一梯队登陆。第二梯队在数日后于打狗登陆……"

10 日下午，日军枋寮登陆部队在八重山军舰与西京丸的引导下相继从马公港出发。

六堆客家庄的各堆领袖得到消息，连夜赶至西势忠义亭（一说内埔妈祖庙）共商大计。最后决议以既有的六堆宗社结团为基础，组织民众武装的联合义军，誓死抗战，并推派长兴庄的前堆总理邱凤扬担任大总理，负责作战的总指挥；四沟水的林光福担任副总理，协助大总理；新北势的钟发春担任总参谋；以及参谋邱维蕃和书记钟赞犹。所有人马宣誓起义之后，大总理邱凤扬便指派左堆总理萧光明与副总理张阿庚、戴登坛连夜赶回茄苳脚，防守第一线；先锋堆总理李宜三与副总理钟顺君负责支援前线；其他各堆负责人火速回到各自庄头，俟机支援。

11 日，日军到达枋寮海域，成三线抛锚。随后，常备舰队的主力也赶到。八重山军舰约 40 名日本陆战队员于是先登陆，搜索番子仑庄附近，未见异常情况。各部队于是从上午 7 时 27

324

分开始陆续登陆。8时许，八重山军舰发现下埔头附近有"残敌"活动，随即炮击，"残敌"于是向村落里面散去。是日，天气晴朗，没有风浪。晚上9时30分，日军第二师团18000人于枋寮登陆完毕，随即兵分三路进攻。

《警察沿革志》载称，茄苳脚位于枋寮、东港之间，日军如果不能先占领此一战略要地，则进不能入东港、退不能守枋寮。日军师团于是在其精锐之第四联队第三中队登陆后即令它占领茄苳脚，警戒东北方向。据说乃木中将还立下告示曰："揭白旗服从皇军，即可保全生命，安居乐业。否则就要杀个鸡犬不留！"

但是，他们却遭到了曾获光绪皇帝颁赐军功五品，又与总兵刘永福结交的萧光明领导左堆义军的顽强抵抗。

《警察沿革志》续载，日军第三中队接到占领茄苳脚的命令之后，上午10时40分从登陆地点出发，当前哨小队到达下埔头后确认茄苳脚有义勇军出没，越近越多。于是分为两部分，一半射击前面的义军，一半向右翼的村落射击，然后一起跨过水田，在距茄苳脚约600米处一齐向义勇军射击。义勇军只有零星还击。日军于是进一步靠近，但义军的还击逐渐猛烈，还发了榴弹。日军第三中队中队长增派一个小队，命其与前两个小队一起构成三梯队，占领茄苳脚的房屋。

茄苳脚原是典型的防御性聚落，拥有栅门、城墙、刺竹林等防卫设施。日军侦查得知，萧光明又带领当地民众在村落周围修筑高三四尺的胸墙，并在墙上开出枪眼，在墙的内侧设登墙用的三层台阶。村落的房屋也很坚固，戒备森严。如若包括刘永福留置的四百兵士在内，守军不下千人。

六堆义军在萧光明的带领之下，借着清军所遗留下来的军火，镇守四个主要栅门。当日军三个小队在水田中前进到距左堆守军三四百米处时，六堆义军开始从枪眼猛烈射击，并击毙不少日军。日军上级商议之后，决定进攻位于东栅门的萧宅的步月楼。日军继续前进，遇一水深及腹部的小沟而跨不过去；最后，

台湾抗日人物传

第一小队终于越过水沟，冲向义军在步月楼旁修筑的防御堡垒。萧光明率众坚守步月楼。步月楼楼下有门，日军必须经过此门才得进茄苳脚。但义军紧锁其门，从里面向外射击，阻止日军前进。第一小队的日军兵士进退失据，躲到墙下藏身；义军于是倒下热水退敌……这时，第二小队也逼近义军的堡垒，但也受到胸墙阻挡而无法前进。义军的反击猛烈，弹如雨下，日军为躲子弹只得跳进水沟，仅让头露出水面。日军中队长于是改派另一小队突击，但始终因水沟阻挡而不能前进，只得也藏身于胸墙下子弹打不到的死角，准备晚上撤退。此时是上午 11 时 20 分。

在此之前，向堘仔新打港前进的日军第四联队第一中队，在到达下寮时听到北面茄苳脚方向传来激烈的枪声，于是转向茄苳脚。当他们到达茄苳脚南 700 米处时，看到第三中队正在顽抗，马上前进到距离义军堡垒 50 米处，从右后翼疯狂攻击。其后，日军又派第十二中队增援，前进到第三中队的右侧，包围义军的左翼。由于义军集中力量反击日军第三中队，所以增援的这两个中队轻易地从左右两翼突破，相继冲进村内，放火焚烧……义军终于抵挡不住而撤走。这场连村中妇幼也投入战斗，史称"步月楼之役"的惨烈的抗战结束，现场血肉模糊、惨不忍睹。

午夜 0 时 30 分，日军占领了茄苳脚。

据《警察沿革志》统计，日军一共有 604 人参加这场侵略性的战斗，战死将校 1 人、士兵 14 人，受伤 57 人；义军则战死80 余人。

据萧家后人口述，在战斗中，坚守东栅门的萧光明次子，也就是萧道应的祖父萧升祥，不幸壮烈牺牲；率领大刀队迎战于南栅门的萧光明三子萧月祥也身受重伤，于战役结束后不久去世。萧光明先是与左堆副理张阿庚隐匿新埔张家水涵内，一个月之后，再由孙儿萧信栋（1885—？）与萧秀宽陪同，潜往广东原乡避难。其后，他与秀才出身、在潮州任官的长子萧赞尧，在原乡打下了发展的根基。于是在 4 年后，也就是 1899 年，才又返回佳冬。

忍辱偷生　抱恨以终

萧光明归来之后，日本殖民当局竟尊称他为地方第一流绅士，同时推举他担任"保甲长"；其后他又获"日本台湾总督府"为"表彰岛民中之有学识资望者"而授予的绅章，以及日本明治天皇的赐勋六等。然而，汉民族意识强烈的萧光明知道，这些都只是日本殖民当局在历经残酷的"血的扫荡"之后，为了巩固殖民统治而采取的"安抚政策"而已。

只要步月楼的弹痕犹存，萧光明就永远不会忘记那场牺牲了两个儿子与无数庄民的生死决斗。为了蓄积日后反抗的能量，生性豪迈的他于是忍辱偷生，等待反击的时机。他一面经营酿酒和染布事业，并且因为经营得法，再次在经济上成为受到地方民众敬重的富豪。与此同时，他为了维护不受日本人屈辱骚扰的民族尊严，坚持不让日本人进入"五堂萧宅"，刻意将自己一手打造的萧家古厝的马厩，改建为三楼的"洋楼"，作为招待日本访客的场所。

1902 年的"林少猫事件"之后，台湾人民的武装抗日斗争，暂时平静了四五年。1907 年起，在祖国辛亥革命前后的形势影响下，台湾人民又分别进行了 6 次有组织的武装起义。

但是，萧光明终究还是未能起义反日而于 1911 年抱恨以终。

（萧开平）

谢东闵

谢东闵（1908—2001），自号求生，台湾彰化人，原籍福建漳浦。18 岁时到祖国大陆求学，后来在大陆从事抗日斗争。台湾光复后，回到台湾，历任高雄县长、台湾省议会议长、台湾省政府主席等职。1978 年至 1984 年任台湾"副总统"，是台湾本省籍人士中第一位担任此要职者。

一、呼吁设立台湾省政府和国民党台湾省党部

国民政府正式对日宣战之后，时任国民党台湾直属党部执行委员的谢东闵就开始为台湾收复呐喊。谢东闵发表文章称："对祖国文化历史的认识较深而眼光远大的台胞，均反对独立论，而强调复归论。自'七七事变'后，尤其是太平洋战争爆发后，此种论争已不复存在。台湾必须归宗祖国已成为六百万台胞一致的公意了。"

对于台湾收复后的行政级别，谢东闵认为，台湾应该设置行省，而不再隶属福建。他在文章中说："国内人士对此问题的意见，亦可归纳为两种：一种是主张台湾脱离敌人桎梏后，仍隶属为福建省的一部分；另一种是主张设置台湾行省或特别行政区的。关于设置行省已成渐趋一致的舆论。"

1944 年 4 月 28 日，为请求恢复台湾省制，谢东闵所在的直属台湾党部上书国民党中央党部秘书处及组织部，陈述四大理由：

（一）台湾原为福建省一府……是以台湾置省，前后虽仅十一年，而其形势人口资源设备，实早具行省之优越条件，曾历三任巡抚，依此事实，台湾今乃恢复省制，而非改省，此自历史上言台湾应复省者一也。

（二）台湾昔日因影响国防而建立行省，自目前国际大势言，则台湾与琼崖同为我国控制太平洋之一对眼睛，即为保卫我领土最重要之海空堡垒。而台湾扼东南海之中枢，形势将更胜于琼崖，是以英美人士倡言战后共管，至所藏军需资源，如煤油煤炭尤富国防价值，此自国防上言台湾，应即复省者二也。

（三）台湾省因甲午战败，马关条约而沦倭，惟自卅年十二月八日，我国对日正式宣战后，依国际法例，中日条约，即告废除，台湾主权实已重归我国。本可依东四省例，即设省政府省党部于邻省，以免国际共管续言，迨开罗会议明白决定，归还台湾，国际上更无问题。若不乘此良机，及时复省，确定名义主权，则国际风云，倏忽万变，我弃人取，难再置否。故海空军可后建，名义主权，不可不先定，此在国际法例上，台湾应即复省者三也。

（四）……故应即将台湾复省，以促醒岛内外台胞归宗内向之心，已为中国一省，已取得中华民国国籍，六百万台胞，必毅然共起，驱倭复土，无复可阻，此在战略政略上台湾应速复省者四也。"

谢东闵所在的直属台湾党部还请求在成立台湾省政府之前，先将直属台湾党部改为台湾省党部。当时的中国积贫积弱，全民抵挡日寇的侵略，苦苦支撑。设立台湾省政府、台湾省党部不是不可，而经费、人员等一系列问题必须解决，对捉襟见肘的国民党中央无疑是一笔不小的负担，何况直属台湾党部的编制与人员已足以应付目前的工作。蒋介石认为，尚无必要立即设立台湾省政府和台湾省党部。

二、积极筹划收台、复台方略

《开罗宣言》发表后，国民政府开始筹划台湾的收复工作。

谢东闵等直属台湾党部成员一直呼吁设立台湾省政府。

蒋介石未直接授权台籍志士负责台湾复省大计，主要考虑到台湾何时回归仍未确定，即使日本战败，最先登上台湾岛的可能是美军或英军，中国政府最多负责行政事务。未来台湾军政府的设计牵涉到盟国的利益，中国单方面无权决定。故在中央设计局辖下成立台调会作为收复台湾的研究机构，避免立即成立台湾省政府和台湾省党部可能带来的种种麻烦。对于收复台湾的具体方略，谢东闵献计献策，竭尽全力。

谢东闵论述了收复台湾的必要性：

"我们要誓死收复台湾，台湾不仅是我国的领土，并且是我国国防上不可或少的战略要地。台湾一日不收复，我们便一日无法建立高度现代化的国防国家，所以收复台湾为我们此次抗战建国的最后目的。我们的抗战，虽已奠定必胜的基础，但台湾现在仍握在敌人的手中，尚有待我们加紧努力，始能达到收复台湾的目的，我们要誓死收复台湾！"

1945年5月5日，国民党在重庆市复兴岗召开第六次全国代表大会，指定谢东闵代表台湾出席大会。在国民党六全大会上，蒋介石接见台湾沦陷50年来第一位台籍国民党代表谢东闵，问询有关台湾的情况，要谢东闵转告给台胞"台湾的光复快到了"。

谢东闵在会上提出《拟请中央统一和加强对台湾工作之领导案》请求重视台湾的收复问题，并加强台湾党部力量。

"目前台湾党部工作，人力财力尚属有限，力量尚不充实，客观条件尤感困难，勿庸讳言，仅欲借此达成光复使命，及光复后巩固本党在台湾之领导权，于不可动摇之地位，势所难能。今台湾光复在即，发展本党实力尤为急切要图，谨就管见条举办法如左：

（一）欲扩大党之组织，宜先放宽尺度，洞开门户，以便延揽台人才，充实党之干部，庶人地熟悉有利于工作之进行。

（二）光复在即，台湾人心必大振奋，故台湾党部之工作可能突飞猛进，随时开展。故其活动费用颇难预算，其工作方式仍应采秘密组织。故亦无法依照一般手续报销，只须领导人选得当，经费应大加宽筹，并设特别秘密开支项目，使能因利乘势便宜行事，以免捉襟见肘，窒碍难行。

（三）国内台湾各革命团体力量，尚未能完全集中，拟请中央加以援助，并随时指导，使之形成抗敌巨大力量，使能协助国军光复故土。不独可以减少牺牲，并对国际观瞻收刮目相看之效，显示台胞确抱重归祖国之决心，而免其他觊觎讥讪之流弊。"

国民政府和国民党中央对谢东闵的呼吁高度重视。日本宣布无条件投降后，国民政府命令陈仪在台湾接收与重建过程中积极起用台籍志士。直属台湾党部的刘启光任新竹县长，谢东闵任高雄县长。台籍志士李友邦被国民党中央任命为三青团台湾区部筹备处主任，王民宁等代表台湾省警备总司令部参加了9月9日南京受降仪式，黄国书参加台湾军事接管工作。宋斐如任台湾省行政长官公署教育处副处长，连震东任台北州接收委员会主任委员、行政长官公署参事兼代台北县县长，柯台山任《台湾日报》社长，李万居任《台湾新生报》社长，黄朝琴任台湾省议会议长，游弥坚任台北市市长。

谢东闵团结台籍志士，积极投身抗日战争，宣传台湾不遗余力，为台湾光复作出了重要贡献。谢东闵在回忆录《归返》的自序中写道："民国十四年四月（即1925年），我从台湾前往上海升学，是因不愿接受日本帝国统治，而归返祖国怀抱。那时我心里发誓，只要日本统治台湾，我就不回宝岛家乡。二十年后，民国三十四年八月十五日，日本宣布无条件投降，台湾光复，我得以不违誓言，堂堂正正归返家乡"。

谢东闵早年抗日救国，晚年仍坚定认同一个中国，由此而被台湾的"台独"分子视为眼中钉。1976年被"台独"分子的邮件炸弹炸伤左手和右眼，险遭暗算致命。

（李　凌）

谢南光

谢南光（1902—1969），台湾彰化人。

福建省档案馆藏有谢南光1941年11月10日亲笔填写的《公务员履历表》。

谢南光自记学历和经历，乃自"年届弱冠"（即虚岁20岁）始："民国十年起"修业于"东京文理科大学高等师范部本科及研究科，法制经济系"。

---一---

根据谢南光的《公务员履历表》《公务员动态登记卡》以及其他相关资讯，谢南光1921至1945年的经历大致可以分为：1921至1926年、1926至1931年、1931至1936年和1936至1945年四个阶段。

在第一个阶段里，谢南光在东京求学期间，曾在《台湾》（第3年4—7号，1922年7月）发表小说《她往何处去》，又曾在《台湾》（第5年1号，1924年4月）发表组诗《诗的模仿》。这两篇作品在台湾现代文学史上均据有一席之地。

在第二个阶段里，谢南光曾任《台湾民报》总经理（1926年4月至1931年10月）、台湾文化协会常委（1926年4月至1928年1月）和台湾民众党政治部长（1928年6月至1931年4月）。这是谢南光作为"台湾革命领袖"担任的主要职务。谢南光在此一阶段里出版了《台湾人的观感》（1930年）和《台湾人之要求》（1931 年）。

在第三个阶段里，谢南光于 1931 年 10 月携眷离台内渡，卜居上海。谢南光曾自称："本人回国后曾在边疆甘、宁、青、察、绥各省旅行。"谢南光在上海曾任上海华联通讯社社长（1932年 4 月至 1936 年 9 月）、《中外论坛》社社长（1935 年 1 月至 1936 年 10 月）、华侨联合会常委（1932 年 8 月至 1936 年 12 月）。1932 年，谢南光秘密加入中国共产党，其入党介绍人为经济学家王学文。

在第四个阶段里，谢南光历任国际问题研究所高等顾问（1938 年 8 月至 1940 年 10 月）、国民党中央调查统计局设计委员（1939 年 9 月至 1940 年 10 月）、国际宣传处《大陆报》编辑（1940 年 2 月至 1940 年 10 月）、国际问题研究所组长（1940年 1 月至 1941 年 11 月）、军委会欧战研究会委员（1940 年 6月至 1941 年 10 月）、军委会特别党部 21 区执行委员（1941 年1 月至 1941 年 10 月）、台湾革命同盟会主席（1941 年 2 月至1941 年 11 月）、福建省政府参事兼秘书处第二科科长（1941 年11 月至 1944 年 8 月）、福建省侨民紧急救济委员会事业组组长（1942 年 7 月至 1944 年 8 月）、福建省运输特种股份有限公司董事（1942 年 2 月至 1944 年 8 月）、福建省战区教育会议会员（1942 年 4 月至 1944 年 8 月）、福建省农林特种股份有限公司协理（1942 年 6 月至 1944 年 11 月）、福建省政府秘书处考绩委员会委员（1944 年 1 月至 1944 年 8 月）等。1939 年 9 月，谢南光加入中国国民党。

1944 年 8 月，谢南光因军委会工作需要，辞去在闽本兼备职（其中"福建农林特种服务有限公司协理"一职于 1944 年 11月辞去）。

1944 年 9 月 25 日，台湾调查委员会"签奉总裁批准本会委员名额增为 11 人，并准派黄朝琴、游弥坚、丘念台、谢南光、李友邦为本会委员"。谢南光原为该会"兼任专门委员"（1944

年 6 月 16 日聘任），自此改任该会委员。

二

谢南光在 1937 年至 1945 年间的履历，最可注意的是他在 1941 年 11 月 10 日填报的"受军委会电奖两次，港币二百元"。

抗战初期，谢南光曾受军委会委派赴香港工作，并以出色的工作成绩两次受奖，"军委会电奖两次，港币二百元"透露了此中消息。在军委会国际问题研究所，谢南光颇受倚重。谢南光担任福建省政府参事兼秘书处第二科科长期间，国际问题研究所仍有要务交办。为此，1942 年 4 月 6 日，福建省政府主席亲自致电国际问题研究所王芃生主任，"希速令回闽，俟告段落再往渝"。

此外，在台湾革命同盟会、福建省政府、台湾调查委员会等各单位，谢南光都有很好的表现。举例言之：

（1）1943 年 6 月 17 日至 7 月 1 日，台湾革命同盟会所属之"台湾革命行动队"三次武装袭击厦门日本海军司令部、兴亚院等目标。此一行动乃"先于去年四月间本会常委谢南光赴漳州，在漳与预九师副师长兼政治部主任蔡贤侯共商武力袭击厦事，乃得其同意"，"是役，福建省政府资助活动费五千元"。

（2）1943 年 12 月，谢南光以台湾革命同盟会名义，呈请"筹设台湾省政府"并附详细方案及"台湾省政府筹备处三十三年工作计划书"。

（3）1941 年 11 月 至 1944 年 8 月，谢南光在福建省政府各部门的本、兼职务多达 11 个。谢南光勤勉工作，恪

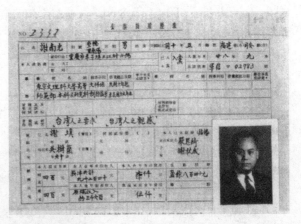

谢南光亲笔填写的《公务员履历表》

尽职守。1943年5月30日，福建省政府为谢南光"记功一次"。

（4）《抗战时期收复台湾之重要言论》一书收有谢南光的《中国抗战与台湾革命》（1939年10月）、《收复台湾与保卫祖国》（1942年6月）、《台湾问题言论集·第一集序文》（1943年9月）、《台湾的民族运动》（1943年9月）、《太平洋战争下的台湾情势》（1944年4月）、《制定台湾省宪》（1945年4月）、《用血汗洗刷马关条约的耻辱》（1944年4月）、《最后的"六·一七"纪念日》（1945年6月）、《对第四届国民参政会的期望》（1945年7月）、《光明普照下的台湾》（1945年10月）。

谢南光文章里一再表明"现在我台湾同志以三民主义为中心信仰"的态度。

谢南光由台湾调查委员会兼任专门委员改任为委员，是"签奉总裁批准"并"准派"的。谢南光积极参加该会工作，并曾在1944年7月21日台湾调查委员会召开的"在渝台湾同志座谈会"上发言，就收复台湾的准备工作建言献策。

三

第一次国共合作时期，国民党一全大会通过了"容共"的政策，准许中国共产党党员以个人身份参加国民党。

与此不同，第二次国共合作时期，蒋介石主张"溶共"并制定了一系列"限制异党活动"的政策。在此情势之下，部分中共地下党员以个人身份参加国民党，并为国共两党合作的共同目标勤勉工作。另一方面，"中国的抗日战争，台湾同胞没有缺席"亦是应予记取的事实。在第二次国共合作时期受奖记功的"台湾革命领袖"谢南光即其例也。

（汪毅夫）

谢雪红

谢雪红（1901—1970），原名谢阿女，台湾彰化人，台湾共产党党员、中国共产党党员、台湾民主自治同盟盟员。1923年在台中参加台湾进步团体"文化协会"。1925年在上海参加"五卅运动"，同年加入中国共产党，年底入莫斯科东方大学。1927年12月回国。1928年在上海参加组建日本共产党台湾民族支部，即老台共，任中央候补委员，旋回台湾进行革命活动。谢雪红是日本殖民统治台湾时期的"台湾共产党"（日本共产党台湾民族支部）创始党员之一。

一、积极参与台湾共产党的成立

1917年"十月革命"后，苏联建立了世界上第一个无产阶级政权。1919年，列宁倡导成立"共产国际"以协助及指导各国建立共产党，企图推翻资本主义及帝国主义，以建立无产阶级领导。在共产国际的推动下，几年之间，世界各国及殖民地建立了六十几个支部。其中，1921年中国共产党成立，1922年日本也成立了共产党。台湾共产党即是在中、日共产党支部的发展下成立起来的。

中国共产党诞生地上海，当时是党的重要根据地，也是"共产国际"东方局所在地。为了给党培养后备人员，1922 年成立了上海大学，当时由曾任共产国际东方局代表及中共领导人的瞿秋白担任该校社会学系系主任，也有不少中共早期领导人及学者在上海大学任教。上海大学成为中共早期培养革命人才的摇篮。其中被称为"上大派"的翁泽生、王万得、潘钦信等台湾籍学生，就读于上海大学，并加入中国共产党。

谢雪红与另一位台共重要的领导人物林木顺，在赴上海之前偶然相遇。共同的理想，使他们很快相爱，并于 1924 年，两人共同前往上海。谢雪红、林木顺抵达上海后，积极参加"五卅惨案"抗日示威游行，表现活跃而受到共产国际东方局的赏识。林木顺被接收加入中国共产党。谢雪红、林木顺在上海大学短暂学习两个月后，即被东方局指派转赴莫斯科留学。林木顺进入"孙逸仙大学"，谢雪红则进入"东方劳动大学"。

1926 年 12 月 4 日，日本共产党在山形县召开再建大会。为向共产国际汇报情况，日本共产党派出福本和夫等七人赴莫斯科。次年 7 月，共产国际开会通过由布哈林起草的"有关日本共产主义运动的方针"被日本共产党当即采用为党之纲领。其中第十三项"殖民地的完全独立"中，将朝鲜、台湾的共产主义运动的指导，列为日本共产党的重要使命。就这样作为当时台湾的殖民地母国日本共产党，被共产国际指派担负起台湾殖民地无产阶级的革命运动，及建立台湾共产党这项任务。

1927 年 9 月，谢雪红、林木顺离开莫斯科，返回上海。此时谢、林两人已经接受共产国际的指令，成立台湾共产党组织。这时上海的情势不变。国共合作已破裂，国民党大肆逮捕共产党员。因此他们只能秘密集会，暗中与左派台湾留学生联系，筹备台湾共产党的组党工作。同年 12 月，林木顺赴日本东京，与日共党中央委员渡边政之辅、佐野学会面，顺利取得日共产党中央交给的《政治纲领》和《组织纲领》。日共党中央并责成台湾共产党暂时以"日本共产党台湾民族支部"之名，以进行建党工作。由于当时日本共产党忙于内部的组织，再加上日本警方强力查缉共党组织，使得日共并无余力协助台共建党。因此日共指示林木顺返回上海后，应寻求中国共产党给予支持及指导。

1928年2月，谢雪红随林木顺回到上海，联络已加入中国共产党的翁泽生，请求中共协助建党事宜。翁泽生以中国共产党员之身份，与他们进行秘密交涉。现时将其指导下的上海读书会员中的先进同志介绍给林木顺，并将台籍共产党员潘少信、蔡孝乾、洪朝宗、林日高等人召来上海。

谢雪红、林木顺及翁泽生等先召开筹备会议，为台湾共产党建党而积极运作，分别起草"政治纲领"、"组织纲领"等相关的文件，并就劳动运动、农民运动、青年运动、妇女运动及赤色救援会等内容进行讨论，并由林木顺负责最后的起草。

1928年4月13日，根据中国共产党代表之提议，并为了对组党准备会做最后的准备，召开了台湾共产主义者积极分子大会。中国共产党代表彭荣提议就起草的政治及组织纲领等进行讨论，并获得通过，并定于两天后召开成立大会。15日，台湾共产党在上海法国租界区内秘密举行建党大会。当时，由于"三·一五"大检举，日共组织几乎瓦解，故仅派遣代表出席成立大会。出席者有中国共产党代表彭荣，朝鲜共产党代表吕运享，及林木顺、谢雪红、翁泽生、林日高、潘钦信、陈来旺、张茂良等九人。这样，以推翻日本殖民统治为目标，实行无产阶级路线的台湾共产党，终于在1928年4月15日诞生。

二、谢雪红成为实际的台共领导人

台湾共产党成立后，在举行的第一次中央委员会议上，选出林木顺、林日高、蔡孝乾、庄春火、洪朝宗担任中央委员。由林木顺出任中央委员会书记长；谢雪红被派驻东京，担任日共联络员；翁泽生被派驻上海，担任中共联络员。台共第一次大会，将岛内几位台共党员列为中央委员，是因为台共的工作重心将在台湾岛内。

台共刚刚成立，马上就遭遇"上海读书会事件"的沉重打击。当时林木顺等在台共组党之时，还以台湾籍学生为目标，成立了"上海台湾学生读书会"。该读书会宣传文件中有一份"对昭和二年底朝鲜共产党事件给朝鲜同胞诸君"为题的，由"全台湾总督独裁政治打倒大会"具名的文件，被日本驻上海领事探知。于是警察于3月12、31日及4月25日三次进行突然袭击行动，逮捕了包括谢雪红在内的"上海台湾学生读书会"的9人，且送返台湾接受审判。但由于警察还没有掌握台共具体组织详情，仅6人被判刑，谢雪红则以罪证不足，获判无罪释放。

这一突发事件打乱了台共原先的工作计划。林木顺、潘钦信担心日本警察已掌握台共的行动，因此取消返台的计划，暂留上海观望。而已在岛内的蔡孝乾、洪朝宗、谢玉叶则担心被捕，陆续返回中国大陆。原本预定派驻东京的谢雪红，现在只能停留在台湾，展开重建台共在岛内的组织行动，并与"新文协"及"台湾农民组合"等左派团体接触。

而当时的日共，在遭遇"三·一五"大检举之后，干部多遭逮捕，组织陷于瓦解，以致台共与日共的联络管道暂时中断。1928年10月，日共重建党中央。中央委员渡边政之辅带着资金与指令，秘密抵达基隆港，准备与台共取得联系，却在码头引起日警注意及盘查。渡边政之辅企图逃跑，射杀了一名警察，因无法突围，最后举枪自尽。渡边政之辅的死亡，使台共与日共之间失去联系的机会。次年4月16日，日共又遭遇史称"四·一六"大检举的大规模逮捕，组织再次瓦解。台共与日共党中央的联系完全中断。

这段期间，在台湾的谢雪红成为台共的实际领导人，成功地与"新文协"、"农民组合"建立起合作关系。1929年9月，"农民组合"秘密举行的中央委员会决议通过"支持台湾共产党"。

11 月，"新文协"召开第三次全岛大会，谢雪红支持王敏川取得领导权。就这样，"新文协"、"农民组合"等台湾原有组织，逐渐成为台共的外围组织。然而 1929 年 2 月 12 日，"日本台湾总督府"以"农民组合"宣传共产主义，违反《治安警察法》，展开大逮捕，使"农民组合"几乎瓦解，"新文协"也受波及。台共间接受到不小的打击。

但其后由于世界性经济持续恶化，导致台湾岛内的经济萧条，失业率上攀，形势对开展斗争愈加有利。东京的左派分子苏新、萧来福返台，投入台共；已加入中共的王万得、吴拱照等人从中国大陆返台，取得台共党籍，而不少"农民组合"、"新文协"的左翼分子遭到镇压，出狱后亦相继秘密加入台共。在这样的背景下，1929 年 10 月，谢雪红、林日高、庄春火等台共中央委员，整顿党务，并将从日本和中国大陆返台的左翼分子以及"新文协"、"农民组合"等菁英纳入组织，以强化台共的组织。但此时台共内部的路线之争却逐渐浮出台面。

谢雪红在岛内重建台共党中央以来，为避免与总督府直接发生冲撞，故采取借由合法的团体，如"新文协"、"农民组合"为掩护，暗中发展实力，以避免因采取过于激进路线，遭到镇压而覆灭。谢雪红的稳健路线，却引起了上海方面台共以翁泽生为首，及部分少壮派党员苏新等人的不满，认为这是一种缺乏理想的"机会主义"的行为。而从中国大陆回台加入台共的党员，则认为台共既然与日共的联系已中断，则应该透过在上海的中共系统，与第三国际东方局取得联系，直接听取第三国际指示或接受中共的指导，以避免在岛内盲目摸索的做法。

于是谢雪红派遣林日高前往上海，希望透过翁泽生的关系，与第三国际东方局取得联系，以获得第三国际给予工作指示。不料，翁泽生却拒绝引介，并斥责林日高等台共干部在岛内的路线错误，要求林日高缴交台共在台的组织数据。林日高心生不满，也因无法达成既定目的而心灰意冷。1930 年 7 月返台之后，林日高宣布脱党，另一位中央委员庄春火跟着脱离台共组织。台共党中央仅剩谢雪红独撑大局。

1930 年 10 月底，台共在台北市召开"松山会议"，再次调整组织。虽然谢雪红仍主导台共的组织及策略，但苏新、王万得等人对谢雪红的策略提出异议。12 月，陈德兴由中国大陆返台，带回翁泽生交付的第三国际指示。内容批评台共岛内党中央，组织未有进展，领导极为薄弱，要求台共进行组织改造。谢雪红拒绝接受，认为这项指示是出于翁泽生的阴谋，而王万得、苏新等人则支持这项来自上海的指令。

1931 年 1 月 29 日，苏新、萧来福、陈德兴、赵港、王万得等人秘密集会，成立"改革同盟"。会中批判谢雪红的"错误路线"，并选出苏新、赵港、陈德兴、萧来福、王万得为中央委员，形成台共内部第二个党中央。

5 月 31 日，"改革同盟"召开党第二届临时大会。潘钦信以"第三国际东方局派遣员"的身份，报告第三国际的指示，宣布谢雪红犯了"机会主义"的错误，台共必须清算其错误，以建立新的政治方针。会中决议开除谢雪红党籍，并选出新的中央委员，由潘钦信、王万得、苏新出任中央常任委员，正式建立台共新的党中央，并起草新的《台湾共产党政治大纲》。这份新的政治纲领，使台共脱离了日共系统。根据翁泽生的指示，他们采取极为左倾的激进路线。

遭到除名的谢雪红，不甘示弱，于 6 月初派遣代表赴日本，想办法与日共党中央取得联系，要求确认翁泽生的指示及"改革同盟"的成立，是否来自第三国际的指导。最后终于得到日共党中央的回复，表示绝无此事，台共仍应接受日共指导。

而新改组的台共党中央，尚未展开行动，就已遭到日警破获。1931 年 2 月，"台湾民众党"遭总督府勒令解散，而此时日警已掌握台共组织的线索。3 月，赵港被捕；6 月，谢雪红也被捕；7 月，逮捕王万得、萧来福；9 月，逃亡中的苏新也被警方查获。

台共干部几乎被一网打尽，组织完全瓦解。

1931年6月26日，谢雪红被判刑13年，入狱时她还未满30岁。谢雪红被监禁9年后，即1940年感染上肺炎。日本总督府见她奄奄一息，就将其从监狱放出。但是，坚韧的谢雪红战胜病魔，重新站了起来。她从此化名"山根美子"，在台中以"三美堂"百货店为掩护，再次开始反日活动，设法重新组织"台湾共产党"。

1945年8月15日，就在日本战败投降之时，她又成立了"台湾人民协会"，在台中召开"台湾人民协会筹备会"。她还组织了"台湾人民总工会"、"台湾农民协会"等团体，号召全岛人民团结起来，为争取人民民主而斗争，延续了台共的未竟事业。

三、"台盟"的创始人

在"二·二八"事件中，谢雪红成为坚持对国民党采用武力抵抗之台中"二七部队"的领导人。二七部队抵抗国民党军队失败之后，她转赴厦门，后赴香港再辗转赴上海，成立"台湾民主自治同盟"（简称台盟），并担任台盟主席。在这段期间，谢雪红正式加入中国共产党。1970年病逝。

（李理）

徐 骧

　　徐骧（1858—1895），字云贤，台湾苗栗人，祖籍广东（粤籍，客家人），秀才出身，清末台湾抗日义军将领。徐骧家世以农耕为业，但他素有大志，"耕而兼读，耕读之余，更以余力习武技"。徐骧勤奋耐劳，并善于团结群众，常资助贫苦乡民，深得当地农民的信赖。

　　1895年，日本强迫清政府割让了台湾和附属岛屿。当台北失陷、日军继续南犯时，徐骧向乡民号召说："吾台，吾民父母之乡也。吾民之田庐在于是，子孙在于是，祖宗丘墓在于是。台亡，吾民将安归乎？诸公皆健者，义薄秋云，气吞百川，际此生死存亡之交，何兴乎来，执梃以为刘（永福）公助。庶几人自为战，家自为守，成则建造新邦，熠耀千古，败则举吾民之骨血与全台俱尽焉！是亦亡国之荣也。"乡民感奋，纷纷响应，皆"握拳自击其掌"，表示愿投效义军，跟随徐骧，战死在所不辞。于是，各乡分别精选壮丁，组织队伍，与刘永福领导的黑旗军，配合作战，狠狠打击日寇。

　　1895年6月底，日军攻陷新竹。7月，徐骧与台湾诸义军统领商议共同恢复新竹城。10日，诸义军集中在新竹城周围，徐骧亲率精锐由北路进攻，袭击敌军侧翼，不幸这次军事行动因奸徒告密而失败。徐骧随机应变，避开敌人的重兵追击，隐蔽到茂密竹林里。敌人不谙地形，不敢贸然闯进竹林，只在外面乱闯。坚持到傍晚时分，敌人疲惫不堪，徐骧乘机出击，首尾夹攻敌人，使敌军措手不及。在敌人慌乱中，义军从容冲出重围。此后，徐骧领导义军在新竹周围不断袭击入侵日军，使敌人胆战心惊。日人所著《台湾统治志》曾不得不承认台湾抗日军民的"顽强"和"勇猛"。

1895 年 8 月初，日军为夺取尖笔峰，集结了两个加强联队，分两路向台湾义军进攻。徐骧所部仅 500 余人，负责在枕头山抗敌。9 日，敌军再出动 3 个联队，加上战舰 3 艘，水陆两路向尖笔峰攻击，徐骧等义军将领率领民团进行了艰苦的搏斗。他们利用熟悉的地理形势，抄袭敌人后方，大量消灭日军有生力量，俘虏敌官兵多人。但终因敌众我寡，未能取得全胜，最后不得不转移阵地，尖笔峰终于落入敌手。

8 月 21 日，日军继续南下进攻大甲溪。大甲溪是台中地区门户，据有天险，敌人若不得大甲溪，就不能进犯台中，而台中又背山面海，居中驭外，可以控制全台。因此大甲溪的得失，在战略上具有重要意义。为取得这次战役的胜利，徐骧在战前向义军诸统帅献计："我军兵弱，又无大炮，不利正面交锋，只能利用大甲溪支流纵横有利形势，广设伏兵，诱敌深入后突然伏击，必能制胜。"这意见得到了大家的赞同。当日军渡过溪水一半时，徐骧率领民团从隐伏处齐声呐喊，把敌军横截两段。然后义士们勇猛冲杀，使敌军一时大乱，纷纷落水，尸体重叠，以致溪水不流。大甲溪一役使敌军伤亡惨重。同月 25 日，日军另一支部队在大甲溪附近，又一次遭到徐骧义军同样的伏击。日军且战且退，死伤殆尽。徐骧民军与日军在大甲溪一带相持近一月，最后因

汉奸土匪等民族败类做敌人的内应，才沦于敌人手中。

大甲溪失守后，日军转向彰化进攻。徐骧义军在刘永福的统一指挥下，与黑旗军相配合，从山上向进犯的敌军凌空攻击。山上矢石纷纷地如雨下落，危石訇然从半空压顶，使敌寇死伤无数。徐骧义军又乘夜袭击敌营，日军更是自相惊扰，互相践踏，死伤大半。后日本侵略者又重操故伎，收买汉奸土匪武装匍匐至山顶，偷袭义军，才使徐骧所部受到重大损失，日军因而攻下彰化县城。

10月底，日军向台南地区进攻。徐骧和刘永福坚守嘉义西南的曾文溪。曾文溪距台南府城仅20公里，形势十分重要。徐骧率义军和高山族同胞共约700余人，在溪尾庄迎敌。他知道战斗的艰难和形势的危急，下定决心破釜沉舟与敌人决一死战。敌军集中了强大兵力，马步并进，炮火齐发。义军方面一无炮火，二无马队，但士气昂扬，人自为战，在血泊中猛烈砍杀敌人。但终因力量悬殊，义军伤亡重大。徐骧在战斗中为炮火所伤，壮烈殉国。临死前，他仍大声呼喊道："中华、中华，我所至爱。大丈夫为国捐躯，死而无憾！"充分表现了这位台湾抗日英雄的一片爱国热忱。曾文溪陷落后不久，台南也为日军所占。

（金芒）

许地山

许地山（1892—1941），著名学者，抗日文人。许家祖先于明嘉靖年间即从广东移居台南，可属最早的开拓者了。其父许南英先生于1895年日寇侵占台湾之时，以一介书生投笔从戎，统领家乡军队奋勇抗战。由于清廷的背弃，弹尽援绝，最后将家产尽散部属，带了妻小逃到大陆。几经辗转迁徙，贫困潦倒，客死南洋。他的诗集《窥园留草》，充分表达了对"旧邦社屋"的怀念热爱和"蒙耻作遗民"的悲苦愤恨。

国难家仇，许地山的抗日思想可谓与生俱来的了。

　　1935年，许地山因支持学生的抗日活动，被司徒雷登校长解聘，流着泪离开了他受业于斯又授业于斯的母校——燕京大学，到香港大学任中文系主任。那正是全国一致奋起抗战救国之时，文化界更是空前地活跃，香港又是国统区与沦陷区的交通要道，也是与国际交往的门户，大批的文人在此云集，经此过往，各种思潮、各类派别在此汇聚、交锋，舆论沸扬，争论激烈。许地山到港之初就对原先古板、落后的文教界进行了一系列的整顿、改革，很得香港人民的尊敬和爱戴。在上层社会也有很高的威望，官封"太平绅士"，所以他的抗日活动就有着特殊的影响力。

1938 年，中国共产党领导的、以周恩来为名誉理事的"中华全国文艺界抗敌协会"（简称"文协"）在武汉成立。郭沫若、茅盾等 45 人为理事，许地山亦为理事之一。年底，共产党派左翼名作家楼适夷到港筹建分会，并明确指示找许地山出面筹办。许地山一口应承，积极投入，1939 年 3 月分会就成立了。许地山任常务干事，亲自起草了协会宣言，并任"文协"研究部和艺术文学组的主持人，还兼总务负责人。"文协"分会成立之始就显示出它的领导核心作用，它周围的青年团体就有四五个，受它影响的杂志和报纸副刊更有十余种，这些团体也往往由许地山任理事或常委。除了"文协"，只要是旨在爱国抗日的组织他都积极支持、参与。国民党人简又文等发起组织的"中华文化协进会"，他任常务理事。还有"新文字学会"、"基督教青年会"、"中英文化协会"等，诸多的团体、协会，他绝不是空挂名衔。身的赴会、口的讲演、手的撰文，他都乐意去干，而且决不因会场的等级、报刊的大小而有所选择。他利用一切机会宣传、激励人民的爱国热情，甚至在教堂中结合教义讲抗战。他关心着当时流亡香港的 10 万青年人，筹款筹址计划办一个业余学校。他爽快地接受了郑振铎交他保存的 3000 余册国宝古籍。皖南事变后，他致电蒋介石呼吁共同对敌，并发表演讲反对摩擦，领头在文化界宣言上签名。他放下只写了上册的《道教史》，搁置了为写中国服装史而积累的大量资料卡片，全身心地投入到抗战斗争中。同事们都说他像抢火场似的在奋战。中华民族已到了最危险的时候，一个已经备尝"亡国"之苦的台湾赤子胸中多年郁积的抗日救国热情，似火山一样迸发出来。

港英政府看到抗日运动的蓬勃发展，恐怕得罪日本，便欲加以压制。国民党政府则感到了共产党的力量和影响在不断壮大，明里暗里采取各种卑劣手段破坏抗日运动。在斗争中，许地山认识到统治阶级是不怕亡国的，只有人民才是抗战的中坚，共产党是抗日的领导力量。他在去世前一个月发表的长篇论文——《国粹与国学》就是批判一些反动观点的。文中指出"中国目前的种种问题归根还是要从中国历史与其社会组织、经济制度的研究入手"。反响很大。他还写了大量针砭时弊的杂文，犀利泼辣，深刻有力。他揭露说，"人民对于政府和国家缺乏热情的拥护，都是因为多数的文武官吏渎职贪婪"，号召掀起一场打"吠家狗"——镇压人民的反对派、"引盗狗"——汉奸、"饕餮猫"——贪官污吏、"懒惰猫"——渎职官僚的"打狗轰猫"运动。对国民党怕倚靠人民而欲依赖英、美援助，他写道："别人是绝对靠不住的。要记得援助我们的就可以操纵我们呀！"

许地山在抗战的香港文化界是一员主将。他除了完成教学任务，还有大量的工作要做。所以他必得凌晨 4 时就起床写文章，白天奔走于港儿闹市、开会、演讲、与人谈心、给业余学校上课，晚上还到郊区给流亡青年补习……就像一个冲出战壕的猛士，掷着笔墨"枪"，放着喉舌"炮"，尽其全力扑向敌人。没想到他也正像牺牲的战士一样，猝然地倒下了，终年只有 49 岁。

（许燕吉）

许南英

许南英（1855—1917），台湾安平人，号蕴白，别号"窥园主人"和"留发头陀"。现代著名作家许地山的父亲，是台湾近代著名的爱国诗人。台湾安平，也就是今天的台南市。许南英是台湾历史上第二十五位进士，也是以诗人的身份抵抗日本对台湾占领的爱土爱乡人士。

许南英 1886 年和 1889 年两次赴京会试，均因试卷中有陈述国家危机、评论时弊内容而名落孙山。后来，中恩科会魁，授兵部车驾清吏司主事。许南英不愿做官，未就任。年底他返回台湾，参加了垦土"化番"的事务。许南英祖上世代生活于台湾，他又在台湾成长，所以对于台湾的历史变迁、风土人情和地理沿革都了如指掌。1894 年春天，甲午战争前夕，台湾巡抚唐景崧聘许南英为台湾通志局协修，负责编撰台湾通志中的台南部分。

1895 年日本军队进犯台湾时，许南英任台南筹防局统领，带领两营兵士，在"台湾民主国"帮办军务刘永福指挥下积极开展抗日活动。5 月份，基隆失陷，台北告急。许南英率兵前往支援，行至阿里时，听到台北已失守。于是他中途折回，固守台南。在"民主国"名存实亡、大势已去、日寇直逼城下的情势下，许南英一直坚持到日寇占领台南的前一天才由部下护送出城。临行前考虑到军饷被刘永福提去，便将个人私蓄现金散发部下。

日本侵略军占领台南以后，鉴于许南英在地方上的威望和办事能力，曾致信要他为其效劳。但是，侵略者的拉拢未能得逞，他们便动用武力搜捕许南英。9月5日许南英在乡人的帮助下在安平港乘竹筏上船逃出台湾。

许南英被迫逃离台湾以后，先在厦门小住，后转到广东汕头投奔宗人子荣、子明，住在鮀浦附近的桃都。国破家亡，许南英十分悲愤郁闷。子荣兄弟便劝他到南洋去换一换心境。1895年至1897年许南英在新加坡、泰国等地漫游，受到那里的同宗和亲友的盛情款待。在新加坡期间，许南英与新加坡著名的文化人、华侨邱菽园往来密切，并相互唱和。

作为诗人的许南英，在国破家亡的时代背景下，尽情地表达台湾爱国文人的忧愤情怀，并以此作为反抗日本占领的有力工具。

从中日甲午战争到辛亥革命以前，这期间，清廷割弃台湾，日寇野蛮入侵，人民奋起反抗。时代的狂风暴雨搅乱了许南英平静的生活，也改变了许南英创作的面貌。爱国主义成为这个时期其诗歌创作的主旋律。

甲午战争的失败，暴露了清朝统治集团的腐败无能和投降卖国的反动本质。许南英的《己亥春日感兴》对此作了深刻的鞭挞：

雄心尽付水东流，莽莽河山抱杞忧。
宰相经纶挥尘尾，将军事业换羊头。
屏藩谁复维危局，带砺何堪失上游！
依旧文章官样派，尚云圣主是怀柔。

诗歌痛快淋漓地揭露了清朝反动统治：以宰相为首的文官只尚空谈，于事无补；以将军为首的武官卖官鬻爵，以为能事。朝中文恬武嬉，只知贪恋禄位，而国家安危却无人过问。针对统治集团将出卖国土给列强却说成是安抚和笼络的无耻谰言，许南英一针见血地指出："圣主""怀柔"云云不过是"官样文章"，自欺欺人而已。从而无情地撕下了卖国贼的遮羞布，将其丑恶面目暴露于天下。

与清廷卖国求和的罪恶勾当形成鲜明对照的是广大人民的爱国壮举。许南英形象地展示了台湾人民反侵略斗争的历史画卷。对于抗敌民族英雄，诗人热情讴歌，《吊吴季篯参谋》写道：

北望彰城吊季篯，西风酸鼻哭人天。

沙场白骨臣之状，幕府青衫我独贤。

旗卷七星援卒散，山围八卦贼氛然。

岂徒一死酬知己，苹藻春秋荐豆笾。

吴季篯是许南英的友人，听闻日寇自台北南下，慨然应战，率兵与敌人在八卦山展开激战，为国捐躯。许南英通过对他们沉痛悼念，寄托了爱国主义情怀。

抗日保台失败了，诗人许南英在《题云龙图》中将对帝国主义的仇恨深深地埋在心底：

神龙天表露端倪，亿万苍生望眼迷。

尽道风云隆际会，扫清东海恶鲸鲵。

谁知首见尾终藏，蛟蜃依然肆猕狂。

再不飞腾神变化，海氛何止两重洋！

诗中以鲸鲵象征日本帝国主义侵略势力，表现了彻底消灭帝国主义侵略势力的强烈愿望，道出了遭受侵略与凌辱的中国人民的心声。

许南英不愿做异族统治下的奴隶，被迫离开世代栖居的故乡。在他看来，父母之邦被敌人强占如同"亡国"，从此便以"遗民"自居："四万万人黄种里，头衔特别署遗民。"（《和易实甫观察原韵》）表现的正是对于"亡国"的奇耻大辱的悲愤。

1896年农历九月初三日台南沦陷一周年之际，许南英隔海眺望沦陷中的台湾，沉痛悲愤，写了《丙申九月初三日有感》：

凉秋又是月初三，往事回思只自惭。

汉代衣冠遗族恨，顺昌旗帜老生谈。

血枯魂化伤春鸟，茧破丝缠未死蚕。

今日飘零游绝国，海天东望哭台南。

诗歌将思乡的愁苦和"亡国"的悲痛与未能挽救台湾危局的自责和自惭交织在一起，使愁苦和悲痛更加凝近，突出地反映了许南英以天下为己任的精神。

由于许南英世代居住于台湾，与台湾开发的历史有着密切的联系，因此许南英的思乡情感也就不同于一般的思乡之情。它不是一般的乡土之恋，不是单纯的眷属之思，也不是流离中的寂寞之愁。诗人对于故乡和亲人的思念发生于特定的历史背景之下和民族巨大灾难之中，具有丰富的社会内容和强烈的爱乡因素，充满那个历史时代的鲜明色彩。

（赵国辉）

许肇清

许肇清（生卒年不详），字士崑，号濂舫，台湾鹿港人。少时好习武，力大过人，1882年中武举人，1894年中进士。其弟侄辈多习武，一门荣显。台籍人士由科甲举武进士者，仅许肇清一人。

1895年，日军占据台湾，台湾官民合力抵抗。知府黎景崧邀集鹿港举人施仁恩、彰化令罗树勋，及许肇清等筹饷。许肇清和仁恩将鹿港海关监务的两笔现款献出补充军资，以应十八尖山的战事。

当时，抗日义军以八卦山为最后据点。许肇清由鹿港率领练勇拟往参加战事，刚到山下，而八卦山守将沈福山、汤人贵、李士炳等皆阵亡，彰化已难守。许肇清闻讯，知道大势已去，于是退回鹿港，乘船前往泉州。日军很快抵达鹿港，许肇清得以幸免于难，虽然抗敌之志未能达成，但其义举已弥足珍贵。

（赵国辉）

杨　诚

杨诚（1916—1965），台湾台南市人。

杨诚出生在台湾一个小商人家庭。由于家境贫寒，于1917年跟随父母到印尼中爪哇的日惹市谋生。杨诚14岁时，就和一些比他年长的孩子们远渡重洋。回国后，他先是在厦门集美学校读书。在此期间，发生了"九·一八"事变和上海"一·二八"事变。杨诚积极地参加抗日宣传和抵制日货等活动。1932年杨诚到  上海光复中学读书，耳闻目睹了旧上海滩的种种黑暗和不平。他开始较多地关注中国共产党的主张和行动，开始对共产党产生同情和钦佩。

1934年初，杨诚来到北平，先是在弘达中学，后考入北平大学法商学院俄语先修班，一年后升入本科。他本想专心读书，致力于学业，但是，当时正值国难当头，民族危机日益深重。1935年接连发生了"香河汉奸暴动"、"天津汉奸请愿'自治'"、"冀东成立汉奸政府"等事件，关于华北"自治"的谣言也甚嚣尘上。面对华北、北平危机四伏的局面，杨诚再也不能平静地读书，他已认识到，"只有保全民族和国家，才有个人和家庭的前途"。他积极参加了"一二·九"学生运动和"一二·一六"学生运动，参加罢课、示威游行，接着又参加了"南下示威扩大宣传团"和支援东北大学反对南迁斗争等。

1936年初，杨诚加入了"中华民族解放先锋队"（简称"民先"），从此成为中国共产党领导下的先进青年组织的一员。他先后担任过"民先"的分队长、区队宣传干事，并在总队部负责交通、印刷等工作。

"七七事变"后，北平沦陷。杨诚认识到抗击日本帝国主义侵略、挽救国家危亡是唯一的出路。他毅然决定奔赴抗日战争最前线。1937年10月，杨诚和"民先"的一些同志在地下党组织的帮助下，经西安到达中国革命圣地延安。在延安，他进入陕北公学学习，并于1937年11月正式加入了中国共产党。毕业后，杨诚被分配到安吴堡青训班工作，先后担任指导员、生活指导处干事、干部队主任和党支部书记。由于他工作勤奋，成绩优异，屡受中央青委表扬，并获得模范奖章。1939年他调延安中央党校学习工作，任班主任兼党支书；1940年又调回中央青委任泽东青年干部学校指导员兼中国问题教员。

1940年秋季，延安成立了归国华侨救国联合会，杨诚曾任侨联会主任。1942年秋，中央海外工作委员会成立，杨诚奉调到海外工作研究室印尼组工作。杨诚能讲流利标准的印尼语，也能讲英语。当时延安的一些国际友人如印尼籍第三国际代表阿里·阿罕、印尼籍医生毕道文等为延安无外文报纸，收音机也短缺，不能及时了解世界及中国大事而苦恼。每逢星期天、节假日，杨诚专门为他们用印尼语讲解国内外重大事件，及党中央和边区的各项政策，并回答他们提出的各种问题，还时常对一些问题展开争论。他的工作既密切了国际友人与党的关系，同时也使他们成了亲密的朋友。

1944年9月，延安外语学院英语系成立。杨诚调任班主任兼系党支部书记。1945年8月15日，日军无条件投降。根据国共谈判协定，由国民党、共产党和美国政府三方在北平成立军调部

执行部（简称军调部）监督实施停火协定。中共代表团由叶剑英同志负责领导。当时，英语翻译人才很缺，杨诚被派到军调部工作，先后在保定、泊头、香河等停战小组担任第一线的工作。

　　1949 年后，他献身于新中国的航空工业，成为我国第一代有作为的航空工业领导者之一。

（杨晓东）

杨春松

杨春松（1900—1962），又名杨定川、杨双全，出生于台湾桃园龙潭乡的偏僻农村——三坑子。父杨麟祥，为人正直，富于爱国心。甲午战争前夕，从广东大埔城南乡洋淘村移居台湾，以中医治病为主，兼开汉药铺。膝下有四男四女，杨春松是他第二个儿子。杨麟祥身受亡国奴之苦，满怀民族仇恨。他不断用中华民族的传统，尤其是爱国主义思想教育子女，激励他们，要立志为中华民族的复兴而斗争。

青年时期的杨春松许良锋夫妇

最直接影响杨春松走上革命道路的是台湾爱国将领李友邦将军和其弟杨春锦烈士。当时，李友邦是国民党两广省工作委员会指导下的台湾地区工作委员会的领导人。委员会的任务之一，是在台湾宣传孙中山先生的新三民主义，募集台湾青年参加大陆的革命运动。杨春松和林文腾、谢文达、陈福音都是委员会的委员。在李友邦的启发和引导下，1926年夏，杨春松和大哥杨春荣、弟弟杨春锦，第一次离开家乡台湾来到广州，投身祖国人民大革命的洪流。同年，杨春松在武汉加入了中国共产党。

1926年12月，在广州的台湾青年由林文腾、郭德钦等人领导，组织了抗日团体——广东台湾青年学生联合会。他们提出"台湾是中国的土地，台湾人就是中国人""要解救台湾，首先要解救中国；要效忠台湾革命运动，首先要效忠中国革命""只要中国强大了，台湾就能摆脱日本帝国主义的统治"等口号。杨春松兄弟三人都积极参加了联合会的活动。

1927 年，蒋介石在上海发动了"四·一二"反革命政变。反动军队用机枪扫射革命群众，宝山路上血流成河。当时，杨春松在武汉国民党海外部工作。"七·一五"事变前夕，国民党海外部部长彭泽民先生在会上得知汪精卫要阴谋发动反革命政变。14 日深夜，他立即向中共代表林伯渠、吴玉章通报。15 日凌晨，彭泽民先生紧急通知许苏魂、王学文及杨春松等人即刻撤离武汉。

后来，杨春松被派回台湾开展工作。杨春松回到台湾，参加并领导了桃园中坜镇农民的反日抗租斗争，并成为当地农民讲习所的组织者之一。因中坜事件，杨春松于 1927 年秋在台湾被捕入狱。

1928 年 4 月，台湾共产党成立。在台共林木顺、谢雪红的领导下，刚出狱不久的杨春松和简吉、赵港一起，出席了 12 月召开的"台湾农民组合第二次全岛大会"，杨春松任大会主席。这一时期，台湾的农民运动蓬勃发展。

1929 年 2 月，日本帝国主义加紧了对岛内农会、"农民组合"和进步团体的镇压。一时间，白色恐怖笼罩台湾岛。杨春松再次被捕，虽经日本进步律师古屋贞雄先生在法庭上据理力争，仍被判处 10 个月徒刑。在保释期间，杨春松与许良锋结婚。婚礼当晚，杨春松悄悄离开了台湾奔向大陆。

在上海，杨春松和林木顺、翁泽生一起领导反帝同盟台湾支部的工作。许良锋在杨春松的影响下，在上海也加入了中国共产党。她的主要工作是参加组织抗日游行集会，书写标语传单。后来，又担任法南区委交通员工作。为了革命工作她忍痛将刚出生几个月的儿子托人送回台湾老家。

1932 年，由于叛徒的出卖，杨春松在上海被捕，被移交给日本驻上海总领事馆。杨春松被押解回台湾，服刑 6 年。许良锋带着年幼的儿子国光也一道被押回台湾，关进台中监狱。

6 年的铁窗生活，敌人的威逼利诱，都没有削弱和动摇杨春松的革命意志。1938 年，杨春松刑满出狱。1939 年冬，杨春松夫妇先后来到日本，原打算从日本设法潜回祖国大陆，参加国内抗日救亡运动。无奈，由于日本警察监视太严，无法脱身，未能如愿。于是，杨春松在日本继续开展革命活动。

1945 年 8 月 15 日，日本宣布无条件投降。杨春松立即组织并参加了在日中国战俘和劳工的营救工作。当时，战俘营中有八路军、新四军的干部和战士。国民党代表团妄图把这批战俘遣送到蒋管区，遭到八路军、新四军战士的坚决反对。杨春松组织、领导旅日爱国侨胞，以"东京华侨联合会"负责人的名义和日本外务省进行交涉，并与国民党代表团进行针锋相对的斗争，明确提出：这些战俘一定要送回解放区去，并要求日本政府对这些战俘和劳工给予一定的物质赔偿和人道主义待遇。杨春松还参与并组织了把在集中营牺牲的俘虏和劳工遗骨运送回国的工作。

1946 年，杨春松在日本着手组建"中国通讯社"，由曾子平同志任社长，李铁夫任总编。针对美帝国主义对中国革命，尤其对解放区胜利消息实行的封锁，杨春松利用香港的《大公报》《文汇报》，在日本政界、日本进步人士中间，在广大爱国华侨和台湾同胞中进行广泛宣传，介绍国民党统治区人民高涨的民主运动、解放区战场的胜利、中国革命形势的发展。

杨春松主张不论是从大陆来的华侨还是台湾同胞，都要团结一致。在此基础上，通过斗争改组了"东京华侨联合会"，杨春松任副会长。为了更好地配合国内民主运动，又筹建了"新建会"和"旅日华侨民主促进会"，在华侨中宣传革命思想，开展广泛的活动，揭露国民党祸国殃民的罪行，组织和发动旅日华侨同蒋帮分子进行斗争，从而把在日本的广大侨胞团结起来。

1946 年年底，杨春松经朝鲜回到东北解放区，见到了中共中央东北局书记彭真同志。1947 年回日本后，杨春松在爱国侨胞和日本进步人士中宣传中国共产党第七次代表大会的政治路线和方针。杨春松还常常去国民党驻日代表团驻地，给商震先生、谢南光先生带去航空版的《大公报》《文汇报》，向他们宣传中国共产党的政策。

1950 年，杨春松终于回到向往已久的祖国。他以满腔热情投入轰轰烈烈的土改运动。之后，杨春松先后在华侨事务委员会、国务院外事办公室等单位工作。二十世纪五十年代初期，旅居日本的爱国华侨积极响应党的号召，回国参加社会主义建设。杨春松参加并组织领导了对这些旅日归侨的接待和安置工作。他们中的许多人，成为社会主义建设的骨干。

1952 年，杨春松出席了在民主德国召开的世界青年学生联欢节。1955 年，作为中国代表团的一名成员，杨春松出席了在印尼万隆召开的第一届亚非会议。1957 年，出席了在埃及开罗召开的亚非团结会议。同时，为了促进中日两国人民的文化、贸易交往，为了促进中日邦交正常化，杨春松辛勤地工作着。

1962 年 5 月 16 日，杨春松因患癌症，医治无效，与世长辞。

（杨秀瑛）

杨克煌

杨克煌（1908—1978），台湾彰化人，祖籍福建同安。1929年加入台湾共产党。1931年被日本殖民当局逮捕，1936年出狱。1945年抗战胜利后参与组织台湾人民协会，当选为中央委员。1946年加入中国共产党。1947年参加台湾人民"二·二八"起义。起义失败后，与谢雪红撤离到上海、香港。1947年参与组建台湾民主自治同盟。1949年当选为中国新民主主义青年团中央委员，台盟出席中国人民政治协商会议第一届全体会议五人代表之一。新中国成立后，任台盟总部理事兼秘书长。1978年在北京逝世。1988年骨灰移放北京八宝山革命公墓。

杨克煌在谢雪红的领导下开展抗日活动，成为谢雪红最亲密的战友。台湾光复后，他们一起参加中共地下活动。"二·二八"起义失败后，他们同赴香港组建台湾民主自治同盟。新中国成立后，他们参加祖国建设，为祖国统一耗尽全部精力。

参加抗日爱国活动

1921年，新民会发起台湾议会设置请愿运动，反抗日本殖民统治，得到台湾民众的支持。请愿运动对杨克煌产生了影响，他开始关心政治，经常参加台湾文化协会在彰化举办的抗日演讲会。1923年暑期，杨克煌参加彰化第一公学校的"同窗会大会"，其中许多已毕业的校友是台湾文化协会成员。他们批评日籍校长的教育方针，反对日籍校长任同窗会会长，主张会长必须经选举产生。学长们强烈的抗日情绪使杨克煌深受感染。

1924年，杨克煌考入台中商业学校。台湾历史上第一次学生罢课，就发生在台中商校。该校经常组织毕业学生赴祖国华南一带考察学习，学生们十分推崇孙中山的革命思想。学校浓厚的祖国意识和革命氛围对杨克煌有不小的影响。

1925年5月，杨克煌参加许乃锅（许守成）、庄守（后加入台共）、林江松等台中商校学生组织的秘密抗日团体——兴华协会，组织名称取意希望中国兴盛、希望台湾光复回归祖国。兴华协会是在谢雪红的建议下成立的。1927年夏，杨克煌的堂兄、中共党员杨克培从武汉回到台湾。杨克培曾在武汉政府工作，1927年武汉举行"太平洋工会大会"时，他担任日本代表、日共党员山本悬藏的翻译。返台后，杨克培向杨克煌等人宣传"自由平等"的政治主张，介绍中国共产党的革命运动。杨克煌初步了解了中国革命的情况和中国共产党的存在。在杨克培的引导下，杨克煌对马克思主义和中国共产党的认识逐渐深刻。

1928年5月1日，"彰化农民组合"和文化协会联合举办纪念活动，先后在彰化天公坛庙和华侨会馆举办演讲会、示威游行。杨克煌参加游行队伍、抗日游行活动被日警制止，许多游行者被逮捕，杨克煌也被抓进留置场（拘留所）。

1928年在杨克培的推荐下，杨克煌参加"农组"工作，并接触到与"农组"密切联络的谢雪红。杨克煌在"农组"的工作表现，得到"农组"领导人简吉、杨春松等人的肯定和信任。他不仅参加"农组"第二次全岛代表大会，还在简吉的直接领导下参加机关报《农组情报》的秘密发行。

参加台湾共产党

1929年"二·一二"大检举，谢雪红和杨克培在国际书局被捕。书局事务暂时由杨克煌管理。1929 年 3 月 1 日，谢雪红和杨克培获释，杨克煌继续留在国际书局。从此，杨克煌开始追随谢雪红，参加台共的革命活动。1929 年 5 月，谢雪红和杨克培发展杨克煌加入台共组织。

参加台共后，在谢雪红的指示下，杨克煌、张道福等人在三重埔、和尚洲等地组织读书会活动，向农民宣传抗日革命理念，并秘密成立"台湾农组新庄支部"。

1929 年秋冬，杨克煌受台共领导人林日高指派，在基隆码头与从日本来的人秘密接头，传递秘密文件——《无产者新闻》及日本左翼工会印发的文件。当时，日本殖民当局对共产党的活动控制得相当严，严禁《无产者新闻》等宣传共产主义的刊物及资料在岛内出现。一经发现，将以共产党的罪名判刑。可见，杨克煌此次秘密行动的重要性和危险性。此外，杨克煌还担任台共领导机构的联络工作，与矿山工会有接触。

1930 年 6 月中旬，国际书局由太平町搬到京町 4 町目 22 番地。8 月，国际书局组织成立"台湾战线社"，参加者有谢雪红、杨克培、杨克煌、林万振、郭德金、陈焕珪、廖九苎等人。谢雪红为创刊号撰写关于妇女问题的文章，杨克煌设计《台湾战线》的封面，但刊物未获日本殖民当局批准，被禁止出版。

1930 年 10 月，谢雪红主持召开台共"松山会议"，王万得、赵港、苏新、吴拱照、杨克煌等人参加会议。会议第二天，反抗日本殖民当局的雾社起义爆发，松山会议在接到雾社暴动的消息后，立即对这个事件的看法和应采取什么措施问题进行了讨论。会议上一致决定对雾社起义不作直接支援，但要动员全党揭露日帝对台湾少数民族人民的残酷统治以及对雾社起义人民的野蛮镇压，声援同胞正义的反抗日本帝国主义的武装斗争。

台湾光复后活动

1931 年的"台共事件"，使台共组织遭到重大破坏，杨克煌被捕。1935 年 12 月 31 日,杨克煌获释。1939 年 4 月 7 日,谢雪红因病保释出狱。谢雪红和杨克煌等人开办"三美堂"百货店,并联络老台共,开展秘密抗日活动,探讨抗战局势及台湾社会的发展方向,为台湾光复后开展社会活动打下了基础。

1945 年 8 月 15 日,抗战胜利。谢雪红和杨克煌获悉后,从头汴坑赶到台中,与林兑(台共党员)、李乔松("农组"成员)、谢富("文协"成员)等人联系,发表《告台湾青年书》,主要内容是:日本帝国主义在台湾的殖民地统治已告结束,台湾回到祖国的怀抱,中国政府将在台湾施政;台湾人民将不再受日本帝国主义的压迫,但如果今后我们得不到政治上的民主,我们还要进行斗争。

随后,谢雪红、杨克煌等人开始筹备台湾人民协会。1945 年 10 月 5 日,台湾人民协会正式成立,通过《台湾人民协会成立宣言》和《台湾人民协会章程》,谢雪红、杨克煌、林兑、谢富、李乔松、王天强等人当选为中央委员。该协会以争取民主政治为主旨,并提出"保障人民自由"、"实施八小时工作制"等口号。次日,人民协会召开中央委员会,推选林兑为委员长,谢富为组织部部长,杨克煌为教育部部长,李乔松为宣传部部长等,并决定杨克煌负责编印机关报《人民公报》。该报于 1945 年 10 月中旬创刊。

继台湾人民协会成立之后,谢雪红和杨克煌等人于 1945 年 10 月下旬,又先后组织成立台湾农民协会和台湾总工会筹备会,其目的是团结广大台湾民众,为争取民主权利而斗争。1945 年 10 月下旬至 11 月初,谢雪红、杨克煌、李乔松等人在各地演讲,向台湾民众宣传人民协会、农

1950年谢雪红与杨克煌合影

民协会的宗旨和组织情况，产生了较大社会反响。1946 年 1 月，谢雪红组织的人民协会被国民党当局解散。

1947 年，杨克煌参加"二·二八"起义，被国民党通缉，与谢雪红、周明一起撤离台湾。5 月 30 日，谢雪红、杨克煌、周明三人抵沪。11 月 12 日，在中国共产党的帮助下，谢雪红、杨克煌、苏新等人在香港组建台湾民主自治同盟。

心系台湾　盼望统一

1949 年年初，杨克煌从香港北上抵解放区，当选为中国新民主主义青年团中央委员，并出席同年 9 月召开的中国人民政治协商会议第一届全体会议。台盟总部正式成立后，杨克煌任台盟总部理事兼秘书长，心系台湾革命，表达坚决反对台湾独立的政治立场，表达对祖国统一的愿望。

1954 年，杨克煌调任安徽图书馆副馆长。在安徽期间，杨克煌整理研究台湾历史，出版著作《台湾人民民族解放斗争小史》。杨克煌认为台湾是中国领土不可分割的一部分，台湾人民是中国人民大家庭中固有的成员。

1957 年杨克煌调回北京后，继续进行卷帙浩繁的台湾史料辑录工作。晚年中风后，杨克煌仍以惊人的毅力，完成谢雪红口述历史《我的半生记》和他的自传《我的回忆》。这两部回忆录成为海峡两岸同胞了解台湾民众抗日斗争历史的重要传记资料。杨克煌一生为家乡台湾默默奉献，无怨无悔。

（徐康）

杨　逵

　　杨逵（1905—1985），出生于台湾台南州大目降街（今台南市新化区）的工人家庭，本名杨贵，家境清寒。因体弱多病，九岁（1914年）才进入大目降公学校就读。

　　1907年起，暂时平静了四五年的台湾人民武装抗日斗争，在孙中山先生领导的革命运动影响下。台湾又分别进行了六次有组织的武装起义。这个阶段的武装抗日基本上都是汉民族传统的中国意识的坚持与抵抗。尽管每一次的起义都在日寇大规模流血

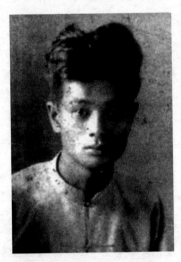

年轻时期的杨逵

恐怖镇压下完全失败了，但是，它却用血的事实揭穿了日寇殖民政策的欺骗性，提高了民众抗日的民族自觉。其中，1915年，以"驱逐日人、恢复国土、推翻日本统治、建设大明慈悲国"为目的，余清芳领导的"噍吧哖（台南玉井）事件"对少年杨逵产生了决定性的影响。当时，他曾经躲在家里破败的木门后面，透过缝隙，目睹了为镇压余清芳领导的革命运动而从家门前经过的日军的炮车，从而在幼小的心灵具体感受到殖民统治者的残酷性。

　　1922年，杨逵就读台南州立二中（今台南一中）。那时，他已经喜欢阅读文学作品。有一次，他读了一本日本人编写的《台湾匪志》，看到里面竟然把小时候目睹的"噍吧哖事件"丑化为"匪乱"，把革命者诬蔑为"匪"。当下，他的内心受到极大的冲击，从而"决心走上文学道路"，"想以小说的形式来纠正被编造

的‘历史’"。于是他在第二年办了退学，准备去日本工读。

在日本无产阶级文学运动高潮期展开文学写作

1924 年，杨逵带着身上仅有的 60 块钱，渡洋日本，进入日本大学艺术科夜间部，以半工半读的方式完成学业。这段期间，他深受日本的社会主义左翼思潮影响。他组织文化研究会，参加劳工运动、政治运动。他打过许多份工，而这些劳动经历恰是他后来小说创作的泉源。1927 年 9 月，还在苦学的 21 岁的他在东京记者联盟机关志《号外》发表了处女作《自由劳动者的生活剖面——怎么办才不会饿死呢？》。

1928 年，日本的无产阶级文学创作和组织活动走向高潮。3 月，简称"纳普"的全日本无产者艺术联盟成立；5 月，创刊机关杂志《战旗》；11—12 月，刊登小林多喜二（1903—1933）的中篇小说《一九二八年三月十五日》。1929 年 5—6 月，又刊《蟹工船》，深刻描绘走上有觉悟有组织的革命斗争道路的工人群众和资本主义的必然灭亡，引起广泛反响；6—11 月，连载德永直（1899—1958）描写无产阶级有觉悟有组织罢工斗争的长篇小说《没有太阳的街》。于是，以《战旗》为阵地的日本无产阶级文学的创作成为无产阶级文学运动最主要的成就。另外，以叶山嘉树（1894—1945）为代表的《文艺战线》派（简称文战派）作家，也以《文艺战线》杂志（1924—1932）为据点，创作了受到工农读者欢迎的小说和戏剧。

殖民地工人家庭出身的杨逵的写作就是在这样的文学思潮影响下展开的。

返台从事农运与革命伴侣叶陶

然而，杨逵并没有在文学的世界停留太久。就在处女作发表的前后，他参加了台湾左翼留学生的组织"社会科学研究部"，并且因为参加朝鲜人反日运动的演讲会而首次入狱。出狱后，他应"台湾农民组合"之邀，返台从事实际的农民运动，也遇见了一生相持的革命伴侣叶陶（1905—1970）。

杨逵历任"农组"一大的中央委员兼中央常务委员，特别活动队的政治、组织、教育等三个部部长，竹林争议事件负责人。此外，他还担任过左倾后的"新文协"机关志《台湾大众时报》（1928年3月24日创刊）嘱托（特约）记者，以及"新文协"中央委员。

1928年，杨逵与叶陶终因"路线"问题而被"农组"解除一切职务。

1929年，日本受到资本主义世界经济危机的直接打击也陷入空前深刻的经济危机之中，军部和右翼于是企图把人民生活上的困窘和社会不安引向战争。在这样的历史条件下，殖民地台湾的反日民族运动也遭到日本殖民当局的残酷镇压。2月12日，数百名"台湾农民组合"的干部及活动分子首先被捕，各地的农民组织被破坏，史称"二·一二"事件。同一天，正要返回新化结婚的杨逵与叶陶也一起被捕，并被手镣脚铐扣在一起送往监狱，直到出狱后才补办婚礼。

回到反帝斗争的文艺战线

1931年3月起，日本殖民当局针对台共及其外围组织反帝同盟与赤色救援会的成员，先后持续了两年多的搜捕行动，一共逮捕了两千多人；接着又强迫台湾文化协会及"台湾农民组合"解散。到了"九·一八"事变爆发之后，台湾从此进入有史以来最黑暗、最痛苦的历史时期。

就在这样的历史时期，杨逵回到了文艺战线，展开另一阶段的文学反帝斗争。杨逵在生前未曾公开发表的《自传》中写道："各团体被禁后，很多人都跑到大陆去继续他们的工作，我因监视很严逃不了，就决定在家庭干到底，开始文艺工作。"

那时候，杨逵带着妻小流落到高雄寿山脚下的"内惟"，"当了一年多的樵夫",就在生活"好不容易才安定下来"之后,他完成了几篇"以前老是写到一半的小说",并且从中挑出几篇,寄给担任《台湾新民报》(周刊)学艺部客座编辑的赖和先生。1932年5月19日,该报刊登了《送报夫》的前半部(后半部被禁)。

1934年5月6日,以"全岛进步作家们的大团结"为目标的台湾文艺联盟(简称"文联")成立。此时,杨逵如同一匹孤独的野狼一般,依然努力在殖民地台湾重新展开无产阶级文学运动。6月21日,他写下了未能公开发表的《作家·生活·社会》短文,表明自己的人生观和社会观决定的文学倾向。他从"文学作品与社会的关系"出发,把小说分为"布尔乔亚小说"和"普罗小说",并肯定"普罗小说"的未来可能性。他相信:

"从此以后,能够写出有影响力的小说的,将是普罗阶级,或者是对这种世界观表示理解,并不惧怕予以支持的人。他们抱有很多诉诸于人的要求,只有他们能够毫不隐讳地高声呼喊着把这些要求提出来。也只有这个阶级,能够毫不隐讳地正确指出现行制度的矛盾与腐败,同时指明应该前进的方向。他们将会摆脱原有的艺术遗产的窠臼,并在此基础上,经过更好的艺术表现形式的磨炼,写出当今世界上最光彩夺目的小说来。"

10月,杨逵的普罗小说《送报夫》入选东京《文学评论》第二奖(第一奖从缺),并全文刊登。29岁的他不但因此奠定了作家的地位,并且成为第一个登上日本文坛的殖民地台湾的作家。

11月5日,台湾文艺联盟的机关杂志《台湾文艺》创刊。杨逵当选为编辑委员之一。他认为"文联是文学运动的团体","文联和《台湾文艺》最基本的目标是开拓及建设台湾的文学"。因此,文联"必须有能力使反映台湾现实的作品在质上有所提升,量上有所发展。最重要的,首先是要在大众之中培育作家,并且唤起成名作家对台湾现实的注意"。具体地说,就是能够活泼开展"演讲、研究会、讨论会或批评会(座谈会)"。与此同时,文联还需在各部门、各机关安排恰当的负责人,通过"正常召开会议"来"正确地运作",这样才能找出更正确的发展途径,以期"全方位的进步"。另外,对一般投稿者,编辑部的负责人"并不是选出可以刊登的作品就完成使命了,对于不能刊登的作品,他们还要负责向那些投稿者说明不能刊登的理由。万一投稿者不服,还可以给予他自行指定编辑人员来重新评估的空间,在投稿者和编辑者之间制造一个研讨的机会。当读者(投稿者)所指定的编辑和先前的编辑意见相反时,就交给编辑会议处理。充分研讨之后,少数服从多数,进而决定是否采用"。"这么一来,(《台湾文艺》)首先能提高刊登作品的质量,还能得到范围更广泛的投稿文章。而透过被邀稿的作者和编者之间的讨论,既能防止出现千篇一律型的作品,又能刺激被邀稿作者的研究精神和创作热忱。"但是,一段时间之后,他却因为对文联"组织的运作不满"而退出《台湾文艺》的编辑工作。他认为,他"这个编辑委员只不过是不折不扣的招牌而已",他的"有关编辑事务"的"想法从未出现在以往的杂志上";而且,文联的常委会和《台湾文艺》的编委会也"无法运作"。

1935年11月,杨逵另组"台湾新文学社",并通过成立宣言宣称:"要在承认各党各派的立场上,以台湾新文学的开拓与建设为共同追求的目标,使'台湾新文学社'变成大家活动的共同舞台。……尽最大的努力,把各种出版物推广到大众中间。……一气呵成解决质量提升和大众化等问题。"12月,《台湾新文学》杂志创刊;中文部分由赖和主编,日文部分则由杨逵负责。创刊号发行三千本。自第10期起,《台湾文艺》已宣告停刊,日据下的台湾的文学命脉就只剩下《台湾新文学》在独撑延续了。然而,到了日本全面侵略中国前夕的1937年6月15日,《台湾新文学》第二卷第五期出版之后,发行了15期的《台湾新文学》也被迫休刊。

首倡报告文学

普罗文学出身的杨逵历来强调文学的社会性与大众化。他认为"艺术家为了彻底表现自我或是彻底表现其他事物，屹立不移的世界观是不可或缺的……那些悲悯不幸、追求更好的生活的人必须追寻真实的写实主义，掌握屹立不移的世界观"；"真正的艺术是打动人心、震撼人心的作品"；"把真实的东西传达给大众是作家的目的，用可以让大众信服的表达方式则是其手段。新的文学必须兼具这两个要素"。因此，他严厉批判"试图粉饰没有内涵的纯文学"的"文坛式的方言"，只能"促使纯文学更加脱离大众"。他"主张新的文学必须推动大众"，并要重视批评，"才可能打破已陷入小圈圈的文坛式的小说，才能期待新的文学的发展，也就是推动大众的文学的发展"。因此，他在《"台湾新文学社"成立宣言》中强调，"不太希望台湾文学家职业化，因为这对作品的扎实发展没有什么好处"。

杨逵在《台湾新文学》编辑实践的结果却让他对台湾的新文学发展感到失望了。为了促使台湾新文学的思想和内容更加提高，促进台湾新文学的革命化和战斗化，杨逵改变了策略，另辟战场。从1937年开始，杨逵不遗余力地介绍和提倡"思考（思想性）与观察（纪实性）"辩证统一而具有强烈倾向性的报告文学的写作。他不但发表了很富于理论指导性的文章，也刊登公开征求报告文学作品的启事。可惜的是，杨逵对报告文学的呼唤，终因《台湾新文学》的被迫停刊而没有得到一定的回响。日据时期，殖民地台湾的报告文学运动尚未展开就结束了。

台湾光复后，以"人民的作家"自诩的杨逵又再次大力提倡报告文学，鼓励文艺青年撰写"反映台湾现实而表现着台湾人民的生活思想动向的有报告性的文字"。他又引进左联骨干冯乃超等人编著的《大众文艺丛刊》大力提倡的"实在的故事"（True story）。在他主编的《力行报》副刊"新文艺"，从1948年9月20日的第八期起，大力推动人们写"实在的故事"。他说："在我们日常生活中所见所闻，如其能够使我们感奋、高兴、愤慨、伤心的事情，我们需要将其发端、经过、结末仔细考察一下，而把它记录起来——这叫作'实在的故事'。"

这次，杨逵推动的写"实在的故事"，终于获得少数几名就读大学的文艺青年响应，因而产生了两篇未成熟的报道作品；杨逵也写了文章品评这两篇"实在的故事"来稿。然而，随着杨逵在紧接而来的"四六事件"被捕，这一波正待起步的报告文学运动也就再度夭折了。

1945 年 8 月 15 日，日本投降。

杨逵随即将日据时期经营的"首阳农场"改称"一阳农场"，庆祝台湾回归祖国怀抱；同时，他又得到经常聚集在农场的年轻人支持，以刻钢板、油印的方式，刊行《一阳周报》，介绍孙中山先生的思想。他又将这批年轻人组织起来，成立"新生活促进队"，自动为脏乱的台中市清理垃圾，希望通过这种自觉的行动，进一步扫除台湾人的奴隶劣根性。叶陶负责街头宣传的工作，表现非常出色。然后，他又将地方上的"兄弟"组织起来，成立"民生会"，维持国民政府接收前的地方治安。

1946 年，杨逵除了担任《和平日报》新文学版的编辑之外，也进入台湾老左派言论据点之一的"台湾评论社"，成为《台湾评论》杂志的同仁，发表过日文短文《请听人民之声》，并出版了题为"中日文对照·革命文学选"的《新闻配达夫》（又名《送报夫》，胡风译）和《鲁迅小说选》（杨逵译）两书。其后，台湾革命先烈遗族救援委员会成立，他又担任副总干事，慰问各地的抗日先烈遗族。

1970 年，年仅 65 岁的叶陶与世长辞。其后，苏庆黎主编的《夏潮》杂志挖掘了被湮没二三十年的日据时期台湾文学和文学家之后，年轻一代的台湾青年才认识了以赖和、杨逵、吕赫若为代表的台湾新文学运动的反帝、反封建和伟大现实主义传统。喑哑多年的杨逵于是又再次活跃在以《夏潮》为阵地的爱国民主运动的战场上。

1985 年 3 月 12 日，杨逵在台中逝世，享年 80 岁。

（蓝博洲）

杨 临

杨临（？—1915），系住于台北新庄的厨师。杨临于1915年二三月间纠合同志组织革命党，以驱逐暴虐苛酷的日人，藉以自日本人手中夺回台湾，使其归还中国。原拟于8月25日（农历七月十五日）月明之夜袭击新庄支厅，但因同谋糖厂雇工詹藤告密，致功败垂成。

本案系因事前即被揭发，换言之，系一胎死腹中的革命案件。1915年10月11日，全案悉移解台南之临时法院承办。是月底，该临时法庭判决杨临死刑，廖妈腾徒刑15年，余68人则以罪证不足为由判决无罪。

（戚嘉林）

杨泗洪

杨泗洪（1847—1895），字锡九，江苏宿迁人。武艺精强，从军多年。刘铭传抚台时，约其赴台练兵。因军功升任总统领，军纪严明，战斗力甚强。

1895年日本据台时，杨泗洪在刘永福军中任协统，与台中、台南义民歃血为盟，誓守台南不去。

以台南一隅与日本抗衡，十分困难，而杨泗洪毫无疑虑，奋勇迎战，每战必身先士卒。因其军旗为黑色，故有"黑虎将军"之称，常令日军闻风丧胆。尤其在安溪一役，杨泗洪生擒日寇首领戈藤等人，割下他们的头颅，高悬于军前示众，日军震惊。无奈日军援军后来赶到，杨泗洪部却粮饷不继。虽然忍饥作战，怎奈众寡悬殊，渐感不支。而杨泗洪仍然在重重包围中，独自勇敢突围前冲，腿部受伤，割衣裹伤，再入阵中狂呼杀贼。其部属亦受其所感奋不顾身，与日军血战两昼夜，歼敌无数。杨泗洪不幸中弹，带伤冲杀，返回彰化行辕，最后伤重而亡。军民闻讯，哭声遍野。杨将军一逝，台南遂沦陷。

（台湾省文献委员会编印《台湾抗日忠烈录》第一辑）

杨载云

　　杨载云（？—1895），亦作杨紫云。台湾新楚军统领。1895年6月，日军由台北入侵台湾，杨载元率新楚军与台湾义军领袖吴汤兴、徐骧、姜绍祖及黑旗军将领吴彭年等联合抗击日本侵略军。6月22日，日军侵占新竹。新竹为台中门户，战略地位十分重要。新竹被占，直接威胁台中。因此，新竹失守后，抗日义军便积极筹划反攻，准备重新夺回新竹。经过与日军的几次交锋，义军看到日军兵力雄厚，武器精良，便决定集中力量协同作战，联合反攻。

　　7月9日夜，义军集中了五倍于敌的兵力，分两路联合反攻新竹。杨载云与义军领袖吴汤兴率部从正面进攻，徐骧和姜绍祖率另部义军从侧面和背面迂回包围。

　　7月10日，杨载云、吴汤兴从新竹东南方向实施夹攻。经过激战，日军败退，义军乘胜占领十八尖山和虎头山，并发炮向盘踞城内的日军轰击。日军拼力顽抗，同时以两个中队的兵力进行反扑。义军诱敌进入附近森林后，分兵夹击，日军大败溃逃。

1895年8月，日军进攻苗栗以北的尖笔山，杨载云率部奋力抵抗，壮烈殉国。图为尖笔山

使得城内的日军惊恐万状，企图焚城逃跑。

7月底，日军因南进计划迟迟未得进展，便出动近卫师团主力南犯，敌我力量对比发生变化。8月8日，增援的日军到达新竹，决定继续南犯台中。日军进犯南中的第一步就是夺取苗栗镇北方的尖笔山。新竹失守后，尖笔山成了义军第一道防线的前哨据点。集结在这一阵地的有杨载云、吴汤兴、徐骧、邱国霖、陈起亮、李惟义等部，总兵力约7000人。进攻的日军共10000余人，并有海军舰艇在附近海面配合。

8月8日黎明，日军分左右两翼向尖笔山前的枕头山和鸡卵面义军阵地发起猛攻，防守枕头山阵地的徐骧率500人奋起迎战。吴汤兴则率部抗击进攻鸡卵面之敌。由于义军兵力单薄，武器拙劣，在日军猛烈炮火进攻下败退，日军遂占领枕头山、鸡卵面阵地。

8月9日，日军出动3个联队的庞大兵力，向尖笔山和头份庄发动猛烈进攻。其中一个联队在凌晨5时进攻头份庄，杨载云率新楚军，李惟义率义军分头迎敌。日军炮火猛烈，李惟义义军支持不住，被迫后退。杨载云身先士卒，奋勇抵御，大挫敌军。日军从正面进攻未能得逞，便使用卑鄙手段贿买汉奸引路，调兵抄袭杨载云新楚军后路，切断新楚军与友军的联系。新楚军虽处于孤军作战的不利局面，双方兵力又相差悬殊，但在杨载云指挥下，仍然顽强作战，不稍退避。终因寡不敌众和后援不继而失败，杨载云中炮牺牲，为国捐躯，新楚军的将士也大都战死疆场。

（赵国辉）

杨肇嘉

杨肇嘉（1892—1976），台湾政治人物，社会运动家。出生于台中牛骂头牛埔子（清水镇秀水）佃农杨送之家。1897年，过继给台中县清水镇首富、前清诰授奉政大夫杨澄若为养子，改名杨肇嘉。1901年，杨肇嘉入牛骂头公学校就读。1908年赴日本东京市黑田高等小学校就读，隔年再转入东京京华商业学校。1917年杨澄若任牛骂头区长，一切实务均由杨肇嘉代理。1920年地方制度改制，杨肇嘉任清水街长，向日本殖民当局争取海线铁路经清水、沙鹿之建筑计划。

杨肇嘉投身台湾民族运动，主要是受蔡惠如影响。1925年杨肇嘉不顾总督府之压迫，代表台湾议会设置请愿运动赴东京请愿。1926年入早稻田大学攻读政治经济，同时任东京新民会常务理事，并结交日本政界开明人士，厚植台湾民族运动之根基。1930年，杨肇嘉于东京反对"日本台湾总督府"重发"阿片吸食牌照"，由新民会刊印《台湾阿片问题》发布各界，迫使总督府收回成命。1930年林献堂等人致书杨肇嘉回台主持台湾地方自治联盟。1933年杨肇嘉偕同叶清耀、叶荣钟赴朝鲜考察地方自治制度。自1931年春台湾民众党被禁后，台湾地方自治联盟即担负台湾民族运动之责。"九·一八"事变后，以获洲立兵为首之军部，对台人压迫日甚，致 1934 年台湾议会请愿运动亦被迫停止。1935 年总督府实施第一届市会及街庄协议会员选举，地方自治联盟获胜，不过仍未达成实质的地方自治。同年 8 月，林献堂在地方自治联盟会员大会中，提议改组为政党，未获通过。1936年林献堂引发"祖国事件"。1937 年 4 月，台湾报刊全面废止中文版。在此情势下，杨肇嘉迁居东京，与林献堂、吴三连共谋他计。1939 年日本殖民总督府提出米谷管理案，杨肇嘉与吴三连等人策划抵制。1940 年 1 月 18 日，蔡培火、吴三连以"反军思想"之嫌遭逮捕，杨肇嘉决意投奔祖国。1941 年，拟取道朝鲜，转北京，往上海，但于新义州时，被疑为重庆间谍而遭到逮捕，后由吴金川营救而出。

战后，杨肇嘉自上海回台，1949 年出任台湾省政府委员，兼任民政厅长。1950 年办理第一届县市议员选举，善后"八七水灾"。总而言之，杨肇嘉乐善好施，曾帮助很多台湾青年，如奖励青年画家（如李石樵）参加"帝展"、资助飞行家、鼓励文学青年翻译《红楼梦》等。

（赵国辉）

叶荣钟

叶荣钟（1900—1978），生于日据下的台湾彰化鹿港衫行街一个小地主的家庭。9岁（1908年）先入私塾，接受汉文教育，后入日本殖民教育体制的公学校。1909年幸遇影响其一生的恩师施家本。

1918年，因恩师施家本之引见，叶荣钟得以接受林献堂资助，赴日留学。1920年9月，台湾留学生等百余人聚集东京神田中国青年会馆，展开撤废"六三法案"运动。叶荣钟受到林献堂鼓舞，在撤废"六三法案"请愿书上签名。从此跟随林献堂投入殖民地台湾的反日民族运动，更成为实际的推动者。

1921年，叶荣钟因参加议会设置请愿运动被革职而转任林献堂秘书，跟随林献堂到全省各地演讲，报告台湾议会设置请愿的经过，鼓舞士气，呼吁同胞团结。1923年12月16日，"治警事件"发生后，他在大检举的风声鹤唳中机警地将日警严密封锁的消息送出台湾，使得台湾总督不得不罢手，最后释放被捕的同志。他又为"文化协会"策划全岛同时举办的"无力者大会"，并为矢内原忠雄向导考察"竹林事件"。1925年，他与同志多人陪同林献堂赴二林演讲，促成"二林农民组合"的成立。

1927年，叶荣钟受林献堂资助而第二次赴日留学，入中央大学政治经济科。1930年5月毕业后返台，投入"台湾地方自治联盟"筹组工作，并担任"台湾地方自治联盟"书记长。

叶荣钟学贯中、日，兼擅新旧文学，能写汉诗，白话文也简洁流畅，同辈几无出其右者。1930年，他写《中国新文学概观》一文，介绍是"五四运动"新文学。他在新旧文学论战中，痛批"堕落的诗人"。他是日据时期的栎社成员，一生留下700

余首的诗，但写诗谨守"不有真情不作诗"的自我约束，来唤醒民族意识。

1931年4月26日，叶荣钟与台湾鹿港施纤纤结婚。同年12月，他与庄遂性、郭秋生、黄春成等创办以提升台湾文化与生活内容为旨趣的文艺杂志《南音》，负责撰写每期发人深省的《卷头语》，并提出"用我们的历史、风土、人情来写贵族与普罗以外的第三文学"的主张。

随着"九·一八"事变以来的侵华政策的加紧，日本帝国主义对殖民地台湾强力推行所谓"皇民化运动"。1933年，叶荣钟与杨肇嘉等人到朝鲜考察地方自治制度，并由新义州进入丹东。第一次踏上祖国的土地，作了短暂的停留。多年以后，他在《小屋大车集》写下当时的心情与对安东的印象：

"我们的祖国观念和民族意识，毋宁说是出日人歧视（当时叫做差别待遇）与欺凌压迫激发出来的。他们的歧视使台人明白，所谓一视同仁的同化主义，完全是骗人的谎言，他们的欺凌压迫，使我们对祖国发生强烈的向心力，正像小孩子被人欺负时会自然而然地哭叫母亲一样。

日人千方百计，想把台人同化，其实真正同化，变成十足的日本人，他们也未必一定欢喜。他们只是要台人忘却祖国，而做比他们所谓'母国人'次一等的殖民就是了。

他们政府的政策和个人行为完全背道而驰，但是他们的歧视和欺侮，无异给台人的祖国观念与民族意识的幼苗，灌输最有效的化学肥料一样，使他滋长苗壮而至于不可动摇。不过像我这样在日本据台以后出生的人，对于祖国只有漠然的观念，因为它是手摸不到、脚踏不着的存在，没有切实的感觉。所以我们的内心深处常有一种期待，期待有朝一日能够触到祖国的实体。……"

1935年底，叶荣钟转入有"台湾人喉舌"之誉的《台湾新民报》，担任通信部长兼论说委员，继续为台湾民众陈词。1940

年，他被派任该报东京支局长（分社长）而举家迁往东京。1941年冬，他自《台湾新民报》东京支局长卸任回台，转任被迫更名为《兴南新闻》的台中支局长。1943年，任《大阪每日新闻》特派员兼马尼拉《华侨日报》编辑次长并参加了马尼拉华侨福建同乡会。1944年4月，他从菲律宾返台，任职《台湾新报》（原《兴南新闻》），并举家迁居台北大龙峒。

1945年4月，为了躲避空袭，叶荣钟又举家疏散台中大坑军功寮乡间。8月15日，日本战败投降，台湾回归祖国。他随即写下一首题为《八月十五日》的诗纪录当下的感怀：

> 忍辱包羞五十年，今朝光复转凄然；
>
> 三军解甲悲刀折，万众开颜庆瓦全。
>
> 合浦还珠新气象，同床异梦旧姻缘；
>
> 莫言积怨终须报，余地留人与改悛。

叶荣钟从大坑回到台中之后，出任"欢迎国民政府筹备委员会"总干事。在政治真空状态的时期发挥安定社会之功效；参与组织营救流落在大陆、南洋的台湾同胞。在生平唯一官职——"省立台中图书馆"研究辅导部兼采编部长任内，推动台湾与大陆间的文化交流与教育活动，举办包容各方的茶话会，并积极筹办《中报》。

1947年12月，叶荣钟接到南京国民政府的"省参议员"任命书，但他秉持中国读书人的品德，淡泊明志，没有报到就任。

1948年，叶荣钟进入彰化银行服务，历任科长、秘书室兼人事室主任、协理、董事会主任秘书。同年，青年党与民社党联合提名推荐他为监察委员，但他仍未接受。

1956年9月8日，林献堂在日本病逝。他主编了《林献堂先生荣哀录》（1958年）与《林献堂先生纪念集》（1960年）。从此以后，他才又重新提笔写作，以敏锐的眼光，观察戒严统治下的社会文化，而写出一系列深具前瞻性及深厚人文关怀的批判性杂文。

1965 年，叶荣钟的"半壁书斋随笔"系列第一辑《半路出家集》出版。第二年，他自彰化银行退休。1967 年，"半壁书斋随笔"第二辑《小屋大车集》出版。此时，临老之年的他又怀着"舍我其谁"的使命感，潜心著述日据下台湾民众的历史，并在有生之年陆续完成《彰化银行六十年史》(《近代台湾金融经济发展史》)、《台湾近代民族运动史》(《日据下台湾政治社会运动史》)、《日据下台湾大事年表》《台湾人物群像》等重要著作，为后代子孙留下极为珍贵的历史记忆。其中又以《日据下台湾政治社会运动史》最为重要。论者咸谓：此书佐以"日本台湾总督府"的《警察沿革志》，从"六三法撤废运动"、"台湾议会请愿运动"、"台湾文化协会"、"台湾民众党"、"台湾地方自治联盟"、"农民运动"等历史事件来推演其史观，脉络清楚，资料丰富，为描述日据下台湾民族、文化、政治运动最重要的典籍。《日据下台湾大事年表》则以年代为经，事件为纬，扩大推展为中国大陆、中国台湾、日本、国际四个部分，呈现 1895-1945 年日据时期日台之间的政治、社会与文化的互动；同时编列祖国大陆和国际的相应事件，以显现台湾和祖国及国际的关系。《台湾人物群像》则以带有情感兼具议论和抒情的笔锋书写梁任公、林献堂、蒋渭水等十二位影响台湾历史的重要人物。《近代台湾金融经济发展史》纪录了近代台湾金融以及战后初期的经济发展情况，完整且具体地说明台湾金融经济的发展史。

2001 年，一共 200 余万字的《叶荣钟全集》12 卷在台湾出版，内容包括《日据下台湾政治社会运动史》《日据下台湾大事年表》《台湾人物群像》《近代台湾金融经济发展史》《半壁书斋随笔》《少奇吟草》《叶荣钟日记》《叶荣钟早年文集》以及《叶荣钟年表》。

（叶蔚南）

叶　陶

叶陶（1905—1970），出生于台湾高雄市旗后。父亲叶赐白手起家，因经商致富，被推举为保正。叶母黄美为人豪爽，喜游山玩水，足迹遍布全岛及上海、杭州等地，叶陶颇有乃母之风。因家境富裕，叶陶自幼即接受公学校及中国古典经文教育。公学校毕业后在台南教员养成所受训后，年仅15岁的叶陶即返回母校和平公学校任教。年轻的女教师叶陶，热情洋溢，声音洪亮，颇受学生欢迎并被学生取了个颇能传神的绰号"乌鸡母"。

不久，她被调到高雄第三公学校（现在高雄的三民国校），与日后台湾农民运动的领导人简吉成为同事，种下了她日后参加农民运动的机缘。1927年，叶陶走下公学校讲坛，走到农村，走向群众。她曾担任"农民组合"妇女部部长，承担起启蒙广大农村妇女的教育工作。年轻时曾反抗缠足，将裹脚布丢入旗津海域的叶陶踏着一双放大的天足，绾着一个简单的发髻奔波在农村间、演讲会场中。她坚决、豪爽的态度，颇有巾帼不让须眉的风采。

她的婚姻在当时也是非常前卫的。早在半个多世纪以前的1928年，她与同为"农组"同志的杨逵同居于彰化。第二年在准备返回老家举行

叶陶（右）与杨逵夫妇

婚礼时，双双被捕，以手铐脚镣扣在一起送往监狱，直到出狱后才补办婚礼。

然而率性前卫的言行、生活并不能完全见容于当时的农业社会，尤其是他俩又是在保守的农村从事启蒙运动的工作者。最后他们被自己的战友以"堕落的干部"的理由，从"农民组合"中除名。叶陶遂失去了社会运动的蓬勃战场，"农民组合"也痛失了一位难得的女斗士。

婚后由于家境陷入窘境，叶陶不仅缝制衣服，还在外摆摊贩卖，以维持家计。1935 年台中大地震时，她育有四个儿女，虽然担负着生活的重担，仍不忘关怀社会，她再次走向街头为受难的灾民赈灾。

叶陶在"二·二八"事件中被捕，出狱后，她志同道合的伴侣杨逵发表和平解决内战的《和平宣言》，竟遭日本殖民当局逮捕入狱。漫漫的十二个年头，她挑负起慈母兼严父的重担。1961 年杨逵才从"绿岛"回来，他们一起在台中东海花园渡过了难得的晚年。但背负了过于沉重人生重担的叶陶终未能陪伴她的老伴杨逵走完人生最后的道路，1970 年体弱的她与世长辞。

（韩嘉玲）

余清芳

余清芳（1879—1915），又名余清风，别名沧浪，人称余先生，居台湾台南厅长治二图里后乡庄。日军据台时，年仅17岁的余清芳曾投身于武装抗日义军，1899年任巡查补，服务于台南、凤山、阿公店（高雄县冈山镇）等地。1904年，余清芳辞职后，经常出入台南厅下的各地斋堂，因反日言论遭日警注视。1909年1月，日方以余清芳参加盐水港秘密结社28宿会为由，将其送往台汤加路兰浮浪者（流氓）收容所管训2年10个月，1911年获释返乡。不久后，余清芳结识台南市西来庵董事台南厅参事苏有朋及大潭庄区长郑和记，并以西来庵为基地集合同志，且借修筑庵堂名义广募捐款，复经人引介认识罗俊与江定。

余清芳自会晤罗俊与江定后，更加紧借宗教宣传日人暴政，并分发神符咒文及举行扶乩，以巩固众人信心。是时，余清芳更以大明慈悲国大元帅名义对同志揭出驱日谕文。台中地方即风传台湾有真命天子出现等言传。1915年4月中旬，台中日本殖民当局已获悉相关消息，从而暗中调查，于1915年6月29日在嘉义东堡竹头崎庄尖山森林中捕获罗俊，旋全力搜寻余清芳与江定等的行踪。6月29日当天，台南与阿缑两厅派警察270人入山，搜捕未果。此外，彼时连日豪雨，溪流泛滥，故日警队围山七八天，终无所获。

是时，抗日同胞探悉甲仙埔支厅警员已全部出动，故7月9日一大早余清芳即率众攻击甲仙埔支厅，次日复分途攻击十张犁、大坵园、阿里关、蚊仔尺、河表湖、小林等派出所，计杀30余名日人，后在日警的优势武力围击下，败退入山。

8月3日天未亮时，余清芳率约300人袭击台南厅噍吧哖（台南县玉井乡）支厅辖下南庄派出所。该庄日警巡查等并眷属计20余人全被歼灭，余清芳等随即据虎头山，准备攻击噍吧哖支厅，而与日警形成拉锯战，口霄里方面之田丸分队还曾组成决死队，当时余清芳部众甚至多达一千余人。

斯时（7月16日—8月7日），正在台湾中南部视察的台湾总督安东贞美获报后，深感情势紧急，旋于8月4日正午下令第二守备队司令官大岛新速派步兵、炮兵前往镇压。随后在大目降的步兵2中队与炮兵1小队，即奉命先行于6日下午2时援抵噍吧哖，与日警协同攻击。余清芳等奋战不敌，乃于6日当天傍晚退避山中。时余清芳等遗尸155具。日军警亦续围山搜捕。后于零星抵抗中余清芳部队再遭日方击杀者亦约150人。

另一方面，日军警又定下诱杀计划，高悬安抚招牌，倡言归降者免死，以招来在逃民众。待大多数庄民回乡后，日人又借词欲加以训话分别善恶，命庄中壮丁携锄具全数整列郊野掘壕，待壕成即开枪扫射，然后悉葬于壕内（据传当时被害者至少有数千人之多）。

余清芳败退后，率众200余人于8月12日夜半脱出日方军警包围，后曾与江定所率逃出重围的约300人众伙，在四社寮溪畔相会。时见日方军警网搜查逼近，余清芳乃与所部分头突围，但仍有11人紧随不离。8月22日凌晨2时，余清芳与战友8人于二会林坪被捕。余清芳被捕三天后即开始当众突审，至10月30日终结，被告共1957人，其中866名判处死刑。后因日本国会对台湾总督处置失宜惨杀过甚一事颇有议论。台湾总督安东贞美乃借大正天皇登基所颁布的大赦令，宣布减刑而将死刑改为无期徒刑，但当时已有95名死刑犯被处决。

余清芳、罗俊等殉难烈士临刑前皆从容就义，其状甚至连日人亦不禁赞云“及至宣布执行死刑之际，毫无留恋不舍之状，首魁以下数十人，皆从容登上绞首台”。

（戚嘉林）

詹永和

詹永和（1845—1895），原籍福建南靖，其祖先迁台卜居桃园龟山乡。詹永和幼年就读于私塾，成年后务农。他精拳术，豪迈果敢，见义勇为，深得乡人敬重。

1895年5月，日军占台，詹永和义愤填膺，四处呼号，逢人便说："吾辈乃汉人子孙，岂肯为日奴做牛马奴隶乎？是父母所生者，随我来！"他召集义士80余人，倾其家产作为军粮。5月23日，日军占据龙寿山尾，詹永和率领义军截击日军南进侦察大队。日军受重创，但是义军势单力薄，退守龟仑头。6月1日，詹永和中弹身亡，其率领的义军或死或逃。日军怀恨，将詹永和生长的塗涧堡全社焚毁殆尽。

（台湾省文献委员会编印《台湾抗日忠烈录》第一辑）

詹　振

　　詹振（生卒年不详），台湾台北松山人，从事农业。他为人慷慨，为村民所敬重。日本占领台湾后，在以后较长一段时期内，台湾人民没有停止反抗。1895 年 12 月，林大北率北部义军揭竿而起，詹振聚集村民参加义军，战果辉煌，成为北部起义游击战中的佼佼者。

　　林大北起义后，新竹胡阿锦，台北简大狮、陈秋菊，宜兰林李成，以及许绍文、江振源、陈瑞荣等义士起而响应，给予刚刚在台湾建立统治的日寇予沉重打击。当简大狮发难时，詹振起而响应，率领部队进攻锡口，截断电源、破坏铁轨，与铁路守备兵及日本铁路员工作战。因为詹振所率领的多为猎户，射击精准，日本兵死伤众多，进而占领锡口，并焚毁当地首富陈春光宅院。陈春光为詹振多年老友，只因其失节媚敌，詹振便大义灭亲。

　　詹振撤出锡口后，仍潜伏在乡间，神出鬼没，袭击台北近郊多次，杀伤不少日本人。最后一次决战，是詹振汇合其堂亲詹番的部队，与简大狮等所指挥的义民一千余人进攻台北。最终因寡不敌众，各路义军纷纷撤退，损失惨重。詹振亦在战斗中牺牲。

（台湾省文献委员会编印《台湾抗日忠烈录》第一辑）

张国彦

张国彦（？—1945），原籍广东，毕业于广东中山县高等学校，国民党党员。早年赴台，加入国民党海外部及中华会馆。对于党务会务，贡献颇多。"七七事变"爆发后参加抗日救国会。张国彦目睹各侨领先后被刑杀或囚禁，但仍积极鼓励同志完成各侨领未竟之救国工作。1945年2月被台北州高等特务逮捕，以身殉国，年38岁。其事迹经由台湾有关部门明令褒扬。

（台湾省文献委员会编印《台湾抗日忠烈录》第一辑）

张火炉

　　张火炉（1884—1913），大湖事件领导人，台湾台中厅拣东上堡何厝庄人。是时张火炉感于彼时祖国国民革命成功，乃组织革命党，伺机于台湾中部起事，袭击官衙杀戮日人，进而请求中国革命党应援，届时枪械弹药均自中国补给，以排除日人在台的统治。惟因事机不密，该组织成员黄炳贵等于1913年12月被捕，张火炉本人则于被捕押送途中，在高雄港自船中投海自尽。

（戚嘉林）

张克敏

张克敏（1909—？），号炳煌，后改名张士德，台湾台中人。1923年考入厦门中华中学。1926年1月考入黄埔军校步兵科（步兵第二团第三连），为黄埔第四期学员，加入中国共产党。1926年10月毕业。随部参加北伐，在江西安吉驻防。1927年蒋介石"清党"时，离开广州赴武汉。1927年经上海到厦门从事地下工作。1927年10月，中共闽南临时特委派遣张克敏与黄埔同学、台湾同乡林树勋共赴惠安参加农运和武装斗争。

1928年年初，张克敏被国民党当局逮捕，并被日本殖民当局遣返回台。随后，张克敏积极参加简吉领导的"台湾农民组合"抗日运动。

1928年12月30日，张克敏参加"台湾农民组合"第二次全岛大会，被任命为大会书记。大会结束后不久，张克敏赴祖国大陆，在福建继续参加中共的革命活动。1929年9月，中共台籍党员蒋文来在漳州被捕。1929年10月5日，中共台籍党员蔡孝乾、张克敏等人召集在漳州的台籍学生和台胞数十人，商议组织救援会营救蒋文来。随后，把救援会扩展为"台湾解放运动牺牲者救援会"。1930年2月，张克敏参加詹以昌发起的重建闽南（台湾）学生联合会组织活动。该组织得到台籍中共党员翁泽生的指导，其主要活动是进行社会科学的学习与研究，从事抗日活动。

1942年张克敏参加台湾义勇队，任区队长、分团宣传股长。1944年3月，台湾义勇队第三巡回组抵安海，张克敏以第三巡回组组长身份主持台湾义勇队祭奠郑成功仪式。总队长李友邦代表台湾义勇队队员行致祭仪式，以"收复台湾"、"还我河山"等祭词表达台湾义勇队的抗战目标。7月24日，张克敏任三青团

台湾义勇队分团代理书记。11月5日至7日，三青团中央直属台湾义勇队分团第二届团员大会召开，张克敏以大会秘书处负责人身份，报告大会筹备经过，与李友邦、洪石柱一起当选为大会主席团成员。大会通过张克敏等人提出建立武装区队，配合盟军登陆台湾（盟军因战略改变，最终放弃登陆台湾计划）的议案。

1945年9月3日，受李友邦派遣，张克敏以台湾义勇队副总队长的身份，随美军太平洋舰队司令柯克上将率领的美军先遣队，第一批飞赴台湾，在台北升起象征收复台湾的第一面中国国旗。

（徐 康）

张通宝　张万金

张通宝、张万金兄弟，台湾南投县鹿谷乡和雅村人。兄弟二人都是国民党的忠实信徒。日本人管制台胞共分为三等：一等顺民、二等违罚、三等对抗政府。张通宝则列入三等。查日本人涂改过的户籍记载，能见"初犯匪"三个字。张通宝兄弟于1915年参加余清芳抗日阵营，准备伺机举义，无奈事情败露，于同年8月初在村中观音会宴席之前，被日本警察逮捕。兄弟二人同时入狱，张通宝更是受冤刑达12年之久，但最终二人都惨死于狱中。

张通宝、张万金兄弟的事迹，经由南投县鹿谷乡和雅村爱乡路12和27号的庄金治及罗振两位遗老向政府所指派的专人吴伯良当面陈述证明属实。该案奉台湾有关部门发文予以概述：张万金、张通宝受囚十载，临难不屈，其效忠祖国，抵抗异族之精神，殊堪嘉尚，应予明令褒扬，以彰忠义。

（台湾省文献委员会编印《台湾抗日忠烈录》第一辑）

<h1 style="text-align:center">张一之</h1>

张一之（1914—1991），原名张毕来，中共党员，台湾义勇队指导员。

1938年11月，张一之与李友邦将军抵崇安，调查了解当地台民情况，崇安县长刘超然召开欢迎台胞领袖大会，李友邦在欢迎会上用闽南话讲演。会后，与张一之回到福州，向省政府主席陈仪陈述台民情况和组建台湾义勇队的意图，获得陈仪支持。

1939年2月22日，首批108名"台湾抗日义勇队"队员在队长李友邦、指导员张一之的率领下开赴抗日前线。1939年3月，周恩来以国民政府军事委员会政治部副部长的身份到浙江金华检查工作，听取张一之关于台湾抗日义勇队成立经过和存在问题的汇报。周恩来指出：一是要充分运用国民党内部关系使该组织获得批准；二是不暴露我党支持建立该组织的关系。根据周恩来的指示，不久就在义勇队内成立了以张一之为书记的中共支部。从此，台湾抗日义勇队在党的指导下，活跃在闽、浙、赣、皖、苏，一时间名声大震。

台湾抗日义勇队是一支很有实力的军队。队员中有大量的工程技术人员，掌握机械、药品等军需生产制造技术。由于战场炸药和药品用量巨大，1939年2月，经请示福建省政府建设厅同意，在崇安办起了樟脑制造厂，利用当地草药、香樟资源，生产制造炸药、医药原料的樟脑油。尔后，又在龙岩，浙江云和、丽水等地建设樟脑制造厂。这些战时所需的原料大多直接送往前线参战部队。

台湾抗日义勇队中还有执业医生70多人，在崇安办起了平民、健中、再生诊疗所。实行军人、出征人员家属及贫苦民众就医免费或打折。不久，又在建阳、金华、衢州、兰溪开设了设有内科、外科、眼科、牙科、小儿科、妇产科、耳鼻喉科和皮肤科的"台湾医院"。他们不仅深入前线进行战地救护，培训医务人员。还在城乡巡回义务看病、检查身体、普及种牛痘、教授现代医疗和卫生知识。因而也被当地民众亲热地称之为"台湾医生"。

他们深入前线进行战地喊话，散发反战传单和张贴反战标语，收听日军广播，收集和分析敌伪情报，翻译敌军文件，审讯和教育俘虏，调查敌占区经济政治情况，举办无线电训练班，在抗日战场上发挥了特殊的作用。

台湾抗日义勇队是台湾唯一成建制的在大陆参加抗战的队伍。在民族危亡的关头，台湾同胞毅然选择与祖国在一起，将一腔热血洒在抗日战场上，义无反顾地以自己的鲜血和生命为代价，诠释"欲救台湾，必先救祖国"的坚强斗志，诠释"返归祖国"的坚定信念，诠释"台湾同胞不愿做亡国奴，愿为祖国解放事业鞠躬尽瘁"的赤子情怀。

（赵国辉）

张佑妹

张佑妹（1892—1957），本名叫张佑，因为客家人喜欢在女性单名之下再加个"妹"，而成为张佑妹。她是罗福星在台湾抗日革命时的一位红粉知己，与罗福星并肩革命，堪称为革命伴侣。

根据日据时期的户籍资料，张佑妹出生于1892年10月21日，父张水元，母邱氏阿妹，原居于台湾桃园厅竹北二堡四湖庄。当张佑妹12岁时，即为台北厅大加蚋堡大稻埕的高阿四和林娇夫妇所收养。因为当时是被收养为"媳妇仔"而非"养女"，所以张佑妹并不改从养父或养母之姓。

张佑妹的养父高阿四在建成街开了一家茶楼，她就到茶行当拣选茶叶的女工。

罗福星到台北招募同志时，常与刘士明出入于其养父所开的茶楼，因而结识了到茶楼帮忙的佑妹。

佑妹家境贫苦，没进过学校，也不识字，但她聪慧过人，博闻强记，所以她有能力担任罗福星的"秘书"工作。佑妹的工作就是接待同志，保管党员名册和重要文件。从《罗福星抗日革命案全文件》一书中记载，许多同志入党都在张佑妹家，也有些同志是因为受到佑妹的影响才入党的。例如江亮能到基隆招募刘温通。刘温通对江亮能的说法带有一些怀疑，因为他不相信，有人会不顾生命安危，只身赴台革命。于是亲自去张佑妹家，目的是要拜访罗福星。不巧罗福星不在家，却受到佑妹热忱接待，还听佑妹转述了罗福星的理想。刘温通想，区区小女子都能深明大义，对抗日革命侃侃而谈，七尺大丈夫，岂可缩在一旁，等着人家来宰割。于是毫不犹豫，加入革命党，并且积极宣扬抗日思想，并且招募了不少同志。

1913 年 10 月，苗栗陷入捉拿革命党员的大风暴里。有一天，罗福星眉头深锁地坐在佑妹家，佑妹了解罗福星是忧心苗栗同志的安危，于是自告奋勇向罗福星表示："让我去苗栗看看，了解情况，免得困守愁城，于事无补。君以为如何？"罗福星没有答应她的要求，但是对这位帮他做大事的红粉知己，十分敬佩。

在《罗案抗日全档》里，对张佑妹的刚烈性情，还有一段颇为详细的记载。

有一天下午，罗福星和佑妹在屋里商讨事情时，忽然有人在楼下呼叫。

佑妹从窗台往下看，立刻回首对罗福星说："有密探。"

说完，随即下楼，在楼前寒暄一番，接着有个人跟着佑妹进屋里。

罗福星躲在橱柜里，听到巡查补罗庆庚说："我从杨梅九斗村来，欲见罗东亚（福星）。"

佑妹说："东亚上街了。如果有事，请稍候等他回来再来，如何？"

罗庆庚从内衣里取出一封信，轻声地对佑妹说："佑姐，请你把信交给东亚。还有等他回来，叫他去大瀛旅社找我。还有……"罗庆庚停了一下，好像欲言又止，转身要走了，又回头在佑妹耳边说："请东亚把我的名字从名单中撤去。请千万拜托。"

"遵命，遵命！"

罗庆庚临出门前，故意大声的说："我先走了，等下他回来，要他到大瀛旅社来一趟。"

罗庆庚一走，罗福星立即由后门溜走。机灵的佑妹，马上到后院去烧毁文件和名册。大约20分钟后，原班人马，还加上几个日本警官，浩浩荡荡又来到张家。这回一进门就开始搜查，翻箱倒柜，竟一无所获。

日警找不到罗福星，就把张佑妹及其母林娇抓去警局。张氏母女在派出所，拘留了一天一夜。虽严刑逼供，百般凌辱，但是她绝不吐一句实话，最后终于被释放。

罗福星听到同志吴清芳谈到佑妹的勇敢与坚定，十分敬佩，于是在那天日记上写着：

"噫嘻！佑诚女也，虽遭如此之难犹能闷能堪，不辜负我志之意志，不累同胞，助吾人事业至于如此。烈女佑常语志士：'豹死留皮，人死留名'，诸士勿逡巡，流污名于千载也。诸士虽即遭遇如何之艰难，勿中止事业也。"

罗福星想到身陷囹圄的张氏母女，只是一介女流，都能深明大义，忍住严刑拷打，不让同志受到迫害，自己更要努力完成革命大业。

日警抓不到罗福星，总是抓张佑妹来拷问，但是佑妹虽被打得遍体鳞伤，也不吐一句实言，难怪罗福星一直以"烈女"视之。当他获悉被拷打的惨烈情状之后，曾在日记上写道：

"呜呼！彼（指佑妹）自昨日早晨，至今日早晨，粒米未进，足征彼为我如何忧虑也。而她被警官之拷问苦楚，又不得不一观察。此等事，我同志未必明了。若无此烈女，吾同志决不能高枕而卧也。今日之事，我同志正尝此辛酸苦楚者，虽属不少，但如佑妹遭此凄惨境遇者，殆无以外之人矣。我北部同志，不知此事实，因此无往抚恤者，余深以为憾也。呜呼！彼被警官拷问刑询，皮开肉绽，绝食数日，肉落骨出，其惨状不忍睹也。余书至此，忽然泪落纸上，不能执笔，再不能书佑妹之事也，乃搁笔焉。"

台湾光复后，由健在的志士口述得知，张佑妹凭着她天赋的聪慧和好记性，经常参与罗福星在台北地区的招募工作；各地同志到台北找罗福星时，也都是直接前往张宅，由佑妹告知罗的行踪，或由佑妹代为转达信息。据当时居住在台北曾多次找过张佑妹而后来迁居到新竹的许敬乞老志士说："她的皮肤长得白白的，人漂亮极了！这个女子，说话清清楚楚，记性又好，大家都很佩服她。"

张佑妹除了做秘书工作之外，还能鼓舞士气。每当同志遭遇挫折而士气沮丧、畏难悲观时，她会晓以大义，并以"虎死留皮，人死留名"和"死生有命，富贵在天"的道理来激励同志，希望同志能奋勇向前，即使为国捐躯也是值得的。同志们每听她说过的话，都士气大振，办事如有神助。

1913年12月18日，罗福星与闽籍同志周齐仔，拟从淡水偷渡返回大陆，以谋另图大举。不幸被汉奸李烟山和陈金枝密告，而在李稻家中被大批日警围捕。数日后，张佑妹亦在台北六馆街新宅中被抓，而于同月25日由台北厅解送到苗栗地方法院，同行的有叶加车、林麒麟、林春长、蔡毛、钟金、庄风雨、翁才、李三许等人。这是"苗栗临时法院"第三次开庭审判。由于张佑妹是个年轻女子，又不识字，所以在检察官和法官的眼里，她只是无知的村妇，于是给她判了一个不起诉之处分。

随着罗福星的就义，革命组织的瓦解，张佑妹的生活复归于平常。1914年5月5日，她与养母林娇悄悄离开台北，迁到了新竹厅竹北二堡粪箕窝庄，次年嫁给同厅堡的陈阿振为妾。1926年生下陈能圳。张佑妹嫁入陈家之后，由于陈家务农，生活十分辛苦，佑妹凭着在台北曾住过面食店的二楼，略懂得做面的方法，于是她到湖镜村的省公路边，开了一家面食店。由于手艺好，地点又方便，所以生意很好。但是，她从不卖给日本人。因为她心底强烈的抗日情绪，始终未曾减弱。日本人也对她无可奈何，只得找些莫须有的罪名，罚她钱，或抓去警局训话。佑妹的气节和坚守民族大义的精神，真可令那些屈膝躬腰事倭的读书人汗颜羞愧。

　　1957 年的中秋节，因为天气变凉，张佑妹匆忙过街为其孙子拿衣服。不幸被一辆大卡车撞倒，重创昏迷不醒。一周后不治身亡，享年 65 岁。张佑妹虽然为一介女工，目不识丁，竟然有不愿受外侮侵略的精神和不怕死的革命情操，认同罗福星的抗日革命，协助推动革命的工作，并坚忍百苦以掩护罗福星及革命同志的安全，让人不由得对她肃然起敬。

（罗秋昭）

张玉兰

张玉兰（1909—1967），出生于台湾屏东大埔丰裕的农家。父亲是当地的保正（即现在的里长），上有四个兄长，一个姐姐，下有一双弟妹。由于家境丰裕，又排行第六，从小便得到父母兄姐较多的疼爱。屏东仁爱国小毕业后，她以优异的成绩进入"高雄高女"（四年制）。该校该年招生除了玉兰及其同窗好友亦是日后志同道合的女斗士简娥等七八名台湾女学生外，全部是日本学生，可知如果没有优异的成绩与较为富裕的家境是无法进入"高雄高女"的。

1926年前后正是台湾社会运动发展的高潮，农民运动也正在台南蓬勃兴起。张玉兰的哥哥张添丁在台南师范的同窗好友苏清江是"农组"屏东支部的干部。玉兰的兄长添丁、舜天与"农组"的干部时有来往。一个偶然的机会，张玉兰同往"农组"屏东支部。当天屏东支部也正好有一位贫苦的农村妇女来哭诉地主的蛮横与生活的困苦，乞求"农民组合"伸出救援之手……她的心被撼动了，这么悲惨的遭遇难道在这个世界上真是存在吗？"农民组合"的朋友们半开玩笑的对她说："像张小姐这样出身富裕家庭的女孩，一定觉得不可思议吧！可是这就是台湾人民真实的生活……"

从那以后，她像着了魔似的，不管哪里有演讲会她都一定到场，并经常出入"农民组合"。有时还把"农民组合"进步标语的印刷品带回学校。当时的台湾受到日本及中国大陆社会主义思潮的影响，张玉兰和激进的年轻人一样也热衷于研究《马克思经济学》《殖民政策下的台湾》等书籍。

有一次张玉兰在课余参加了"农民组合"的妇女座谈会，农村妇女纷纷提出种种不合理的现象和妇女问题，张玉兰热情地与她们交谈，讨论妇女的现状、妇女地位、命运及团结……不料当天警察到"农民组合"检查并调查参加人员身份。结果，警察以张玉兰参加有思想问题的座谈会报告其就读学校——高雄高女。于是校方命令玉兰提出说明报告。春节回家后，玉兰在潮州亲友处又痛陈台湾教育的切要问题，岂料又被当地警探侦听而报告学校。校方大为恐慌，马上令张玉兰退学。玉兰断然拒绝这种无理的处置，校方竟然以强制手段开除其学籍令张玉兰立即退学。张玉兰向校方提出公开声明。张玉兰虽系思想进步的女青年，唯六十多年前的台湾仍处在封建时代，她怕被误解系因男女恋爱问题被退学，于是公开声明是为了反对资本主义社会，是向一些农妇讲解时势而被校方命令退学。公开发信说明了其被退学的前因后果并驳斥校方不当的处分。

退学事件引发起一场政治风暴。不但校方如临大敌迅速没收了该校师生所收到的书信，并向日本殖民当局告发。于是警方遂大肆搜查凤山、屏东、潮州各"农民组合"支部的办公室，没收张玉兰所发出的文章及檄文，并检举张玉兰与"农组"干部苏清江、陈崑仑、苏德龙、何光晁等人。最后日本殖民当局以"违反出版法"的罪名起诉了张玉兰等人。不满二十岁的年轻女学生张玉兰仅仅是与农村妇女交谈心得，不但遭到退学的噩运，还被判处五个月拘禁，成了阶下囚。

"本来对学校存在的阶级歧视相当愤慨，在日本殖民主义统治下，台湾人与日本人之间有很大的差别待遇。"台湾学生与日本学生也存在着差别待遇。例如张玉兰成绩优秀应名列第一，因为是台湾学生差别待遇而被评为第二名……"从退学事件以后，我好像突然明白了自己受压迫的立场，我只有忘记一切，一心朝着自己信仰的方向前进。"

就这样张玉兰从学校的差别待遇中萌发了民族主义意识，从退学事件中认识了日本帝国主义专横无理的面目，更从农民生活的困苦中了解资本主义榨取的本质。经过退学事件的历练，她逐渐地走上了革命的道路。张玉兰义无反顾地投入"农组"屏东支部的繁忙工作。她经常到农民家访谈，了解农民的疾苦与需要。读讲报纸的时势与"农组"的斗争经验，使农民得以增长见闻。她的革命伴侣陈崑仑，当时也是屏东支部的重要干部。在他们的努力下"农组"屏东支部的发展与影响不断扩大。

作为一名新进、经验不足的女干部，张玉兰认真地学习，参加并组织了在台中"农民组合"本部举办的研究会。"农组"为培养妇女与青年干部而举办"农组"的战略战术及现实的蔗农、竹林、佃农等问题的演讲，以提高各支部干部的斗争经验以期农民运动的进一步发展。

"台湾农民组合"自1925年成立以来，到1928年底达到了顶峰，总计有27个支部及4个联络处，会员人数达24000多人，是当时台湾最具组织与实力的群众团体。1928年底"农民组合"第二次全岛大会在台中举行，从27个支部来的各地代表高举"农民组合"甘蔗、稻穗的赤旗到达会场，盛况空前。这次大会中张玉兰被选为中央候补委员，是唯一当选的女性。

日本帝国主义眼见"台湾农民组合"的蓬勃发展非常恐惧。"农组"第二次全岛大会更是明白揭示了反帝、反资本主义的鲜明立场。于是日本殖民当局在1929年2月12日对"农民组合"进行了一次警宪出动的总检查与逮捕行动，是谓"二·一二"事件。"台湾农民组合"的组织遭到彻底破坏，导致"农组"发展的全面衰落。在面临挫败中，张玉兰奋斗的决心毫无动摇，她转入地下继续活动。在重建"农民组合"运动中，屏东支部是最活跃的几个支部之一。

1930 年 6 月她参与指导"农组"下营支部,"纪念苏维埃革命纪念日"及下营公学校学生罢课等活动而被捕,甚至遭日警殴打。

1930 年 11 月她在参加台南州曾文支部"减免嘉南大洲水租运动"中再一次被捕。

1931 年日本帝国主义疯狂地对外侵略占领中国东北三省,对其殖民地台湾进一步施行高压统治,动员警察、官兵。从 3 月 24 日起赵港在台北被捕后,陆续多人被逮捕,至 6 月后发展成为全岛性的大检举。未被检举的同志为了维持革命阵容继续进行,急迫需要迅速扩大组织,以负责救援运动的受难者及其家属等任务。赤色救援会的建立成为当时迫切的工作。赤色救援会运用"农组"及"文协"在各地旧有的社会关系与组织,以址与队为单位,在全台动员起来。在此危急关头,张玉兰担负起赤色救援会在屏东及高雄州的组织活动。在她的领导下,潮州与屏东共组织了 12 个班的基层细胞。

濒临疯狂的日本帝国主义为了满足不断地向外扩张的需要,更加积极地镇压内部的革命力量。在日本警网的阴影密布之下,赤色救援会也很快惨遭全面破坏。"农民组合"及台湾一切的进步团体在日本帝国主义的镇压下完全解体。为台湾人的解放运动坚持到最后的张玉兰女士终于以参与赤色救援会的名义被捕并判刑四年,时年 25 岁。漫漫四年牢狱,夺走了张玉兰年轻的岁月,但是铁窗生涯没有磨灭她的斗志。在半个世纪前,活跃于妇女解放运动的女性可说是寥若晨星,而张玉兰正是少数妇女当中的佼佼者。她为了台湾的社会解放运动,为了台湾妇女今日的地位贡献了最宝贵的青春岁月。

出狱后,正值日本帝国主义发动全面侵华战争。台湾的进步运动正处于最黑暗的时刻。张玉兰依然坚持解除天下妇女疾苦的夙愿,服务乡里社会之心,毅然选择了助产士为职业,前往台南进行职业学习。在此后二十余年，她不辞辛苦，日夜接生，最多时每月接生达七十余次。

不久张玉兰在"农组"工作的同志陈崑仑也出狱了，他们终于结为患难连理。婚后张玉兰育有六子二女。台湾光复后，张玉兰继续担任"接生婆"的工作，后担任屏东县助产士公会理事长。不料夫君陈崑仑却因"二·二八"事件与白色恐怖之牵连，二度遭牢狱之灾。沉重的家庭负担便落在张玉兰女士一人的身上。她因辛劳成疾，不幸于1967年病逝于屏东。

为了贫苦的农民，为了解放农村妇女悲惨的命运，张玉兰全心全意投入农民运动的事迹，在南台湾可谓家喻户晓，至今高屏地区老一辈的长者仍津津乐道她的事迹。她辩才无碍，只要张玉兰站到演讲台上便能听到农民们热烈的掌声和欢呼声，只要有她的演讲当地群众就会扶老携幼前往助威。当时的报纸《台湾新报》有一则关于她的报道如此记载着：

"1930年底，张玉兰参加文化协会与"农民组合"的巡回演讲从跨海到澎湖会馆演讲，是唯一的女性演讲员。她一登上讲台，全场观众便开始骚动了。玉兰毫不紧张与畏惧，反而以轻松揶揄的口气向观众问道：'你们这种紧张与骚动究竟是出于想看女性演讲者的好奇心理呢？还是对女性演讲者表达特别的好意？'"

她坦然不凡的气度被时人誉为是"台湾妇女运动进展的表现"。女性往往给人柔弱的印象，但张玉兰却是一位为了信仰、主义奋不顾身的勇敢女性！她是一个我们至今景仰和怀念的真正的女性！

（韩嘉玲）

张志忠

张志忠（1910—1954），原名张梗，化名张光熙、杨春霖等，台湾嘉义人。中共党员。先后参加闽南台湾学生联合会、台湾无产青年会。1932年加入中国共产党，奉命回台发展"台共组织"。1933年因上海台湾反帝同盟事件被捕。1939年毕业于抗日军政大学，被派至八路军一二九师冀南军区敌工部。1945年年底奉命回台湾。1946年7月，任中共台湾省工作委员会委员兼武装部长。1949年12月被捕。1954年3月在台北牺牲。

张志忠在祖国大陆参加台湾学生抗日运动，接触共产主义思想，加入中国共产党。1931年的"台共事件"使台共组织遭到重大破坏，张志忠曾奉命回台发展台共组织。抗战爆发后，他加入八路军队伍，参加冀南前线的抗日战斗。抗战胜利后，张志忠奉命回台湾领导地下革命工作，与谢雪红、简吉等"老台共"并肩战斗，并为台湾革命奉献生命。

（徐　康）

张祝停

张祝停（1901—1946），原籍福建泉州，自幼聪慧过人，16岁即能独自经营裱糊业，年轻有为，而且做事兢兢业业，处事井井有条。众人皆愿与之交往，生意日渐兴隆。张祝停本性沉默寡言，但却胸怀大志，有深谋远虑，而且善理财，18岁即随亲友到台湾开拓事业，在屏东民族路开裱糊店。

张祝停虽未受过高深的教育，但其国家民族的观念却极深，对于广大侨胞被日本人欺侮深恶痛绝。屏东中华会馆成立伊始，张祝停便加入为会员，被选为评议委员、监事等职，担任劝募与组织工作，并兼会计职务，对会务创建良多。海南岛开垦公司成立，张祝停即捐巨款赞助，并募集款项借该公司名义暗中汇援祖国。抗日战争打响，张祝停即宣誓加入抗日救国会为会员，开始与日本人抗争。他不畏危难，秘密劝导侨胞抗日，但不幸事情败露，于1937年12月7日被捕，受尽酷刑。最严酷的刑罚为画圈站刑，连续6昼夜，而张祝停早已抱持以身殉国的精神，所以均不做答，以至在狱中长达3年之久。1940年秋因被击伤肺部，张祝停保外就医，但最终无法起床。

光复后，因重病在身，张祝停不能亲自协助政府处理接收事宜，但仍派他的儿子代劳。直至1946年春，他在屏东寓所去世，享年56岁。

1953年6月13日，张祝停的事迹经由台湾有关部门予以褒扬，并入祀其原籍忠烈祠。

（台湾省文献委员会编印《台湾抗日忠烈录》第一辑）

章吉辅

　　章吉辅（生卒年不详）。辛亥革命取得胜利的消息传到台湾，广大台湾同胞深受鼓舞，大家奔走相告。它极大地激励着台湾同胞爱中华、爱祖国的革命斗志。至此，一场场反对日本帝国主义的斗争席卷台湾，反日斗争形势空前高涨起来。1911 年 10 月 19 日，澎湖渔民章吉辅最先驾驶危舟，突破日军封锁，渡海投奔祖国大陆革命军。

　　1911 年武昌起义时，台湾澎湖爱国志士纷纷突破日军的阻挠，渡海到福建投入驻军孙道仁部。后来孙被推选为都督，在台湾志士的支持和共谋下，于 11 月 9 日攻下福州省城。他们之中卓有贡献者为章吉辅、林祖密等。之后，漳州入盟的王兆培偕同其他台湾籍同盟会员张聿怀、张培英等多人返回漳州协助光复漳州。这支台湾分会会员到 1912 年发展到 30 余人，主要分布在台湾各高等学府。1914 年 11 月间会员已发展到 76 人，因日本殖民当局的限制被迫解散。

（赵国辉）

赵 港

赵港（1900—1940），日据时期台湾农民运动的领袖。1925 至 1926 年，"日本台湾总督府"实施所谓"官有地"，剥夺农民辛勤开垦的土地。农民们为保卫自己的生活只有起来反抗了。这些农民大都是赵姓家族的成员。赵港和他的堂兄赵钦福遂奋起领导族人反抗日本帝国主义的强盗行为，并向"凤山农民组合"简吉请求援助。1926 年 4 月 28 日，赵港等人率领凤山与大肚农民，一起北上到总督府陈情，要求取消退休官员的土地放领，将土地放领给原耕种者。然而日本殖民当局仍然以该地系未经许可开垦的土地为辞，并在法律条文上大做文章，毫无诚意解决农民的生活问题。

在多次的交涉与请愿中，大肚庄的农民逐渐了解要维护自己的利益，唯有靠团结的力量去与资本家和地主对抗。在赵港及其堂兄赵钦福等人的奔走和领导下，终于 6 月 6 日在大肚庄妈祖庙成立了"大甲农民组合"，共有会员 150 人，是日后"台湾农民组合"的主要基础之一。

"大甲农民组合"成立以来，该地的土地争议日趋活跃。6 月 21 日，赵港动员了会员 80 余人前往台中市政府示威。7 月 25 日，赵港联合全台所有土地争议的民众一齐前往总督府陈情，为加强声势与宣传，还与文化协会共同举办农民演讲会。12 月

10 日，赵港再度率领 50 人到台中市示威游行。1927 年 1 月 15 至 16 日，当日本退休官员强行测量放领土地时，赵港率领大肚农民百余人阻挠测量。甚至连当地的村干部 50 余人提出辞职，90 余名小学生也罢课 13 天，以示抗议。

经过半年多的努力，陈情与请愿都收效不大，赵港与简吉决定将请愿运动提高到日本本土。1927 年 2 月 13 日，赵、简二人亲赴东京，向日本众议院提交请愿书——《有关台湾之土地放领案》。2 月 20 日，简吉、赵港在大阪参加日本的"农民组合"大会。3 月 15 日，他们拜访日本劳动农民党人士，赵港以《台湾农民组合》为题报告台湾情况。虽然请愿活动遭到日本殖民当局有意搁置，然赵港与简吉二人在日本的活动受到了日本社会主义团体的同情与援助。日本劳动农民党律师古屋贞雄还决定前赴台湾帮助解决农村种种争议的法律案件。古屋律师赴台后，亲眼目睹日本帝国统治下的台湾农村生活，决定常住台湾，与台湾的劳动人民一起对抗日本帝国主义的统治，成为台湾劳动人民真诚的友人。

1927 年退休官员为了逼迫农民交出土地，竟向台中法院申请扣押土地上的农作物。6 月 23、24 日法院派官员来执行扣押农作物。赵港领导农民集中于田中央，抢先动手收割稻谷，执行人员却以窃盗及妨害公务执行的罪名逮捕赵港等 9 人。在古屋律师指导下，以其人之道还治其人，进行"法庭战"，即采取"设定假债权"的方式就是将自己的财产预先设定假债权给他人，当地主来扣押农民财产时，就无计可施了。这实在是对付地主与日本统治的有效策略。古屋律师以"农组"的代理人身份申请了"虚设债权人的假扣押"，运用法律条文与地主进行抗争，借以牵制退休官员，最后逼得日本退休官员决定出售该土地。1928 年农民与新地主分别签定佃耕契约。大肚庄的土地争议遂告一段落。

1925 年起台湾各地设立的"农民组合"逐渐增加，农民日益发觉有联合统一的必要。1926 年 2 月 26 日在赵港与简吉的提议下，于凤山召开各地"农民组合干部联合会"，并于当日正式成立"台湾农民组合"，这象征了全台湾农民的团结。赵港担任了章程起草委员的重任，简吉任中央委员长。简吉、赵港从此为台湾农民的权利与命运付出了毕生的努力。赵、简二人也成为台湾农民运动的灵魂人物。

"台湾农民组合"成立以来，台湾农民运动已趋于统一运动的时代。同年 9 月扩大中央机构，赵港担任了中央常务委员及统制部长的重任。随着台湾农民的觉醒与土地纠纷的日益扩大，在"农民组合"的领导下各地纷纷建立支部。赵港与简吉风尘仆仆至各地演讲，并协助各支部的设立。经过了年余的努力，到 1927 年底，"农民组合"从 5 个支部扩大到 23 个支部及 4 个联络处，共有会员 24100 多人。

1927 年 12 月 4 日，在台中市总部召开"台湾农民组合"第一次全岛大会。来自各地的"农组"代表与台湾、日本各个社会团体代表群集一堂。赵港在会上作了"台湾农民组合发展经过"的报告，在论及土地问题时，因涉及批评日本帝国主义而遭到在场警察的取缔，命令中止讲演。

1927 年中坜、桃园一带的农民抗议大地主——日本拓植公司税金太高，赵港等"农组"干部为此发动了大规模的全岛抗议活动，进行了一场轰轰烈烈的抗租抗争。这就是众所周知的"第一次中坜事件"。它掀起了台湾农民运动的又一次高潮。中坜事件中警察逮捕了"农组"83 名干部及会员，警察以强制的手段解散了桃园、中坜支部。然而，不屈不挠的农民，在"农组"干部简吉、赵港和杨春松的动员下，又重新团结起来。翌年 8 月 9 日，中坜支部的办事处重新开张。当天警察又前来干涉，遂与 200 多名会员发生冲突。这就是"第二次中坜事件"。赵港、张道福以违反暴力行为与妨害公务执行等罪名被逮捕，直至 1929 年 7 月方获保释出狱。赵港的被捕，使得"农民组合"失去了一名悍将，对"农组"的发展不无影响。

1929年7月赵港出狱后，"农组"正面临着"二·一二"事件的严重打击，主要的干部几乎全被逮捕。赵港便积极着手"农民组合"的重建工作。同年底，农民采用了赵港起草的《农组新行动纲领》28条，针对"农民组合"潜入地下活动，制定工作的方针与策略。1930年2月12日，是"农民组合"被镇压一周年，"农组"将举行纪念大会。警察得知后，为阻止他们的活动，立刻将赵港及颜石吉等人逮捕审问，迫使纪念活动无法举行。

日本帝国主义的镇压，更加增强了赵港反抗的决心。他加入了台湾共产党，是台共在"农民组合"中的党团代表。1931年"农民组合"在嘉义、竹崎举行扩大会议，决定支持台湾共产党的各项决议及采取新的组织方针及战略战术。会议还决定解散文化协会，组成以工人为核心，集结所有反对日本帝国主义的势力，组成反帝同盟。

1931年3月24日深夜，台北警察署全面搜捕之际，在大稻埕陈春木家中发现一名青年在堆满了书籍的桌上挥毫疾书，正拟向前搜查时，这个青年突然咽下所写的文件，并企图逃走。他就是赵港。经过一番格斗和抵抗，已患上肺病的赵港终于因体力不支而被逮捕。在押解的途中，赵港情绪激动，大声疾呼"台湾共产党万岁"。同年底的台共大检举中，赵港被判处12年徒刑。将一生奉献于台湾农民运动与解放运动的勇敢斗士赵港，终于因牢狱之灾使得染上肺病的体质更加孱弱，他终于没活着见到台湾光复的那一刻。1940年，他经不住狱卒的折磨而病逝，年仅40岁。

（韩嘉玲）

赵鸿蟠

赵鸿蟠（？—1944），台湾台北市人。在日本的愚民政策和严酷统治下，敢于独设剑书楼，私印日本殖民者所查禁的中国历史古文书籍，暗中收徒授课，尽力向年轻后辈灌输祖国文化。

有一位叫做吴海青的汀州术士与赵鸿蟠过从甚密，二人经常谈论中日时事。1944年2月，吴海青被日本警察逮捕，出卖了赵鸿蟠。9月24日，日本人搜查赵鸿蟠的寓所，没收大批私印书籍，并将赵鸿蟠打入监狱。赵鸿蟠在狱中备受酷刑，12月26日病危，日本人才将其送至台北病院，但最终不治身亡。

赵鸿蟠下葬之日，日特高课刑部长为其伟大人格所感召，亲自到坟场焚香拜祭，刑所人员也都交口称赞赵鸿蟠的忠贞品格。

其事迹经由台湾有关部门明令褒扬，并将其生前忠烈事迹刊入原籍市志，以彰忠烈。

（台湾省文献委员会编印《台湾抗日忠烈录》第一辑）

郑进安

郑进安（1910—1938），台湾抗日救国会会员，原籍广东饶平，生性刚烈，有"武松"之称。虽然只是从事一些寻常生意，但是气节高尚，为友朋所推重。

1936年抗日救国会成立，郑进安即加入为会员，以职业为掩护，传达机密文件与宣传品，极具工作热诚，虽在严密的监视下，不避危难竭力完成任务，尽力使抗日救国会工作得以顺利推进。

不料1938年2月2日，日本人实施突击检查，郑进安被搜出宣传单而被捕。日本人想将抗日力量一网打尽，对郑进安威逼利诱，以巡查一职或日币五千元为诱饵，作为透露情报的代价，妄图诱使郑进安供出同伴。郑进安深知自身已难免一死，若招认了则同志受害，数年血汗创立之机构将断送，不忠不义、遗臭万年。于是他谎称不识字，传单乃是在路上拾到用来包货的纸张而已，坚决不出卖同志。日本人见利诱不成，就开始使用严刑，惨叫之声震动四方。郑进安为免刑辱，决心以死报国，于是大骂日阀之无道，并且痛斥台籍巡查为虎作伥，趁日本人不备用头猛撞石灰墙，立刻七孔流血，昏迷不醒，直至晚间气绝而亡，年仅28岁。日本人将其尸体抛于恒春东门外圆山。噩耗传来，众华人痛哭不已，并且集资将其安葬，暗中前来祭奠者甚众。

其事迹经台湾有关部门明令褒扬，并入祀原籍忠烈祠，以彰忠烈。

（台湾省文献委员会编印《台湾抗日忠烈录》第一辑）

郑迃理

　　郑迃理（1891—1944），祖籍广东，1923 年赴台经商，随即参加台北地方中华会馆，辅导侨运工作，不遗余力。抗战爆发后，与各侨领秘密组织抗日救国会，并协助侨胞撤退。后因同志工作泄密，被日本人逮捕。而郑迃理仍奋不顾身，继续救国工作。最终，于 1944 年 4 月他被日本特务拘留刑讯，殉难于台北州刑务所，年 53 岁。其事迹经由台湾有关部门明令褒扬。

　　　　　　　　（台湾省文献委员会编印《台湾抗日忠烈录》第一辑）

郑资深

郑资深（？—1941），字注深，号秀清，福建龙岩人。于1919年11月携眷由闽赴台，以经商为掩护，暗中宣扬民族历史文化，鼓吹反日爱国思想。1925年任中华会馆评议长，更积极策划反日工作，秘密联络忠贞志士。

1935年，日本人举办占据台湾40周年博览会，认为郑资深为危险分子，予以拘捕，监禁数月才释放。

1936年1月，国民政府召集在台爱国志士赴厦门开华侨会议，商讨抗日大计，郑资深应邀参加。会议结束后郑资深返台，抵达基隆时被日本情报部门探悉，又一次被捕。关押审问经月，不为所屈，于是日本政府下令将其驱逐出境，遣返厦门。

1939年厦门沦陷，郑资深继续从事敌后救亡工作，不幸于当年秋天为敌方所发觉，再次被捕，下狱拷问，连续数月之久。郑资深抱着必死的决心，没有吐露一个字的情报。日本人无计可施，于1941年1月13日在厦门五通将其杀害。

郑资深壮烈殉国，义勇千秋。其生平事迹记载于厦门褒忠录，并抚恤在案。

（台湾省文献委员会编印《台湾抗日忠烈录》第一辑）

钟发春

钟发春（生卒年不详），原籍广东梅县，前清秀才。1895年日本占领台湾，台湾民众纷纷组织义勇军抗拒。屏东高雄地区的士绅乡民响应刘永福将军的号召，在屏东县的内埔忠义祠集议誓师，公推邱凤扬为大总理，钟发春为总参谋，一面派遣义军驰援台南，遏敌于斗六；一面巩固乡村，拒敌于海疆，声势浩大。尤以屏东县佳冬乡的步月楼、长治乡的火烧庄及高雄县美浓牛埔等地的战役最为壮烈，牺牲甚众，最终溃败。日军放火焚烧，钟发春的住宅二十余间均被付之一炬。他只好避住到龙肚，仍然被捕，监禁于台南，长达三十余天。钟发春在狱中不屈不挠，虽然最终获救，但终因身体赢弱而身故。台湾光复后，钟发春入祀屏东西势忠烈祠。

（台湾省文献委员会编印《台湾抗日忠烈录》第一辑）

钟浩东

钟浩东（1915—1949），原名钟和鸣，台湾客家人，出生于台湾屏东潮州区。父亲乳名叫钟番薯，是一个爱国的反日活动分子。早在少年时期，钟浩东由于受父亲和台湾爱国志士台湾民众党领导人蒋渭水等人的影响，对日本占领者在台湾的殖民统治就十分痛恨。他立志要把日本侵略者驱逐出台湾，使台湾回归祖国怀抱。

钟浩东在台湾读完高中后，曾经前往日本明治大学留学。可是，当时日本殖民政府把台湾同胞当作是"二等公民"，一些日本人也侮辱台湾同胞为"清国奴"。他受不了这种歧视和侮辱，没等在明治大学毕业，就毅然离开日本回到台湾从事反日活动。他暗中联合有志反日的爱国青年，用学习普通话做掩护，进行活动。他们经过反日活动的实践，逐渐认识到要达到驱逐日本侵略者，使台湾回归祖国怀抱的目的，只有把希望寄托在祖国抗日战争获得胜利的基础上。因此，他们就打算从台湾潜回祖国大陆，投奔抗战阵营，以报效国家。

（蓝博洲）

钟石妹

　　钟石妹（生卒年不详），台湾爱国志士，1895 年反割台战争中奋勇抗击日军的人士。1871 年（同治十年）钟石妹来到大山背地区开垦拓荒，早期有番仔林之称。甲午战争后，1895 年间日军占领台湾，但各地爱国志士抗日声势汹涌澎湃。尤其北埔姜绍祖揭竿而起，慷慨解囊，散尽家资招募勇士，纠集北埔客家民众，组成敢字民军竭力抵抗。当时义军首要者有新埔胡嘉猷、北埔姜绍祖、二重埔钟石妹等人。各率领团勇和义民，在大湖口（湖口）、杨梅坜、安平镇，对日军进行猛烈抵抗，但均失利撤守。

（赵国辉）

周　绥

　　周绥（？—1937），原籍福建，茶叶商，一直愤慨于日本殖民当局的蛮横，加入了中华会馆。他一直热心于侨胞公益事业。"七七事变"爆发后，周绥协助侨胞撤退回国，自己则仍留在台湾参加抗日救国会。1937年9月，被日本殖民政府台北州高等特务逮捕，饱受毒打酷刑而不屈服，最终因伤重殉难于狱中。

　　其事迹经由台湾有关部门予以明令褒扬。

（台湾省文献委员会编印《台湾抗日忠烈录》第一辑）

邹 洪

邹洪(1896—1945)，字若虚，台湾新竹人，原籍广东华阳。高祖寿麟君渡台垦荒，父石生君，世居新竹芎林乡。邹洪深知台湾在日本殖民统治之下必无作为，毅然决然领着两个弟弟涤之、清之密渡大陆，考入保定军官学校八期炮兵科。毕业后，邹洪参加了国民革命军，累升至陆军第四十三师师长，1936年调任粤汉铁路警备司令，后迁任粤保安处长。1937年抗日战争全面爆发，粤保安团队屡建守坚摧锐之功，实是基于邹洪积极训练有力。1937年冬，邹洪受任新编陆军第二军军长。1942年春，升任第三十五集团军副司令，仍兼任军长，转战湘粤，屡建奇功。

1945年1月，受任粤桂边区总指挥，处于山峦重叠之中，交通阻塞，粮饷匮乏，邹洪坚持苦战，士气振奋，多次偷袭敌军成功。可惜邹洪最后积劳成疾，在任所病逝，年仅49岁，葬于粤北阳山城郊。

邹洪的事迹经当时政府明令褒扬，并追任陆军上将，新竹县政府奉命立碑于新竹市中山公园，以表纪念。

（台湾省文献委员会编印《台湾抗日忠烈录》第一辑）

后　记

《台湾抗日人物传》历时近两年的搜集、整理、编撰，终于与广大读者见面了。在这部书里，大家不但能看到汪春源、邱逢甲、简大狮、罗福星、莫那鲁道、林献堂、蒋渭水、李友邦等耳熟能详的人物，更重要的是有更多不为广大读者所熟悉的、在历史的长河中已渐渐淹没的名字也同样出现在我们的书中。这正是我们编撰这部书的初衷，尽可能地为每一个抗日英烈都做一个人物小传，他们都是台湾同胞爱国主义传统的优秀代表，哪怕是只有短短的几句话，也要为他们在台湾的抗日斗争史上留下一笔。

本书是两岸合作而成的结晶，在前期的搜集资料过程中，得到了台湾抗日亲属协进会的大力支持，林光辉、丘秀芷两位会长为我们提供了大量的帮助，一些抗日台胞的后人更是亲自为我们撰文供稿。台湾文献馆和众多岛内专家学者为我们提供了大量的史料和研究成果，使我们的书稿拥有了重要的依据；在大陆方面，社科院台研所的李理教授、《台声》杂志社原副总编阎崑也为我们书稿的编撰和校定工作做出了大量的贡献，在此一并致以衷心的感谢！

本书在编辑过程中，我们本着尊重原作者的原则，尽量对文字不作大的改动，但由于篇幅有限，个别文章忍痛作了较大删减。另外，虽然我们力求全面地搜集抗日英烈的事迹，但是由于台湾抗日活动时间长、范围广、参与人数群多，挂一漏万，有很多英烈的名字只出现在一些档案中，其具体事迹无从可考，更有大批无名英雄为台湾的光复流血牺牲，无声无息地消失在历史长河中。因此，我们下一步的计划是用更加详实的历史档案资料为这些抗日人物留下一个历史的见证。

同时，由于编辑的水平和学识有限，书中难免会有疏漏和错误，还请广大读者见谅，并给予批评指正。

全国台联文宣部 2015 年 5 月

敬 告

　　本书在收集资料过程中，采用的图片未能及时与拥有者确认版权，请及时与我们联系，我们将奉上样书及稿酬，特此致谢！

中华全国台湾同胞联谊会文宣部

2015 年 5 月 15 日